Les

# OVNIS

en

# URSS

LES OVNIS EN URSS
N° ISBN :   979-10-97252-04-5
EAN : 9791097252045
© Paola Garijo & François Garijo 2017
Dépôt Légal Décembre 2018

**Paola Garijo 2017**

# INTRODUCTION

Ce livre est le récit de faits authentiques concernant des évènements et des personnes existantes réellement, les évènements n'ont pas été modifiés, les dossiers sont ouverts et déclassifiés, tous sont publics, j'ai retenu les sources russes qui sont vérifiables et en particulier celles sur lesquelles la CIA a enquêté, les publications dans les journaux russes anciennes et récentes, les phénomènes inexpliqués qui font la une sur le net russophone, des comptes rendus de presse, des dossiers confidentiels des services de police, du KGB et du renseignement militaire.

D'autres chercheurs que moi, inévitablement auront à leur disposition des moyens d'enquête supérieurs aux miens et des aides provenant de traducteurs de russe, j'ai tenté de rendre accessible l'étude de cas dans leur langue d'origine.

J'ai personnellement traduit des textes Russes, et réalisé des recoupements entre les déclarations ainsi que contrôlé sur les relevés cartographiques la concordance des récits, malheureusement il n'est pas possible de tout retranscrire, il faut aller à l'essentiel, chaque affaire méritant un ouvrage et une étude approfondie à elle toute seule.

Je m'estimerais dans la plus grande satisfaction personnelle si je parviens à intéresser un grand nombre de lecteurs et que je leur donne l'envie d'aller plus loin sur des dossiers vérifiables et sérieux en provenance de Russie ou d'ailleurs.

Les traductions réalisées entre la langue russe et le français peuvent comporter des équivalences de mots, des adaptations grammaticales mais demeurent fidèles aux documents d'origine.

# SAVOIR POURQUOI

Un papyrus a été retrouvé, contenant des observations de mystérieux objets volants de nature indéterminée dans l'Égypte ancienne. Cette source écrite, datée du 15ème siècle avant JC environ, fait référence à la période du règne de Pharaon Tumos V.

Actuellement, ce papyrus fait partie de la collection du directeur du département égyptien du musée du Vatican. Il parle du fait que dans le ciel sont apparus des corps célestes volants incompréhensibles qui brillaient dans le ciel, comme des perles, puis ont soudainement disparu, en 2018, trois mille cinq cents ans plus tard, ces phénomènes perdurent.

Nous voulons deux choses, comprendre ce qui nous entoure et communiquer, le thème que je vais essayer de traiter comporte plusieurs difficultés, les différences avec la langue Russe, la spécificité du sujet traité, je veux lui donner tout le sérieux d'une enquête de qualité, je ne traite que des sujets dont l'analyse a été complète et pour lesquels le doute sérieux et raisonnable est dépassé. Communiquons ensemble : L'être humain polyglotte évolué que nous sommes veut comprendre l'univers et entrer en contact avec des civilisations venues d'une autre planète qui auraient des centaines ou des milliers d'années d'évolution par rapport à nous. Mais que serions-nous en mesure de comprendre ? Nous avons déjà oublié la langue grecque ancienne qui pourtant rayonnait dans le pourtour de la méditerranée voici 2000 ans. Ces grecs qui commentaient leur vie en conjuguant l'aoriste, temps qui ne dit pas quand, mais comment se déroule l'action, ou l'optatif qui est le futur qui n'existe pas, le nombre qui se décline en trois, singulier, duel ou pluriel.

Cela vous étonne ?

L'aoriste est le temps qui se réfère à une action sans la situer dans le passé ni le présent ni le futur, il ne date pas l'évènement dans le temps, il dit comment c'action se déroule, donne le résultat d'une action actuellement.

C'est un temps dans lequel se situent toutes les actions qui nous ont construit, qui englobe les émotions vécues et leurs conséquences au quotidien.

En soi le futur n'existe pas en grec, comment une action ou évènement qui n'est pas encore arrivé pourrait avoir des conséquences sur nous, au présent. En grec frontière se dit horizon, en grec moderne je dirais frontière sombre sera **σύνορο σκούρα** si nous n'avons pas une ouverture d'esprit universelle.

Si je devais parler en grec ancien dans l'optatif, je vous dirai à la fois la force de mes attentes et de mes croyances, mélangée avec les émotions de ce qui ne fut pas possible pour moi, temps ou regrets, passés et espoirs présents forgent la conviction intime.

Nous avons perdu le son du grec ancien, devenu langue muette car sombrant dans l'oubli, nul ne sait aujourd'hui comment on la parlait, seuls les écrits demeurèrent pour la postérité.

Si les grecs anciens pouvaient parler de cette situation ils utiliseraient outre le singulier et le pluriel, le genre duel, qui s'applique à deux choses distinctes mais unies, la terre et le ciel, le passé et le présent, la mère et l'enfant dans son ventre, deux personnes observant un phénomène inexpliqué au même endroit.

Ainsi les grecs parlaient de ce qui est et qui fut, nous parlons de ce qui peut être fut et qui probablement sera, déjà notre interprétation moderne de la réalité se conjugue au conditionnel et à l'improbable, alors les ovnis, en parlerons-nous à l'improbable ou au possible ?

# LA NAISSANCE DE L'UFOLOGIE EN URSS

L'un des premiers Académiciens Russes qui a initié l'étude des ovnis en 1956, et qui a commencé à donner des conférences et des cours sur ce sujet dans l'une des universités à Moscou de 1958-1960, fut Youri Fomin (Ю.Фомин). En Janvier 1961, l'académicien célèbre L. Artsimovich (Л.Арцимович), attaqua farouchement dans les articles du journal Pravda le professeur Fomin, avec pour conséquence l'abandon de son travail. Des personnes irresponsables agirent dans la propagande anti ufologie, et œuvrèrent avec tant de force que Fomin a été exclu de la communauté scientifique et le travail sur l'étude des ovnis en Russie a été discrédité durant longtemps.

Lev Artsimovich (Лев Андре́евич Арцимо́вич) participa à des travaux majeurs dans la physique des plasmas à haute température, l'atomique et le thermonucléaire contrôlé, c'est dans son laboratoire et sous sa direction que pour la première fois au monde fut réalisée une réaction thermonucléaire.

Pour les Européens, l'un des premiers pionniers en la matière demeure malgré tout le docteur Félix Yourevitch Zigel (Феликс Юревич Зйгел). L'ufologue Felix Zigel, dans ses premières conférences, estime fantaisiste et spéculative l'idée selon laquelle les OVNIS seraient des vaisseaux d'exploration, venus de l'espace extra-terrestre pour étudier l'humanité et prendre contact avec nous, pourtant Zigel ne doute pas de la réalité des ovnis et demande qu'il soit établi d'urgence un système d'enquête international, multilatéral et reposant sur une méthodologie scrupuleusement scientifique. Cela se passe début des années 60 en Union Soviétique, ce qui est encore plus incroyable, c'est que la presse soviétique va diffuser des articles le concernant, dans lesquels il expose son point de vue avant-gardiste dans le domaine ufologique, à l'époque totalement à contre-courant des tendances scientifiques de l'Académie des Sciences d'URSS.

Malgré sa notoriété dans la presse, aucun ouvrage de l'ufologue Felix Zigel, professeur assistant à l'Institut d'Aviation de Moscou titulaire du poste depuis 1955, ne sera publié de son vivant. Il s'opposa farouchement aux scientifiques de l'Académie des Sciences d'URSS qui tentèrent par tous les moyens y compris les moins honnêtes parfois pour des scientifiques, à renier l'existence des ovnis et à interdire la diffusion des rapports d'observations pour lesquels aucune explication ne pouvait être trouvée. Un article maintenant historique de Zigel en date de décembre 1967 issu de la revue Spoutnik, article suivi d'une interview de lui dans le New York Times, révèle que les soucoupes volantes étaient observées en URSS et que le fait y était reconnu comme officiellement important.

Les éditions scientifiques Naouka publièrent en 1967 un livre important dans lequel un certain nombre d'auteurs débattaient des possibilités de vie extra-terrestre et de l'existence d'Intelligence extra-terrestre, Zigel y écrit un chapitre sur les OVNIS. Cet ouvrage intitulé Le Cosmos habité, a été publié sous la direction de P. Konstantinov, vice-président de l'Académie des Sciences, et Zigel passera à la télévision en montrant un dessin d'un ovni vu dans le Caucase le 10 novembre 1967, article sur la cosmologie repris dans la revue Smena (смена), sept ans après avoir été désavoué par la communauté de ses pairs.

Selon le pilote Lev Vyatkin (Лев Вяткин) :

« Lors de vols de nuit en Crimée en Août 1967, voici ce qui est arrivé. Je suis parti sur un chasseur-intercepteur pour effectuer un vol de formation. Il était 23 heures avec minutes. Je me suis tourné sur la postcombustion et suis monté à une altitude de 10 mille mètres.

Ce fut une nuit sans lune. Je prends la liberté de dire que pour l'observation de la stratosphère le firmament est vu selon la disposition du pilote très différent de celui vu par un homme sur le terrain, cela permet de distinguer une quantité incroyable d'étoiles qui ne clignotent pas.

Il est intéressant de noter que dans le même temps de la montée il y a un effet stéréoscopique spécial, l'œil est capable de distinguer les objets dans le ciel par la distance. La vue est extrêmement forte. Cet effet est noté par les astronautes en orbite. Mon avion a docilement accompli la moitié du tour et maintenant la cabine de pilotage pointait vers la mer. Et à ce moment, je vis tout à coup quelque chose qui me préoccupait, forcé encore et encore à chercher une explication de ce qui est arrivé. Je l'ai vu quand. J'observais un grand objet lumineux sous la forme d'un ovale lumineux, ou lentille fortement convexe au- dessus de ma gauche. Inquiet de la présence de près d'un objet étranger, j'ai immédiatement demandé un directeur de vol :

« Qui est dans la région » ?

Il me dit que, en dehors de moi, personne dans la région n'a pas été observé et que tout l'avion a atterri.

Pour essayer de ne pas perdre de vue l'objet étrange, je changeai la position de l'avion en virant à droite. Mon cerveau avait juste eu une idée :

« Est-ce un OVNI ? »

J'ai essayé de déterminer où l'objet se déplace, cependant, après quelques secondes, il s'est éteint, comme si cela avait été fait de l'intérieur, au moyen d'un rhéostat. Après avoir terminé un tour complet, mon avion fut de retour au point de départ. Après quelques hésitations, je décide d'effectuer un virage à gauche, afin de ne pas modifier le plan de vol approuvé. En même temps j'ai essayé d'être très prudent.

Droit devant de dessus, a flashé une lumière blanche, et immédiatement après son apparition suivant une pente légère un faisceau blanc laiteux. Le faisceau a frappé l'aile gauche…malgré la grande vitesse, j'ai vu clairement et senti quelque chose de très étrange.

Dès que la lumière blanche a touché l'aile, elle a instantanément émietté des petites paillettes, ressemblant à une diffusion scintillante de feux d'artifice décolorés.

En même temps, mon avion a fortement été secoué. Les appareils passaient de gauche-droite hors échelle en alternance et avec la fréquence d'un métronome », fin de citation.

L'intégralité du témoignage est à lire dans la revue Smena n°7, d'avril 1967 : Les Ovnis qu'est-ce que c'est ?

Article signé Zigel[1].

Au cours des années 60, les savants reprirent l'échange d'informations entre Est et Ouest. Les autorités soviétiques s'aperçurent que le phénomène ovni était aussi gros d'un côté que de l'autre. A leur grande surprise, ils découvrirent qu'un certain nombre de savants de l'Ouest, pas tellement élevé peut-être, mais tout de même notable, non seulement prenait ce problème au sérieux, mais se mettait aussi à l'étudier.

Deux congrès internationaux se tinrent à Moscou, le premier en 1965, sur les télécommunications, au cours duquel le mystère des trois satellites non identifiés qui tournent autour de la terre fut abordé. Le second, l'année suivante, a été celui de l'union mondiale des mathématiques, au cours duquel une conférence de Jacques Vallée, le spécialiste franco-américain des ordinateurs, encouragea Zigel et quelques autres à prendre publiquement position sur ce problème.

---

[1] Смена н° 7 Нло что это такое de Zigel - Ф. Ю. Зйгель.

L'activité ovni sur la Pologne, la Chine, la Tchécoslovaquie et l'URSS augmenta fortement en 1966. L'organe officiel de l'Armée tchèque Le Périscope et l'agence soviétique Tass, annoncèrent au monde, en date du 12 avril 1967, que le radioastronome Cholomitsky avait détecté la présence d'une radiosource située dans la constellation Pégase :

« Ces signaux semblaient dénoter une volonté intelligente, cela provoqua, le 18 octobre 1967, une réunion d'importance capitale pour l'histoire de l'ufologie soviétique, un comité de cosmonautes fut organisé, qui se tint en présence de quatre cents personnes.

Le bureau en était ainsi constitué : le président, le major-général Porfiri A. Stoliarov, le vice-président, le Dr Félix Zigel et l'écrivain Alexandre Kazantsev, le secrétaire, l'ingénieur Arkadi Tikhonov.

Le 10 novembre 1967, le président et le premier vice-président furent présentés au public soviétique par la télévision. Le professeur Zigel y montra des dessins de l'ovni observé dans le Caucase en 1967 et des photos d'objets volants d'origine inconnue. Le général Stoliarov insista sur le fait que ses collègues et lui, baptisés pour la circonstance Comité Stoliarov, il avait pour tâche d'exposer les interprétations pseudo-scientifiques faites des phénomènes d'origine étrange et inexplicable. Il lança un appel à toutes les personnes intéressées afin d'aller de l'avant et contribuer à une recherche scientifique et systématique du problème ovni. Cet appel suscita une réponse très enthousiaste du monde entier et tous les journaux annoncèrent la création d'une organisation soviétique officielle, consacrée à la question ovni.

Un long article de Henry Kam fut consacré à ce sujet dans le New York Times du 10 décembre 1967 et Walter Sullivan souligna dans ce même journal les similitudes entre le Comité Stoliarov et l'équipe Condon qui fonctionnait encore à ce moment-là. Walter Sullivan commit là une erreur il était tout à fait ignorant de la position officielle soviétique sur les ovnis.

En fait il spécula sur ce fait à partir des données du rapport du Comité Stoliarov et en tire ses propres conclusions.

L'Académie des Sciences prit s'inquiéta de ce nouveau rebondissement vers le sensationnel : « Le Comité Stoliarov », affirma-t-elle, avait été présenté faussement par la presse occidentale comme une organisation officiellement soutenue par le gouvernement comme l'était aux USA le Comité Condon, et cela était inexact.

Le Comité Stoliarov ne représentait finalement qu'une association privée d'hommes de science soviétiques qui consacraient leur temps libre à ce problème. Mais comme toute association en Union Soviétique, celle-ci avait besoin de la bénédiction du gouvernement. Elle l'obtint certainement puisque les membres du plus haut niveau de l'exécutif politique étaient convaincus de la nature sérieuse de ce problème, reconnaissance ne veut pas dire légitimité.

Le bureau de Physique Générale et d'Astrophysique, une des sections de l'Académie des Sciences, tint une réunion au cours de laquelle le Dr L.A. Artsimovitch, le Menzel russe, attaque de manière virulente tous les partisans à la chasse aux ovnis, il invoqua l'honneur des savants russes qui se ridiculisaient aux yeux de leurs collègues occidentaux. Avant même que l'Académie se soit prononcée sur cette affaire, Vladimir Lechkoutsov, secrétaire du Comité National des Physiciens Soviétiques, avait accordé une interview à un journal canadien dans laquelle il niait l'existence en URSS d'une quelque organisation que ce soit, consacrée à la solution du problème ovni. Ce qui poussa le Comité Stoliarov à suspendre ses activités.

Le 27 février 1968, la Pravda publia de manière détaillée la position officielle. Elle était signée par E. Moustel, président du Conseil Astronomique de l'Académie des Sciences, D. Martinov président de la Société d'Astronomie et de Géodésie, et Lechkoutsov.

Aucun objet, affirmait l'article, n'avait été vu au-dessus du territoire de l'Union Soviétique qui n'ait été expliqué. Les gens qui prétendaient avoir vu de telles choses étaient des menteurs ou alors, manquaient tout simplement d'entraînement scientifique.

Il s'agissait de tous les préjugés auxquels le docteur Hynek avait déjà répondu dans un article paru dans la gazette Sciences, d'Octobre 1966, et qui se trouvaient exposés une fois de plus. Les soviétiques ne manquaient évidemment pas de se référer au livre de Menzel, et ils lui demandèrent même d'exposer ses idées une nouvelle fois dans les journaux russes. Ce qu'il fit aussitôt dans le numéro de janvier 1968 de Vokroug Svieta. Il proposa sa théorie bien connue, selon laquelle l'univers contient d'autres vies intelligentes, loin de la nôtre, mais que les ovnis n'ont rien à voir avec ces civilisations lointaines. Finalement, à la fin de 1968, les autorités scientifiques mirent un terme à toute recherche ufologique et quand les commentaires concernant les travaux du Comité Condon devinrent ténébreux et que de plus en plus d'absurdités furent dites et publiées sur ce sujet par les UFO maniaques avec ou sans entraînement scientifique, toute cette affaire sombra publiquement dans le ridicule.

De 1968 à 1978 des ufologues particuliers, c'est-à-dire n'appartenant pas à une structure étatique continuèrent leur travail de fourmi, parmi eux Zigel s'évertua à réaliser des conférences et à écrire à la presse, dans une Union Soviétique plutôt fermée à l'occident, il finit même par rayonner et devenir très connu, y compris aux USA, des rapports déclassifiés de la CIA le citent déjà du milieu à la fin des années 60, et s'intéressent à lui.

L'intérêt porté aux possibilités de voyage dans l'espace et aux intelligences extra-terrestres est considérable en Union Soviétique aussi bien de la part des milieux scientifiques que du peuple, cela est dû à l'épopée de la conquête de l'espace par les russes et les américains.

Ainsi qu'à la prolifération d'une culture littéraire de science-fiction abondante, et à l'abandon des vieilles croyances religieuses orthodoxes par les communistes à la faveur du pragmatisme soviétique, de l'homme nouveau et à la vénération du travail et des progrès de la science, cela englobait également le paranormal, auquel les plus hauts dignitaires du régime des soviets croyaient fermement depuis fin des années vingt sous Staline.

Concernant l'origine paranormale des observations d'ovnis, Tsiolkovsky soutenait l'idée que les voyages dans l'espace étaient en liaison avec la télépathie et la télékinésie, il reniera ces déclarations pour les remplacer par l'étude des moyens techniques (fusées). Enseignant et chercheur autodidacte le brillant Viatka, comme le surnommait son père, étudie l'aérodynamique de l'avion puis s'oriente dès 1903 sur l'étude des fusées comme concept pour atteindre l'espace.

À l'âge de 10 ans Tsiolkovski subit un grand malheur, il contracte la scarlatine et à la suite de complications il perd presque complètement son audition.

Constantin Edouardovitch Tsiolkovski (Константи́н Эдуа́рдович Циолко́вский), est né le 17 septembre 1857 à Ijevskoïe, dans la région de Riazan et meurt le 19 septembre 1935 à Kalouga au Sud-Ouest de Moscou, c'est est un scientifique soviétique considéré comme le père et le théoricien de l'astronautique moderne. Son premier travail scientifique sur l'aéronautique fut un ballon métallique contrôlé, de forme ovale mais plus aplati aux extrémités qu'un ballon de rugby, avec des armatures en anneaux serrés les uns aux autres.

Ce prototype de ballon a été publié en 1892, cette idée conceptuelle de ballon nous rappelle le Spoutnik, le premier satellite Soviétique, car onze ans après, dès 1903, il émet déjà l'idée de corrélation entre le lancement du ballon et une fusée porteuse alimentée par des réservoirs à carburant, nous sommes début des années 1900 dans la ville de province de Kaluga en Russie. Le ballon se prêtant peu au transport par fusée, la sphère ou l'ogive est plus appropriée, c'est de la clairvoyance.

Tsiolkovski sera professeur à Kalouga, de février jusqu'à sa mort en 1935, il est élu à l'Académie des Sciences de l'URSS en 1918.

Selon lui et je cite :

« La Terre est le berceau de l'humanité, mais on ne passe pas sa vie entière dans un berceau », fin de citation.

« Планета есть колыбель разума, но нельзя вечно жить в колыбели ».

Dans un article publié en 1894 intitulé Avion ou machines volantes semblables à un oiseau, il propose un aéronef entièrement métallique avec des formes aérodynamiques avancées. En 1895 il publie Rêve de Terre et de ciel, qui décrit la colonisation de l'espace par l'homme. Dans son ouvrage, les hommes exploitent des mines dans la ceinture des astéroïdes et édifient des serres dans des stations orbitales. À compter de 1896 il étudie de manière systématique les principes de la propulsion à réaction. En 1903 il publie un article intitulé Exploration de l'Univers à l'aide de Machines à Réaction, dans une revue scientifique. Les travaux et les articles publiés en 1911, 1912 et 1914 sont aujourd'hui considérés comme les premières propositions d'un niveau scientifique portant sur l'exploration spatiale à l'aide de fusées.

Entre 1928 et 1932, Nikolaï Rynine, un scientifique et ingénieur soviétique passionné par l'espace, publie une encyclopédie de neuf volumes rassemblant l'ensemble des travaux effectués jusque-là dans le domaine du vol spatial intitulé : Communications et vols interplanétaires, (Soobscheniya Mezhplanetnye).

Un des livres est entièrement consacré aux travaux de Constantin Tsiolkovski. Malgré cette diffusion de ses travaux, ceux-ci restent pratiquement inconnus en Occident durant des décennies, par contre son influence sur la première génération des ingénieurs soviétiques s'intéressant à l'espace est indéniable et il a sans doute contribué à faciliter leurs travaux.

Valentin Glouchko, qui est le principal concepteur des moteurs-fusées durant les trente premières années du programme spatial soviétique entretient une correspondance régulière avec Tsiolkovski à compter de 1923 alors qu'il n'est lui-même âgé que de quinze ans.

En 1961, l'Union Astronomique Internationale a donné son nom au cratère lunaire Tsiolkovskiy. En 1967, un musée portant sur l'histoire du programme spatial soviétique dont une partie est consacrée à son œuvre, est inauguré dans la ville de Kalouga.

La maison Tsiolkovskiy également gérée par ce musée, a été restaurée et peut être visitée.

Dans les années 1926-1929, Konstantin Tsiolkovsky résout la question pratique suivante : Combien vous avez besoin de prendre de carburant dans la fusée pour obtenir la vitesse de séparation d'avec l'attraction terrestre et quitter la Terre ?

Konstantinu fut en mesure de tirer une formule qui est appelée aujourd'hui formule de Tsiolkovskii. On a constaté que la vitesse finale de la fusée dépend de la vitesse dérivée des gaz, et fait important, le poids du carburant dépasse le poids à vide de la fusée. En pratique, vous devez aussi prendre en compte l'attraction des corps célestes et la résistance de l'air.

Il démontre par un calcul, que pour un missile à propergol liquide transportant un équipage en destination de vol interplanétaires, vous devez prendre une quantité de carburant cent fois supérieure au poids de la fusée, moteur, machines, équipements et passagers ensemble afin de s'affranchir de l'attraction de la terre et parvenir jusqu'à l'orbite. Ce fait nouveau crée un obstacle très sérieux qu'il n'arriva pas à solutionner, pour aboutir à des vols spatiaux à très grande distance.

Et ce n'est pas tout, il est curieux qu'avec pratiquement aucun équipement, Tsiolkovski ait calculé que la hauteur optimale pour le vol orbital autour de la Terre, est de trois cent à huit cent kilomètres au-dessus de la Terre, et c'est à ces altitudes que les voyages spatiaux modernes se produisent. Tsiolkovski a présenté un certain nombre d'idées qui furent utilisés dans la fuséologie. Il proposa, les safrans de gaz (graphite) pour commander le vol du missile, et modifier le trajet de déplacement de son centre de masse, l'utilisation de propulseurs pour refroidir l'enveloppe externe de l'engin spatial en entrant dans l'atmosphère de la terre, les parois de la chambre de combustion et la buse, les composants du système de pompage de carburant.

Dans le domaine des propergols Tsiolkowski a enquêté sur un grand nombre de différents mélanges de combustibles, recommandé l'oxygène, l'hydrogène liquide et les hydrocarbures, il invente un système de moteur avec turbine à gaz, pour un avion à réaction.

Wernher von Braun, chef des travaux sur la création de missiles A-4, et plus tard, la fusée américaine Saturn 5, cet ingénieur à qui les USA doivent les lancements orbitaux d'Apollo en orbite proche de la Terre, cité dans tous ses livres et articles, la contribution fondamentale de Tsiolkovski dans le développement de ses fondements soulignant[2] :

« Les résultats de ses travaux d'avant-garde sont évidents pour tous ceux qui travaillent aujourd'hui dans le domaine de l'astronautique. Il nous a laissé les calculs mathématiques indispensables pour comprendre les problèmes liés à la construction de fusées à plusieurs étages. Ses recherches dans les moteurs de fusée, moteur fusée à propergol liquide, ont initié le point de départ, par où commence la construction de fuséologie moderne, par exemple, les moteurs de la fusée porteuse Saturn 5. Cela indique que les exigences de conception se fondent sur la formulé Tsiolkovski posée il y a plusieurs décennies, et qui n'a pas perdu sa valeur encore d'actualité aujourd'hui. Ses théories ont résisté à l'épreuve du temps », fin de citation[3].

Les principes de moteur à réaction à propulsion par carburant liquide de Tsiolkovski sont la base même de la propulsion des futures fusées V2 allemandes[4].

---

[2] http://to-name.ru/biography/konstantin-ciolkovskij.htm

http://nplit.ru/books/item/f00/s00/z0000054/st047.shtml

http://top-antropos.com/history/19-century/item/287-konstantin-tsiolkovsky-biografija

[3]

http://chaltlib.ru/articles/resurs/jubilei_goda/god_rossijjskojj_kosmonavtik/konstantin_eduard ovich_tsiolkovskijj/

[4] https://ru.wikipedia.org/wiki/ Циолковский,_Константин_Эдуардович

# LA NAISSANCE DE L'IDEE
## DE CONQUETE SPATIALE

L'histoire de l'étude des ovnis en URSS commence à l'avant-guerre, le professeur de Leningrad Rynin Nikolay Alekseevich, (Николай Алехёёвитч Рынин) né le 23 décembre 1877 à Moscou, décédé le 28 juillet 1942 à Kazan, recueille des informations sur tous les types d'avions et laisse un héritage conséquent sous la forme de dizaines de livres, y compris une encyclopédie en neuf volumes sur les théories de l'astronautique, les voyages interplanétaires et l'exploration de la stratosphère terrestre. L'homme s'interroge sur les voyages en dehors de la terre[5].

Dans son dernier ouvrage fondamental, Rynin recueille les descriptions d'une grande variété de modèles de vaisseaux spatiaux, mais parce que les vaisseaux spatiaux dans les années trente n'étaient pas construits, les scientifiques relèguent son travail dans le domaine de l'affabulation fantastique et même des contes. Sur les pages de cette encyclopédie sont également mentionnés les preuves de la descente de dieux sur la terre et d'habitants de la Lune. Certains ufologues locaux ont annoncé que Rynin était un partisan de l'idée d'une origine extra-terrestre de l'humanité et est presque le fondateur de l'étude du phénomène ovni dans la Russie du XX° siècle.

Cependant, une relecture attentive des livres et des articles de professeur, démontre que Nikolay Rynin a clairement mélangé la fantaisie et la réalité. Pour lui, la tradition des peuples du monde et les histoires des anciens philosophes grecs sont de la fiction, dans ces histoires, il ne voit qu'une seule version du rêve humain séculaire de voler dans le ciel et les étoiles empreintes de mythologie romancée au sujet de visites et rencontres avec des divinités venues de l'espace. Mais cela ne dénature pas son travail qui retrouve un écho favorable dans les théories modernes des anciens astronautes.

---

[5] http://arran.ru/?q=ru/exposition1_1

# LES PREMIERES FUSEES

La Section propulsion à réaction, du bureau de l'ingénierie aéronautique qui est sous la direction de M. V. Machinskogo (Которая под Руководством М. В. Мачинского), le LenGIRD, Groupe pour l'Etude du mouvement à Réaction de Leningrad, est créé le 13 novembre 1931.

(ЛенГИРД Ленинградская группа изучения реактивного движения)

Ce centre technique développe des petites fusées propulsives, développé plusieurs projets originaux de missiles expérimentaux, en particulier une fusée Fotoraketa météorologique et d'autres (фоторакета, Метеорологическая Ракета и др).

La plus fameuse blague à leur sujet est la suivante tirée de la composition des lettres formant le nom LenGRID (en russe : Сами гирдовцы в шутку расшифровывали аббревиатуру как Группа инженеров, работающих даром), abréviation de groupe d'ingénieurs, qui travaillent pour rien.

En 1932, le LenGIRD comprenait plus de 400 membres. Une grande aide dans les projets du LenGIRD provenait du travail personnel effectué dans le laboratoire dynamique des gaz où travaille B. S. Petropavlovsk, V. A. Artemev et d'autres.

Le LenGIRD devient la technopole de la technologie des fusées, et dès cette même année le centre donne des cours sur la théorie de la propulsion a réaction, dès 1934, le LenGIRD se transforme pour développer les engins expérimentaux par propulsion à réaction, il est mis sous la direction de M. V. Machinskogo, les projets se poursuivent jusqu'au début de la Seconde Guerre Mondiale, conduisant à la mise en œuvre et aux essais des moteurs de fusées, et déjà à l'époque des modèles originaux de missiles. Le 31 mai 1933 la brigade numéro 2 achève la création de la fusée 09, la première fusée de l'URSS propulsée au propergol liquide.

De nos jours de nombreuses références publiques sur ce sujet sont disponibles :

**31 мая бригада № 2 завершает создание ракеты 09 — первой в СССР работающей жидкостной ракеты.**

Le 11 août 1933 brigade numéro 4 développe la fusée planeur RP-1 sur la base du planeur série BITS 11 à moteur OR-2.

**11 августа бригада № 4 разрабатывает ракетный планер РП-1 на основе серийного планёра БИЧ-11 и двигателя ОР-2.**

Un article complet avec de nombreuses photos relatant l'aventure de la naissance des fusées russes est absolument à lire sur internet[6] :

**Сайт Исследовательской Творческой Группы Солярис**

Il y a 82 ans a été créé Groupe pour l'étude de mouvement réactive (GRID), rédigé le 15 septembre 2013 :

**82 года назад была создана Группа изучения реактивного движения (ГИРД).**

---

[6]

http://itgsol.ucoz.com/news/82_goda_nazad_byla_sozdana_gruppa_izuchenija_reaktivnogo_dvizhenija_gird/2013-09-15-361-987

# LES OVNIS

## "Une Affaire Suivie par le Kremlin"

En 1947 Sergei Pavlovitch Korolev est l'homme qui affirme à Staline que les Ovnis existent, il ne le sait pas encore mais il va lui-même en rencontrer visuellement un, quinze ans plus tard. Sergei Pavlovich Korolev, ou SP ou encore parfois amicalement Le Roi, est devenu le concepteur en chef des systèmes de fusées et du programme spatial soviétique, l'équivalent russe de Werner Von Braun pour le programme spatial des USA. Son nom est associé au premier satellite, la fusée lunaire, la station interplanétaire, le vol spatial humain, avec des avancées spectaculaires pour l'humanité.

Mais Sergei Pavlovich est aussi associé aux ovnis. Il fut interrogé personnellement par Staline afin qu'il lui donne son opinion personnelle sur l'origine des soucoupes volantes, afin de savoir si elles ne constituent pas une menace pour le régime soviétique.

Les astronautes n'aiment pas parler de leurs rencontres avec des objets volants non identifiés. Cela est compréhensible. Le rôle énorme joué par le conseil médical qui décide chaque année, de l'aptitude ou non à voler d'un pilote astronaute pèse sur l'envie de témoigner. En particulier, la peur psychologue de dire dans une conversation confidentielle qu'il a vu dans l'espace quelque chose d'anormal, le médecin conseil lui rétorquera sans doute :

« Détendez-vous, mon ami il faut traiter vos nerfs et vous reposer jusqu'à la retraite ».

En 1962, Korolev, parfois surnommé le Roi car Korolev veut dire Roi en russe, lui-même a observé un ovni de ses yeux, sur le cosmodrome de Baïkonour. Selon les ingénieurs qui l'accompagnaient, l'objet était un disque qui se trouvait au centre de nuages en spirale. À partir du disque quatre faisceaux lumineux étaient dirigés vers le bas.

А в 1962 году Королев сам наблюдал НЛО над космодромом Байконур. По словам сопровождавших его инженеров, объект представлял собой диск, который располагался в центре спирального облака. Из корпуса вниз было направлено четыре луча.

Le fondateur de l'astronautique, scientifique et concepteur dans le domaine de l'astronautique et fuséologie, concepteur en chef des premières fusées porteuses, des vaisseaux spatiaux habités, Sergei Pavlovich Korolev est né le 12 Janvier 1907 à Jitomir en Ukraine dans une famille d'enseignants. En 1938 lors des purges Staliniennes, sur de fausses accusations Sergueï Korolev, est arrêté et condamné à 10 ans de prison.

Numéro de dossier pénal №1442, les enquêteurs l'ont torturé, lui ont cassé la mâchoire et malgré l'absence de preuves, ils le poussent à la confession en le menaçant de tuer sa femme et sa fille s'il n'avoue pas être un traitre à la patrie. La peine est exécutée en camp de travail forcé, dans les Goulags Kolyma. En Septembre 1940, en raison de la demande émanant d'Andrey Tupolev, il a été transféré au Bureau Technique Spécial du Commissaire du Peuple des Affaires Intérieures de l'URSS SKV 29 (CKB-29). Selon le document marqué secret, issu des archives du KGB et datant du 18 octobre 1940 concernant l'emploi du Technicien Korolev condamné à une peine de 10 ans de camp datée du 28 juin 1938, il est affecté au Bureau Technique Spécial du Ministère de l'Intérieur.

Les documents relatifs au transfert du prisonnier avec entête du Bureau Spécial du Ministère de l'Intérieur sont datés du 10 juillet 1940, dossier secret du KGB-NKVD n°19908. Le document joint à son dossier, daté du 17 juin 1942 est une fiche relative au dossier le concernant L.D. n° 236438 NKVD KGB, confirmant son affectation à un bureau technique spécial. Les trois documents sont issus du dossier secret le concernant au TSKB-29 NKVD, un centre technique usine et prison pour scientifiques appartenant au NKVD KGB[7].

Le TSKV 29 du NKVD ou Bureau de Construction Expérimental (ЦКБ-29 НКВД Опытно-конструкторское бюро), est le second de ce type dans l'industrie de l'aviation en URSS, créé à la fin de 1938 avec des techniciens des avions et des ingénieurs en aéronautique.

Il deviendra célèbre sous le diminutif d'Hôtel Spécial, le Spetstehotdel, où tous les travailleurs qui s'y trouvent, furent condamnés par le NKVD-KGB à des peines de travail forcé sur condamnation en raison de l'article 58 et ses annexes du code pénal de la République Socialiste Soviétique de 1922, modifiés plusieurs fois par la suite.

---

[7] https://ru.wikipedia.org/wiki/ ЦКБ-29

Ce centre de détention et d'expérimentation secret est une unité prison spéciale du NKVD, conçu pour effectuer des tâches ordonnées par le gouvernement de Staline, construire un nouvel avion pour les besoins de l'Armée Rouge. Elle était composée de quatre équipes dirigées par des ingénieurs tous déférés de force suite à condamnation pénale lourde, prononcée par de ce 58e article du Code pénal de la RSFSR[8]. Le centre sera transféré et les prisonniers avec lui, vers d'autres affectations du même type, d'août 1941 au printemps 1942, puis lorsque la brigade OKB (ОКБ) où travaille Tupolev retourne à Moscou en 1944 le Centre de détention et d'Expérimentation Spécial qui avait été déménagé trois fois dans son histoire n'existe plus. Des ingénieurs célèbres comme Vladimir Mikhaïlovitch Petlyakov, Vladimir Mikhaïlovitch Myasishchev, Andrei Nikolayevich Tupolev, Dmitry Lyudvigovich Tomashevich travaillant au sein de cet organisme ont rejoint les sites de recherche développant la fuséologie récupérée chez les allemands.

Pendant sa détention, Sergei Pavlovitch Korolev travaille comme ingénieur de l'aérodynamique dans le bureau d'études KV (KB) Tupolev, sur des projets de bombardiers en piqué Tu-2.

En novembre 1942 il est ingénieur principal en chef du groupe de techniciens de Kazan au Sud-Est de Moscou, travaillant aux projets de lance-roquettes, engagés dans le problème de l'équipement de combat en série et des propulseurs liquides d'avions. Korolev revient de loin, lui qui est passé par la prison de Butyrskaya (Бутырская Тюрьма), dans le secteur de Tverskoï (Тверской Район) qui est un district administratif central de Moscou à 25 minutes à pied du Kremlin en allant vers le Nord, une photo de lui atteste de sa présence là-bas le 28 Juin, 1938, et des camps Goulags où la mort vous frôle de près chaque jour. La prison existe toujours de nos jours, totalement surpeuplée elle est devenue le Centre de Détention Provisoire numéro deux Butyrsky[9]. Le 27 juillet 1944 le Soviet suprême de l'URSS adopte une résolution sur la libération anticipée Sergey Korolev avec la suppression de son casier judiciaire, après avoir été pendant 6 ans ingénieur technicien prisonnier dans des secteurs Techniques scientifiques secrets mais dans des camps Goulags spéciaux.

---

[8] https://ru.wikipedia.org/wiki/58-я_статья

[9] https://ru.wikipedia.org/wiki/ Королёв,_Сергей_Павлович

Il conserve sa liberté administrative, mais pas sa liberté de circulation, devant demeurer à résidence dans la ville et se soumettre à une demande particulière pour recevoir un permis afin de se rendre en dehors de Moscou. De Septembre 1945 à Janvier 1947, fait partie d'un groupe d'experts soviétiques en Allemagne, où il étudie la fuséologie allemande issue des prises de guerre. Il a d'abord travaillé au Spetsinstitute Rabe dans Bleicherode en tant que chef du groupe Bistrel (Выстрел), plus tard, il devient le premier ingénieur en chef adjoint de l'institut Nordhausen.

Sergei Korolev est décédé le 14 Janvier 1966, son cœur a cessé de battre durant une opération chirurgicale, l'urne avec ses cendres a été installée dans les jardins à l'intérieur du mur du Kremlin sur la Place Rouge à Moscou[10].

Sergei Pavlovich Korolev (Сергей Павлович Королев) est né le 12 janvier 1907, il devient dès août 1946, ingénieur en chef du projet des premiers missiles balistiques soviétiques atomiques à longue portée BRDD (БРДД), ainsi que directeur de l'Institut de Recherche Bureau d'Etudes Spécial № 88 du Ministère des Armées de l'URSS, situé dans une ville du nom de Kaliningrad située dans la région de Moscou et rebaptisée en son nom désormais ville de Korolev (королев города)[11].

A ne pas confondre avec la célèbre ville du même nom enclavée entre la Lituanie et la Pologne, l'ancienne ville de Kaliningrad, la ville de Korolev qui était son homonyme est située au Nord-Est de Moscou, à 23 km du centre-ville et touche la ville de Mytichtchi (Мытици) sur la route de Yaroslav. En 1947, Korolev réalise le premier lancement de la fusée A-4 au polygone secret de la base de Kapustin Yar.

В 1947 году осуществлял техническое руководство первым пуском трофейной ракеты А‑4 на полигоне Капустин Яр.

La zone 51 soviétique nommée ainsi par les occidentaux, englobe deux villes où résident les militaires, les techniciens et leurs familles, Kapustin Yar la base des fusées ou se trouvaient les premiers engins ovnis capturés par les soviétiques selon les ufologues russes, et la base Aérienne de Vladimirovka au Sud, où le KGB installa son Groupe Technique Spécialisé dans la recherche et l'entrée en contact avec des entités extraterrestres.

---

[10] https://ria.ru/spravka/20170112/1485399857.html

[11] https://ru.wikipedia.org/wiki/ Королёв_(город)

# L'EXISTENCE
## DES EXTRA TERRESTRES EN URSS

Cet ingénieur Sergei Pavlovich Korolev, qui sera décoré deux fois de l'étoile d'or massif de héros du travail de l'Union Soviétique n°6852 le 20 avril 1956 et la seconde sous le n°86 le 17 juin 1961, ancien condamné aux camps de travail du NKVD (prédécesseur du KGB) est convoqué par Staline afin d'obtenir son avis d'expert, et Staline ne pardonne rien à personne il convoque Korolev qui est alors membre de l'Académie des Sciences depuis cette même année de 1947, et ce dernier n'a ni le droit à l'erreur ni a la plaisanterie[12]. Il ne le sait que trop bien, le souvenir de la prison, des tortures et du Goulag qu'il a subies demeure encore à son esprit.

Le Kremlin veut savoir la vérité, Staline en personne veut voir les yeux dans les yeux un interlocuteur sérieux lorsqu'il lui posera la question, et déceler en lui l'honnêteté ou le mensonge, cet épisode nous est connu suite à la publication des mémoires de Bourdakov au sujet de Korolev qui recoupent cet évènement avec précision. Valery Burdakov, est né en 1934, professeur de l'Institut d'Aviation de Moscou, docteur ès sciences techniques, membre du Présidium et chef de la branche Scientifique de l'Académie des Sciences et de l'Ingénierie Prokhorov, scientifique émérite de la Russie.

Un de ses ingénieurs, Burdakov, déclarera le 10 décembre 2008 avoir eu accès à une série de documents mais que des rapports précis qui se trouvaient à Pulkovo, au sujet des rencontres entre les pilotes et les ovnis, selon l'article paru dans le Journal Hebdomadaire Arguments et Faits AIF.RU, il travaille au sein de l'OKB-1 (ОКБ-1) sous les ordres directs de S.P. Korolev :

« Une fois que j'ai demandé la permission d'examiner les documents sur les observations d'ovnis sur l'Union Soviétique. Korolev a signé la demande à l'Observatoire Pulkovo, pour que j'aie accès au témoignage des pilotes militaires, les contrôleurs de la circulation aérienne, les ingénieurs, les personnes qui savent distinguer les lumières d'un avion volant des lumières mystérieuses d'un autre type. Mais je n'ai pas trouvé dans les archives de Pulkovo les rapports des pilotes sur les ovnis, ni leurs contacts avec eux », fin de citation.

---

[12] http://www.warheroes.ru/hero/hero.asp?Hero_id=12252

Однажды попросил разрешения ознакомиться с документами о наблюдении НЛО над территорией СССР. Королёв подписал запрос в Пулковскую обсерваторию, и я получил доступ к свидетельским показаниям военных лётчиков, авиадиспетчеров, инженеров - людей, умеющих отличать огни летящего самолёта от загадочных огней другого типа. Но чего точно не было в пулковском архиве - сообщений о пилотах инопланетных кораблей, о контактах с ними людей...

Bourdakov relate aussi qu'en 1947, il n'y avait pas eu d'ovni à Roswell, que le but de ce faux était clair, dans l'état américain du Nouveau-Mexique on a trouvé les débris de la fusée allemande V2, elle fut déviée de sa trajectoire, retombant au sol dans le ranch d'un agriculteur près de Roswell.

La trainée laissée par la sortie des gaz du réservoir de comburant pouvant former l'image du disque. Pour masquer le fait de ce ratage de tir, l'armée a rapporté des témoins oculaires d'un vaisseau extraterrestre écrasé. Et la version la plus convaincante de la mort des pilotes qui se seraient trouvés ensuite au Hangar 18. J'ai dit à M. Keldysh, alors président de l'Académie des Sciences de l'URSS, que selon notre savoir en biologie, les hommes verts trouvés dans les soi-disant ovnis étaient des singes rasés peints avec de la peinture verte pour les besoins du test », fin de citation.

Maintenant en 2008 il affirme : « Je n'ai aucun doute au sujet de l'existence de visiteurs d'une autre planète », fin de citation.

(Инопланетяне, в существовании которых я не сомневаюсь)

Valery Burdakov est engagé sur la thématique des ovnis depuis plus d'un demi-siècle, son engagement public sur ce thème remonterait à 1970[13].

Тематикой НЛО профессор Валерий Бурдаков занимается без малого полвека. Именно он может компетентно рассказать о визитах.

Le décès d'un chercheur sur les ovnis et ingénierie aérospatiale russe laisse un grand vide, Valery Pavlovitch Burdakov (Валерий Павлович Бурдаков), Docteur en Sciences Techniques né le 25 juin 1934, est décédé le 22 avril 2014, il a alors 79 ans, ce grand scientifique russe était diplômé d'un doctorat en sciences de l'ingénierie, et co-auteur d'un livre très populaire intitulé Fusées du Futur.

---

[13] http://www.aif.ru/society/8099.

Il connaissait personnellement un grand nombre de ceux qui avaient conçu les missiles balistiques soviétiques ainsi que les protagonistes au programme national d'exploration de l'espace. Docteur en sciences techniques 1979 (Доктор технических наук) professeur 1984, scientifique émérite de la Fédération de Russie 2003 (Заслуженный деятель науки РФ), diplômé en 1959, de l'Institut d'aviation de Moscou (Московский Авиационный Институт).

Vétéran du futur projet Energia, Burdakov avait travaillé avec les services du centre de recherche spatial dirigé par S. P. Korolov (1959-1990), président de l'Association Internationale de la Thermodynamique et des Sciences de l'Ingénierie, membre du Bureau et chef du département de recherche en automatisation et conception des processus de production en ingénierie de l'Académie des Sciences A. M. Prohorov, était également membre de l'Académie Spatiale. K. E. Tsiolkovskogo, et membre des sections STC de l'Agence Spatiale Russe, également expert Skolkovo Innovation, et professeur de l'Institut d'Aviation de Moscou DOS. Ce scientifique devient à son tour un défenseur de l'ufologie.

Cet ingénieur en technologie spatiale ayant travaillé pour la fusée Vostok R 7, celle du cosmonaute Youri Gagarine, et ses variantes ultérieures, puis sur le projet du navire navette orbital spatial Bourane et le lanceur orbital Energia, ou encore de centrales solaires spatiales et des installations de transfert pour se rendre sur la Lune ou Mars, après avoir réalisé la conception de véhicules spatiaux à un seul étage réutilisables il disait :

« Je suis persuadé de l'existence de visiteurs sur terre provenant d'une autre planète », fin de citation.

Durant trente-deux ans, Valery P. Burdakov travailla dans le bureau d'étude de Sergey Korolev. Ce dernier y développe plusieurs générations de missiles balistiques, des lanceurs de fusée, des satellites de communications, des sondes interplanétaires et des vaisseaux spatiaux habités.

A l'époque de l'URSS. Valery P. Burdakov est l'auteur de plus de 400 œuvres sur la science et l'ingénierie, des articles, inventions et brevets, manuels pour l'ingénierie aérospatiale, économie, énergie, et thermodynamique. Au cours de sa carrière, le professeur a souvent eu l'occasion de rencontrer et communiquer avec les cosmonautes soviétiques puis russes. Il a beaucoup appris d'eux, y compris des informations sur des expériences très inhabituelles.

Le professeur Burdakov a étudié les ovnis pendant plus de soixante ans et était un fervent opposant des pseudosciences, il estimait que 97% des histoires exotiques étaient des inventions des personnes, alors que 3% étaient de véritables messages en provenance de civilisations extraterrestres :

« Nous devons écouter ces messages », déclarait ce scientifique russe.

En Octobre 1996, le professeur Burdakov publie ses mémoires dans le magazine moscovite Anomaliya, à ne pas confondre avec le journal Anomaliya du même nom.

Parmi les nombreux documents publiés par le professeur Burdakov, deux semblent particulièrement importants. Le premier a révélé l'intérêt de Staline pour l'ufologie en . Selon Burdakov, Sergey Korolev a été convoqué par Staline en 1947. Indiquant une pile de documents secrets, celui-ci demanda à Korolev de les analyser en l'espace de trois jours. L'objectif était de vérifier si ces rapports d'observations d'objets mystérieux représentaient un intérêt ou un danger pour la sureté de l'État. L'analyse des documents se passa au Kremlin, dans une salle dédiée au sujet.

Korolev rapporta, à l'issu des trois jours ses conclusions à Staline directement :

« Les objets volants non identifiés ne sont pas une arme de l'ennemi potentiel et ne présentent pas de danger pour la sûreté publique, mais le phénomène existe ».

Staline le remercia et lui confia que d'autres experts avaient la même opinion. S. Korolev supposa qu'il s'agissait des grands experts tels que Kourtchatov, Topchiyev, et Keldish.

La seconde information cruciale était en rapport avec l'échec du programme Phobos. D'après la définition offerte par l'encyclopédie Wikipedia :

« Le programme Phobos était une mission spatiale inhabitée soviétique, constituée de deux sondes lancées en 1988 et 1989, dédiées principalement à l'étude de la planète Mars et de ses deux lunes, Phobos et Déimos ».

Selon la version officielle, souffrant d'anomalies critiques, les deux sondes ont fini par perdre contact avec la Terre.

Seule Phobos 2 réussit à se mettre en orbite autour de Mars et à collecter des données, dont 38 photographies d'une résolution supérieure à 40 mètres.

Les missions Phobos avaient notamment pour objectif l'observation du Soleil et l'étude du vent solaire, ou de l'environnement plasmatique et du champ magnétique, l'étude de la composition de la surface du satellite Phobos et de l'atmosphère de la planète Mars.

Valery Burdakov prit personnellement, des renseignements sur la perte de la sonde Phobos 2, et discuta de la question avec les concepteurs du projet, ainsi que ceux qui ont testé l'engin spatial. Le professeur Burdakov doute des événements qui ont conduit à la destruction de Phobos 2. Il ne savait rien à propos des images photographiques prises par Phobos 2, et n'était pas au courant que certaines personnes en occident avaient discuté des raisons possibles pour lesquelles la sonde avait défailli. Le professeur avait évoqué l'hypothèse que si Mars est habité, ces êtres intelligents auraient pu avoir l'idée de mettre en place un dispositif placé sur la surface de leur petite lune à des fins d'observation constante. Par conséquent, il suppose qu'ils auraient pu réaliser quelque chose à ce sujet.

Le point de vue de Burdakov avait été exprimé dans un article publié en 1992 dans le magazine russe Quant. Burdakov était un membre à part entière du Présidium de l'Académie Russe Prokhorov A.M., c'est la première fois qu'un scientifique académicien de si haut niveau se prononçait ouvertement en faveur de l'hypothèse ovni.

En 1962, avec le soutien de Sergei Pavlovich, Valery Burdakov obtient mon son brevet lui octroyant la paternité pour un véhicule spatial réutilisable, le projet parviendra à terme. Le fait est que l'Union Soviétique veut construire un système spatial réutilisable qui servirait de contrepoids à la politique de dissuasion des ennemis potentiels, les Américains, selon les déclarations de l'Institut de Mathématiques Appliquées de l'Académie des Sciences de l'URSS, si les américains lancent un système réutilisable de la navette spatiale, ils bénéficieront de la possibilité d'appliquer des frappes de missiles nucléaire et la capabilité de capturer des satellites en orbites. Alors que le système américain ne représentait pas une menace immédiate à l'époque, il pourrait menacer à l'avenir la sécurité du pays.

Les travaux sur la création du programme Lanceur Énergie de la navette Bourane (Бура́н) ont été initiés en 1976. Dans ce processus, près de 2,5 millions de personnes directement ou indirectement ont travaillé dessus, ce qui représente 86 ministères et départements, ainsi qu'environ 1 300 entreprises dans toute l'Union Soviétique.

La construction de la navette débutera en 1980 et aboutira en 1984. Les essais d'un modèle réduit en 1983 pourraient être à l'origine d'observations assimilées à des ovnis à museau de dauphin.

Afin de piloter et tester le vaisseau spatial Bourane furent préparés vint sept candidats, divisés en deux sections, d'une part les pilotes d'essai militaires et ensuite les civils.

Cette séparation a été provoquée par le fait que la navette pourrait être utilisée non seulement à des fins militaires défensives, mais aussi pour les besoins de l'économie nationale. Les chefs d'équipe furent le colonel Ivan Bachurin et le pilote civil expérimenté Igor Vovk, leur groupe a été appelé la meute de loups.

# STALINE
## CONVAINCU DE L'EXISTENCE D'OVNIS

Cette histoire provident des mémoires personnelles de Bourdakov publiées en Russie dans ls années deux mille et ont été très largement diffusées sur le net et dans la presse du pays en général.

En 1947, un scientifique du nom de Korolev est enfermé pendant trois jours dans un bureau sur ordre du Kremlin, pour lire paquet de documents, surtout de la presse étrangère et des données sur les objets volants non identifiés observés en URSS.

В 1947 году ученого заперли на трое суток в кабинете Кремля, выдали пачку иностранных документов и данные по неопознанным летающим объектам, наблюдавшимся на территории СССР. А потом вызвали « на ковер » к вождю. Королев лично доложил Сталину, что НЛО действительно существуют, но не являются оружием потенциального противника. А вот их самих надо бы тщательно изучить.

D'après les mémoires du professeur Valery Bourdakov, en Juillet 1947, Sergei Pavlovitch Korolev a été convoqué à la Loubyanka par le chef du Comité pour la Sécurité de l'Etat, Lavrenti Pavlovitch Beria (Лаврентий Павлович Бёрия), qui lui signifie que cette invitation était faite à la demande expresse de Staline, Korolev ne savait pas vraiment à quoi s'attendre, il se souvenait du temps passé dans la prison Butyrovka proche de la Lubyanka en 1938, et s'attendait sans doute à tout, même au pire. Beria lui remet un paquet de magazines et de livres étrangers en lui disant :

- le camarade Staline vous demande de donner votre opinion sur les rapports d'ovnis.

- Bon, je vais prendre le matériel avec moi pour le lire.

- Vous ne pouvez pas, partir, vous allez le faire. Ici vous avez les traducteurs et l'espace pour travailler. On ne vous dérangera pas pendant trois jours.

Korolev compris qu'il ne repartirait pas de là, tant que la tâche ne serait pas finie et qu'il devrait manger et dormir sur place.

Le dossier comportait documents suivants :

Une vingtaine de copies clandestines de documents OVNIS avec le tampon Secret ou Top Secret, à l'intention de l'U.S. Air Force, du Pentagone et aussi du FBI. Toute sorte de dépêches journalistiques concernant des agences de presse aux USA, au Canada, en Finlande, en Scandinavie, en Allemagne, en Suède et en Pologne.

Un lot de journaux et de magazines étrangers relatant des observations d'ovnis ainsi que des déclarations de scientifiques de militaires, de policiers, de citoyens, d'hommes politiques soviétiques témoignant d'observations de phénomènes ovni, et des témoignages adressés aux journaux russes comme la Pravda par des citoyens. Un exemplaire du journal Roswell Daily Record (Росвелл Даилы Рекорд) du 8 juillet 1947, annonçant en première page sous un grand titre la récupération d'une soucoupe volante par l'Armée de l'Air Américaine.

Розуэлльский инцидент с НЛО англ.  Предполагаемое крушение неопознанного летающего объекта около города Розуэлл в штате Нью-Мексико, США в июле 1947.

On ne peut pas affirmer totalement que Staline et le Politburo croyaient aux ovnis sur les seules affirmations de la presse nord-américaine, ils pensaient très certainement à de la désinformation journalistique de masse, dont la presse socialiste soviétique était coutumière, Roswell cachait d'après eux, une expérimentation secrète ratée.

# ROSWELL ET LES RUSSES

Pour le 65° anniversaire de l'incident de 1947, le journal Komsomolskaïa Pravda revient sur cet évènement et publié un article complet sur Roswell le 2 juillet 2012, affirmant qu'il s'agit bien d'un crash réel d'ovni et rapportant le décryptage par David Rudyaka et son équipe en 2001 d'un texte issu de la Photo ou le Général Remey tient entre ses mains un télégramme :

« Au moins il ne fait aucun doute que les 2 Juillet 1947 dans la maison ranch agriculteur local Mack Brazel vraiment laissé tomber quelque chose qui a extrêmement intéressé l'armée américaine. Ils ont bouclé la zone, collecté et éliminé des débris sur la base aérienne locale », fin de citation[14].

**По крайней мере нет сомнений в том, что 2 июля 1947 года на ранчо местного фермера Мака Брейзеля действительно упало нечто, крайне заинтересовавшее американских военных. Они оцепили район, собрали и вывезли какие-то обломки на местную авиабазу.**

Komsomolskaïa Pravda est à la recherche de nouvelles !
Nous sommes témoins d'une histoire peu commune ?
Possédez d'une vidéo intéressante ?
Écrivez à : WhatsApp, Viber, télégramme + 7-903-017-18-80, à reporter@kp.ru.

Комсомолка » ищет новости !
Стали свидетелем необычной истории?
Сняли интересное видео? Пишите: WhatsApp, Viber, Telegram +7-903-017-18-80, на reporter@kp.ru.

« Hourra, les extraterrestres existent ! », fin de citation.


Le 8 avril 2011, le document de référence, disponible sur le nouveau site officiel du FBI (vault.fbi.gov), a fait exploser l'Internet, pourtant le sujet touche les soucoupes volantes. Le 22 mars 1950 l'agent Guy Hottel Agent a rapporté au directeur du FBI Edgar Hoover, que l'autre agent (nom supprimé) a entendu un officier de la force aérienne (nom supprimé) au sujet de la destruction d'un ovni dans le sud du pays.

---

[14] http://www.kp.ru/daily/25908.5/2864284/

Rapport du FBI le 22 Mars, 1950 :

« Un enquêteur de l'Air Force affirme que trois soi-disant soucoupes volantes ont été trouvées au Nouveau Mexique elles ont été décrites par lui de forme circulaire avec un centre surélevé et d'un diamètre d'environ 50 pieds (15 mètres) à l'intérieur de chacune on a trouvé trois humanoïdes, mais ayant une hauteur d'environ trois pieds (environ un mètre) revêtus d'une combinaison faite d'un matériau métallique très flexible. Chaque corps a été habillé de façon semblable comme avec des combinaisons anti-g gravité utilisées par les pilotes de jet à grande vitesse et pilotes d'essai. Selon l'informateur M. (censuré), les ovnis ont été trouvées au Nouveau-Mexique en raison du fait que le gouvernement dispose dans la région d'un radar très puissant, que l'on croit capable de bouleverser le système de conduite des ovnis », fin de citation.

Le rapport nous interpelle et nous remémore l'affaire mystérieuse qui a eu lieu dans le même état du Nouveau-Mexique, Roswell, le 2 Juillet en 1947, ou se serait écrasée une soucoupe volante. Staline et les scientifiques russes s'intéressent à tout ce qui touche de près ou de loin du pas de tir de missiles de White Sands, une base de lancement de l'armée américaine s'étendant sur près de 8 300 km2, sur des portions de cinq comtés différents du sud du Nouveau-Mexique. C'est la plus grande zone militaire États-Unis.

Elle recouvre le site de la première explosion atomique, de nom de code Trinity. Staline est pragmatique sa première pensée est que les américains sont à l'origine de ces avions volants non identifiés. La base est secrète mais connue des Russes depuis 1930, date à laquelle Robert Goddard avait choisi le Nouveau-Mexique pour y mener ses premiers essais de tir de fusées. Au sortir de la guerre en 1945 le centre de White Sands travaille sur la technologie allemande des fusées V2, réalisant des essais de tirs de ce type de missile modifié conduisant à l'élaboration d'une fusée-sonde, décrivant une trajectoire suborbitale permettant d'effectuer des mesures et des expériences dans la haute atmosphère, ouvrant la voie dans le domaine de l'astronautique[15].

La base de Sands, abritait le seul escadron de bombardement atomique au monde, le 509th Bomb Group, devenant l'objectif prioritaire du renseignement militaire soviétique sur le sol des Etats Unis d'Amérique.

---

15 http://www.de-la-terre-a-la-lune.com/apollo.php?page=essais_littlejoe2_installationsausol

Le temps de l'étude allouée écoulé Korolev est conduit au kremlin à 10 minutes de là et rencontre personnellement Joseph Staline qui lui demande son avis de spécialiste en la matière. Il lui répond qu'il pense qu'il ne s'agit pas d'un armement d'origine américaine voire d'un autre pays industrialisé.

Mais ajouta-t-il : « Le phénomène existe réellement et requiert, je le crois, une étude spéciale », fin de citation.

Staline lui répond :

« Merci, camarade Korolev », dit Staline, en plus de vous, j'ai demandé d'autres experts de premier plan. Ils ont une opinion similaire.

– Спасибо, товарищ Королев, – сказал Сталин. – Кроме вас, я спрашивал других видных специалистов. У них похожее мнение.

Le scientifique ne rencontrera Staline qu'une seule et unique fois.

« Je pense », dit Korolev, « que ces scientifiques pourraient être Keldysh, Kourtchatov, Topchiev », fin de citation.

Joseph Staline prit donc aussi contact avec quatre autres scientifiques qui furent questionnés sur ce qu'ils pensaient de ces phénomènes.

Le premier était l'illustre physicien nucléaire Piotr Léonidovitch Kapitza car, secrètement téléguidé par les services d'espionnage soviétiques, celui-ci entretenait d'excellents rapports de longue date avec des savants occidentaux de renom, notamment en Angleterre. Les trois autres spécialistes furent donc probablement Kurchyatov, Topchiev, et Keldish, tous quatre arrivèrent collégialement à la même conclusion que Korolev. En Mars 1948, l'historien Yaroslav Golovanov soutient et croit de façon convaincante, que la réunion avec Staline est susceptible d'avoir eu lieu encore plus tard peut être en Mars 1949, mais il est plus qu'évident que ce fut en 1947, consécutivement à l'affaire de Roswell. Dans le cas de cette théorie lors de la rencontre collective de techniciens selon Golovanov, Korolev n'aurait pas été seul à s'entretenir avec Staline, mais il le faisait dans le cadre d'un groupe de spécialistes militaires soviétiques, et par conséquent, les questions discutées furent collégiales et principalement liée aux perspectives de développement de cette technique aérienne ou spatiale, encore une fois l'affaire de Roswell en juillet 1947 est l'élément déclencheur le plus plausible, malgré tout.

## DES FUSEES ALLEMANDES
## AUX FUSEES SOVIETIQUES

Les pionniers de la fuséologie depuis 1929 jusqu'à 1945 sont Vetchinkin, Glushko, Korolev, Tikhonravov (Ветчинкин, Глушко, Королев, Тихонравов).

En 1945, l'un d'eux, Tixonravov parvient aux bases des V2 en Allemagne et en Pologne, pendant que Bourdakov obtient le matériel concernant les fusées V2 ainsi que le personnel technicien travaillant dessus, mais pas de disques volants, les russes auraient cherché partout sans rien trouver. En 1946 la technologie trouvée à Peenemunde est disséminée en URSS et reprend du service à Kapustin Yar.

Mixail Klavdievich Tihonravov (Михаи́л Кла́вдиевич Тихонра́вов 16 июля 1900-4 марта 1974), est Docteur en sciences techniques (Доктор технических наук), professeur, lauréat du Prix Lénine, héros du travail socialiste, en 1919, à l'âge de dix-huit ans, il se porte volontaire pour l'Armée Rouge et dans la même année, il travaille comme vice-président des jeunesses communistes Komsomol de la ville de Pereslav[16].

En 1920, il entra à l'Institut des Ingénieurs de la Flotte Aérienne de l'Armée Rouge, maintenant L'Académie de l'Ingénierie de l'Aviation, l'Académie Joukov. Depuis 1938 Michael Tikhonravov fut engagé dans la recherche de moteurs à propergol liquide pour le développement de fusées destinées à la haute atmosphère. En 1932, il est l'un des fondateurs du Groupe d'Étude de la Propulsion par Réaction GIRD (Группа изучения реактивного движения), qui réalisera avec succès le 17 août 1933 le premier lancement de moteur de fusée soviétique le GIRD-09 à Nakhavino au Nord-Ouest de Moscou, aujourd'hui dans le district de Zelenograd. Un second GIRD est créé à Leningrad (LenGIRD) sous l'égide de la principale association paramilitaire soviétique baptisée Société pour la Promotion de la Défense et du Progrès Aérochimique (OSOAIAKHIM), c'est une sorte d'association comme on la nommera plus tard la société associative de bénévolat pour la coopération avec l'armée, l'éducation patriotique de la population et sa préparation à la défense de la patrie, qui se fait au travers de sport ou d'activités qui peuvent aussi aller dans les domaines universitaires et scientifiques[17].

---

[16] http://sm.evg-rumjantsev.ru/desingers/tikhonravov.html

[17] (Обровольное Общество Содействия Армии, Авиации и Флоту : ДОСААФ)

On entendra à nouveau parler de l'OSOAIAKHIM en 1946, avec l'opération secrète portant le même nom, dont je reparlerai plus tard. Des sections du GIRD s'ouvriront ensuite à Tbilissi, Kharkov, Arkhangelsk, Novotcherkassk et Briansk. Le GIRD moscovite dirigé par Friedrich Tsander rassemble des passionnés d'astronautique. C'est le premier institut de recherche soviétique à effectuer un travail de pionnier sur les fusées avec en son sein, Serguëi Korolev, futur fondateur des principaux programmes spatiaux soviétiques.

Au milieu des années 1940 (1945-1946.) M. K. Tihonravov créé dans l'Institut de Recherche de la Propulsion à Réaction RNII (Реактивном научно-исследовательском институте РНИИ), qui devient plus tard le NII-1 (НИИ-1) un groupe d'employés pour développer le projet de vaisseau spatial habité vertical déclenché par une fusée seule étape R-1 à une altitude de 200 km projet VR-190 (ВР-190).

Début 1948 des résultats probants sont obtenus au sujet de la mise au point d'une fusée composite. A cette époque, l'OKB-1, S. P. Korolev crée la fusée R-1 volant dans la gamme d'environ 300 kilomètres, basée sur la Fau-2 V2 (Фау-2) allemande, son service met au point un nouveau missile R- 2, pouvant atteindre une distance d'environ 600 km, il travaille sur un projet ambitieux un missile d'une portée de 1000 km, le soi-disant missile millième (en russe la Tyasatcsnaya Raketa, тысячная ракета) avec la possibilité d'atteindre des distances encore plus alors que presque personne n'était à cette époque capable d'envisager, en particulier dans les cercles d'experts militaires qui réfutent ses performances et dénigrent sarcastiquement ses possibilités à atteindre une plage de vol et lancer des satellites artificiels.

Un livre intéressant en langue Russe retrace l'aventure de la fuséologie Soviétique de 1929 à 1945[18]. En Avril 1946, Ustinov envoie son adjoint Vasily Mikhaïlovitch Ryabikov pour visiter les centres de recherche des fusées en Allemagne. Ryabikov, qui trouve le moteur de la fusée V2 A-4 au banc d'essai à Lehesten. L'un des résultats du voyage de Ryabikov en Allemagne a été un rapport sur la technologie des missiles, qui a été signé par Beria, Malenkov, Boulganine, Vannikov, Ustinov et Yakovlev, livré à Staline le 17 Avril 1946.

---

[18] Избранные труды (1929-1945 гг.) : Пионеры ракетной техники. Ветчинкин, Глушко, Королев, Тихонравов. Избранные труды (1929-1945 гг.)

http://www.bankreferatov.ru/db/B/2E6CB0C73248F38143257A3000117301#.WP2oTtSLT4Y

Le document contenait apparemment de nouvelles propositions sur l'organisation du développement des missiles au sein du ministère de l'Armement. Le 30 Décembre 1945, un décret n° 463 ordonnant la création d'un bureau d'études sur la « nouvelle technologie » dirigée par l'ingénieur d'artillerie Pavel Ivanovich Kostin. La nouvelle organisation serait située dans l'usine d'artillerie n° 88 de 1946 à 1947 avant que le projet soit transféré à Kapustin Yar. Le 17 Avril 1946, le Soviet des Ministres d'URSS publié un décret n° 874-366 qui ordonne au Ministère de l'Industrie de l'Aviation, MAP, de déporter 1400 ingénieurs allemands comme travailleurs forcés en l'URSS, y compris les membres de leurs familles.

Le nombre de déportés devait seulement atteindre 3 500 personnes à ce moment-là.

Ivan Serov chef du NKVD en Allemagne devait superviser le transfert, et afin de minimiser les tentatives d'évasion, les autorités soviétiques devaient sécuriser les transferts, ces derniers devaient avoir lieu simultanément dans la zone d'occupation soviétique et dans les plus brefs délais possibles entre le 15 et le 20 Octobre 1946.

Le chef de la police secrète soviétique en Allemagne Ivan Serov conduirait personnellement l'opération, tandis que le major-général A.M. Sidnev, responsable des opérations du département du Ministère des Affaires Intérieures MVD, à Berlin, demeure en charge des responsabilités logistiques. Le commandant Sokolovsky fournit des troupes, des pistes, des voitures de chemin de fer, du carburant et des rations alimentaires, le ministre des affaires intérieures Kruglov, provisionne des unités militaires de garde pour les trains.

Dans un passé récent, Serov avait déjà accumulé une expérience dans les déportations forcées, selon les ordres du chef du NKVD Lavrenti Beria, de l'ensemble des minorités nationales en URSS, considérés comme une menace pour le régime soviétique, ayant été éloignées de leur lieu de résidence pour être déportées en Sibérie ou dans les grandes steppes de l'Asie Soviétique.

Le 13 Septembre 1946, le décret n° 2163-880s intitulé, retrait du matériel des entreprises militaires allemandes, a officiellement lancé le processus de transfert du potentiel de production de fusées allemandes à l'URSS.

# L'OPERATION OSOAVIAKHIM

L'opération Osoaviakhim était une activité totalement secrète de l'Armée Soviétique qui a eu lieu le 22 Octobre 1946, le NKVD encadré par des unités spéciales de l'armée enleva de force sous la menace des armes, plus de 2000 spécialistes techniques et des scientifiques allemands issus de la zone d'occupation soviétique en Allemagne pour les employer dans le Union Soviétique.

De nombreux équipements connexes ont également été déplacés, l'objectif étant de transplanter les centres de recherche et de production en Allemagne de l'Est, tels que le centre de fusée V-2 localisé à Mittelwerk Nordhausen, pour le réimplanter en Union Soviétique. Il était prévu de recueillir autant de matériel que possible à partir de sites comme le centre d'examen de l'aviation militaire centrale de la Luftwaffe à Erprobungstelle Rechlin, pris par l'Armée Rouge le 2 mai 1945, ainsi que tous les équipements reliés à développement des avions à réaction et des fusées notamment de Peenemunde.

Le nom de code Osoaviakhim était l'acronyme d'une organisation paramilitaire soviétique, plus tard renommée DOSAAF, société associative de bénévolat pour la coopération avec l'armée. L'opération a été commandée par le sous-colonel général Serov du NKVD, agissant en dehors du contrôle de l'administration militaire soviétique locale qui, dans quelques cas, comme l'usine Carl Zeiss A.G. de Jena fut démantelée à 92%, malgré le commandement militaire soviétique local qui a tenté d'empêcher la capture de spécialistes et d'équipements d'importance économique vitale pour la zone d'occupation, mais sans succès, comme il s'est avéré, avec seulement 582 sur plus de 10 000 machines laissées en place et la déportation forcée de 245 employés spécialistes de l'optique de précision pour le travail forcé en union Soviétique.

L'opération a été tenue confidentielle, prévue quelque temps avant les élections attendues dans la zone occupée entre le 20 et le 22 octobre 1946.

Afin d'éviter d'endommager les chances du parti de l'unité socialiste tout devait demeurer confidentiel, en tout cas il perdit l'élection malgré tout. Selon les sources occidentales, l'opération a monopolisé 92 trains pour transporter les spécialistes et leurs familles, peut-être 10 000 à 15 000 personnes en tout, des sources citent 20 000 personnes femmes et enfants compris, ainsi que leurs meubles et leurs effets personnels.

Les personnes engagées de force sous la menace des armes ont dû signer des contrats selon lesquels ils seraient payés selon les mêmes termes que les travailleurs soviétiques techniciens équivalents, il ne faisait aucun doute que le fait de ne pas les signer n'était pas une option réaliste envisageable et condamnait a mort toute la famille. On estime à 84 % des scientifiques allemands déportés en Union Soviétique après la guerre.

Dans le détail, le plan soviétique de déporter des milliers de spécialistes allemands en URSS a reçu le nom de code Osoaviakhim, environ deux semaines seulement avant l'opération, Serov a reçu une liste de personnes particulièrement ciblées pour la déportation. Elle comprenait 2 200 spécialistes dans les domaines de l'aviation, la technologie nucléaire, fuséologie, l'électronique, la technologie radar et la chimie. Ils seraient affectés à diverses entreprises industrielles de l'URSS, le nombre de personnes à être expulsées l'a été en fonction des différentes spécialisations professionnelles jugées stratégiques par les russes, et affectées avec leurs familles au ministère chargé de la supervision de la déportation avant d'être ensuite répartis en URSS.

En tout, 1.250 experts de missiles seront remis au Ministère de l'Industrie de l'Aviation placés entre les mains du Major Général S.I. Filatov, chef du MVD dans le Brandebourg, puis environ 500 spécialistes des fusées allemandes au Ministère Soviétique de l'Armement remis au major-général SA Klepov, chef du MVD en Saxe.

Environ 350 experts radar et radio sont affectés au Ministère des Télécommunications et remis au colonel Svirin, et environ 30 spécialistes de la propulsion à propergol solide sont ensuite acheminés au Ministère de la Construction de Machines Agricoles, tandis que 25 experts en gyroscope et systèmes de navigation, sont affectés au Ministère de la Construction Navale.

En comptant les membres de la famille, le nombre total de personnes affectées à la déportation atteindrait 6 000 – 7 000 personnes dans ces technologies, selon les soviétiques, mais toutes n'étaient pas destinées aux projets scientifiques de la fuséologie.

Nous arrivons au 22 octobre 1946, quelques jours avant la déportation de nombreux trains de passagers ont été prés positionnés sur les stations autour de l'Allemagne.

Dans les premières heures du 22 Octobre 1945, environ 2 500 policiers accompagnés de soldats ont été dépêchés sur les maisons de spécialistes allemands et leur ont ordonné de se préparer pour le voyage en URSS.

Les soldats déménageaient et chargeaient les meubles et autres articles ménagers, les transportant vers les gares affectées, cet épisode fut longuement décrit dans les mémoires de Irmgard Gröttrup. Selon les données fiables connues sur le nombre d'ingénieurs de fusées allemands partis en URSS, il y eut 177 personnes, dont 24 personnes titulaires d'un doctorat, 17 personnes avec des diplômes de maîtrise, 71 personnes ayant un diplôme d'ingénieur et 27 techniciens, incorporés aux programmes d'essais de lancements balistiques.

Au total 136 personnes ont été employées par un nouvel institut de recherche NII 88 (NII-88), dont 111 personnes ont été identifiés comme chefs de famille, 18 personnes sans personnes à charge ou membres de la famille et sept travailleurs, le nombre total de citoyens allemands sous la responsabilité de NII-88 finit par atteindre 495 personnes, y compris les membres de leur famille.

Le train de l'ingénieur Gröttrups atteint Moscou le 28 Octobre 1946, à leur arrivée en l'URSS, 73 spécialistes affectés à NII-88 ont été envoyés sur l'île de Gorodomyla dans le lac Seliger, au Nord-Ouest de Moscou. Entre temps, 23 citoyens allemands ont été envoyés travailler pour le centre de développement de propulsion OKB-456 de Valentin Glushko, qui à l'époque relevait de la compétence du Ministère de l'Industrie de l'Aviation. Le groupe comptait 65 personnes, y compris les membres de la famille, fut dirigé par le Dr Oswald Putze. A OKB-456, les spécialistes allemands ont occupé des postes de chefs adjoints et ingénieurs en chef de la construction expérimentale, en parallèle, les soviétiques étaient sommés de démanteler le potentiel de guerre allemand restant dans leur zone d'occupation, les puissances étrangères d'occupation de l'Allemagne vaincue s'engageant à faire de même de leur côté, selon des accords communs signés qui les engageaient.

L'Union Soviétique et USA craignant d'être condamnées pour non-respect des accords du conseil des contrôleurs alliés concernant la liquidation des installations militaires allemandes, ont réalisé en parallèle des opérations telles que l'opération Ciel Couvert, l'opération Paperclip et l'opération Alsos, les alliés ont emporté chez eux des spécialistes militaires, notamment Wernher von Braun, depuis l'Allemagne jusqu'aux États-Unis.

La CIA suivait de près l'évolution de la récupération es brevets fuséologiques et avioniques ainsi que le matériel et le personnel incorporé de force par les russes. Officiellement les occidentaux démentirent le tout pendant des décennies en argumentant que l'opération Hydra avait tout détruit à Peenemünde et que les russes n'y avaient rien trouvé, en fait c'était un grossier mensonger.

L'opération Hydra fut préparée en Grande Bretagne, à 2 h le 18 août 1943, 598 bombardiers Avro Lancaster, Halifax et Stirling sous commandement du Wing Commander J. H. Searby, partis la veille à 22 h d'Angleterre, frappèrent la base de Peenemünde.

Le alliés perdirent 40 bombardiers et leurs équipages, le gros du bombardement se fit sur les baraquements de Trassenheide abritant la main d'œuvre concentrationnaire, beaucoup de prisonniers périrent ainsi que 500 techniciens et employés, parmi eux, le général von Chamier-Gliczinski, directeur de Peenemünde, l'ingénieur Walter Thiel avec toute sa famille, il était le grand spécialiste de la mise au point des moteurs fusée à combustible liquide.

Seulement des maquettes et des plans concernant l'outillage furent détruits, toute l'infra structure sous-terraine dans les bunkers bétonnés en forme de cercle demeura intacte y compris des modèles construits finalités et opérationnels de V2 et un nombre incalculable de pièces de maintenance. Dans son livre Most secret War, le responsable du renseignement scientifique britannique R.V. Jones estime que l'opération Hydra fit perdre aux Allemands six à huit semaines dans la course à la mise en œuvre opérationnelle des V1 et V2.

Reginald Victor Jones né le 29 septembre 1911, était un physicien et scientifique britannique, père fondateur du renseignement militaire électronique dans son pays. Il était chargé d'évaluer pour les services secrets britanniques les développements technologiques des allemands, afin de proposer des contre-mesures. Il est le seul à avoir cru au sein des services secrets contenus dans le rapport Oslo, car les britanniques pensaient à un faux destiné à de la désinformation[19].

Ce rapport technique détaillait l'ensemble des avancées technologiques allemandes notamment la conception de fusées, de téléguidage de cibles radio et de pilotage automatique d'avions et de fusées.

---

[19] https://fr.wikipedia.org/wiki/Rapport_d%27Oslo

# HISOIRE DE LA NAISSANCE DE KAPUSTIN YAR

La Zone Secrète de Lancements Orbitaux, est aussi la mythique zone 51 soviétique.

Il y a beaucoup de rumeurs et légendes sur les informations OVNIS détenus par le KGB. Cela peut en partie être expliqué par le fait que la plupart ne sont pas encore des archives déclassifiées, et en partie par l'immense taille de la Russie, en particulier la Sibérie. Mais qu'est-ce qu'on sait vraiment ?

On sait qu'il existe un dossier bleu (синей папки) qui a recueilli 17 cas avec 124 pages de documents concernant les ovnis.

Ci-dessous, nous vous présentons, à notre avis, les articles les plus appropriés au sujet du KGB et les autres de ce même dossier bleu.

Vous pouvez observer vous-même les quelques documents déclassifiés. Et dans ce cas, ils se réfèrent à l'incident dans ville de Kapustin Yar, base surnommée La zone 51 Russe.

Ходит много слухов и легенд касательно информации об НЛО, которой обладало КГБ. Отчасти это можно объяснить тем, что большинство архивов еще не рассекреченно, отчасти размером России и, особенно, Сибири. Но что же все-таки в действительности известно ? Известно, что существовала некая синяя (или голубая) папка, в которой были собранны большинство документов относительно НЛО. Ниже мы представляем Вам, на наш взгляд, наиболее адекватную статьи насчет КГБ, НЛО и прочего на тему этой самой "синей папки". Же Вы можете наблюдате те немногие рассекреченные документы. В данном случае они относятся к инциденту в городе Капустин Яр.

# L'ARME DE LA VENGEANCE

En ces jours-là, quand l'Armée Rouge a envahi l'Allemagne, tombèrent, entre les mains du commandement soviétique des documents de missiles V-2, code A-4. La direction politique et militaire de l'URSS était déjà au courant de l'existence des armes de vengeance (abréviation allemande pour V (FAA) du mot Vergeltungswaffe, ce qui se traduit par l'arme de la vengeance.

La production en série de la V-2 était opérationnelle depuis le début de 1944, une fusée portant une ogive pesant une tonne, volant sur une distance supérieure à 280 km, pour atteindre une cible avec une précision relativement acceptable mais imprécise, à la suite de quoi, le concepteur en chef du V-2, Wernher von Braun et avec lui de 300 à 400 professionnels du plus haut niveau partent aux USA.

Les Américains ont obtenu la documentation complète un grand nombre de composants, combustibles et matériaux. De plus, ils ont saisi près de 130 missiles prêts au lancement. Les travaux de recherche aux États-Unis commencent immédiatement après la livraison des matériaux, des équipements, des missiles, et l'arrivée de spécialistes.

Heureusement pour les Russes, le complexe de production de V-2 à Peenemünde dans la zone d'occupation soviétique, était demeuré quasiment intact, avec l'intégralité des pièces de maintenance et de rechange, les plans, les maquettes, le combustible. Ils furent en mesure de trouver des cadres scientifiques intermédiaires et de niveau inférieur, principalement des ingénieurs et des ouvriers qualifiés, dont l'expérience a été utilisée pour construire le V-2.

Officiellement Peenemünde avait été entièrement bombardé par les alliés qui pensaient avoir tout détruit, mais les photos de l'époque montrent que le complexe bunkerisé en forme de cercle était intact, seules les habitations et rampes de lancement en surface étaient détruites.

# LES FUSEES SOVIETIQUES

En 1945, en URSS fut constituée une commission afin d'étudier la fuséologie, le gouvernement adopte en août 1945 une résolution pour allouer plus de ressources aux recherches dans ce domaine, le retard de l'aviation russe par rapport à l'aviation américaine se répercute par la culpabilisation des responsables par Staline.

Le 14 décembre 1946 le Maréchal Sergei Alexandrovich Khudyakov (Сергей Александрович Худяков), chef d'état-major et commandant adjoint de l'armée de l'air de l'Armée Rouge, Maréchal nommé par le Présidium Suprême en août 1944, a été arrêté et emmené à Moscou, où il a été accusé d'avoir été recruté comme espion par les Britanniques.

L'enquête sur l'affaire a duré plus de quatre ans durant lesquels il fut emprisonné, elle s'est terminée en 1949. Il a été condamné à la peine capitale, l'exécution, le 18 avril 1950 et fut abattu le même jour. Après la mort de Staline à partir de 1954, le Soviet Suprême commence un processus de réhabilitation pour les victimes de la répression politique, alors par décret du Présidium du Soviet suprême, Khudyakov est finalement réhabilité par le tribunal le 6 juillet 1965, et restauré à titre posthume au grade militaire du Maréchal de l'Air et aux droits inhérents au grade, médailles et récompenses. La répression est infligée à un grand nombre de hauts dirigeants de l'industrie des avions militaires et des forces aériennes, parmi eux, le ministre Shakhurin, commandant de la Force Aérienne Novikov, son adjoint Repin, Shimanov membre Conseil Militaire, Seleznev et d'autres. Le 25 Avril 1946 dans le bureau de réunion de Staline s'effectue une réunion sur la fuséologie en URSS. Il a rassemblé tous les décideurs au plus haut niveau, une résolution a été adoptée qui a donné une impulsion au début du développement des armes réactives et des programmes de missiles dans le pays.

Dans ce cadre il a été ordonné de former un institut de recherche d'armes type fusées-roquettes, devenu aujourd'hui (2018) le 4e Institut central de recherche du ministère de la Défense de la Fédération de Russie, un polygone polyvalent, qui était censé devenir une plate-forme pour tester tous les types de missiles dans l'intérêt de tous les organismes qui participent à ce programme au sein d'une unité militaire séparée, nommée Unité à Destination Spéciale, dont la tâche était de réparer les missiles allemands, réaliser leurs tests, élaborer des questions d'utilisation en conditions de combat, ainsi que développer l'ingénierie pour poursuivre des recherches dans cette direction.

A la fin du texte, ce décret précise, que le programme de missiles est d'une importance primordiale pour tous les organes du parti et du gouvernement, en fait, c'était un avertissement sévère pour ces fonctionnaires qui ne sont pas encore à ce moment-là, imprégnés de la gravité du programme de missiles pour la défense du pays.

Un conseil des ministres rédige le décret 1017-419 signé en personne par le Président Joseph Staline, le 13 mai 1946, créé le comité spécial, qui est chargé de la responsabilité de mettre en œuvre les plans de missiles. Staline a rédigé de sa propre main une liste de noms, comme d'habitude avec un crayon bleu, il en donne la direction à Malenkov.

La résolution n° 1017-419, charge également la commission, des prérogatives pour sélectionner le site de construction d'une décharge pour créer une commission. Elle a été chargée de mener une enquête sur le placement possible des futures zones dédiées aux recherches fuséologiques dans un laps de temps très court, entre le 1er Juin et le 25 Août.

Le 30 Août 1946, la commission dirigée par le premier ministre adjoint des Forces Armées d'URSS Boulganine, examiné huit territoires, dont aucun n'était plus opportun qu'un autre. Il a été décidé de poursuivre les travaux de sélection de l'emplacement idéal.

La commission crée en 1946 finit par opter pour des études de réalisation selon trois options, une dans le district militaire du Sud-Ural, dans la ville Uralsk, et deux dans le district militaire du Caucase du Nord (la première la plus optimale vers de Stalingrad, l'autre, près de la ville de Grozny en Tchétchénie, au total l'enquête sur le placement possible des zones portait sur sept ou huit territoires au total.

La décision aboutissant à la construction de la structure de Kapustin Yar, remonte au choix du lieu de son emplacement est actée № 0347, le 10 Juin 1946, signée par Boulganine qui nomme le lieutenant-général Vasily Voznyuk, ancien commandant adjoint de l'artillerie des forces du groupe sud en Autriche durant la seconde guerre mondiale. Son adjoint pour le contrôle des troupes au sol et des avions à réaction, est le colonel Leonid Polyakov.

Le colonel Ivan Romanov devient adjoint pour les essais de missiles de la marine, le colonel Nikolai Mitryakov, adjoint pour l'armée chargé de tester les essais de fusées, le groupe de l'aviation est dirigé par le major-général Stepan Scherbakov. L'ordre du ministre des Forces Armées de l'URSS № 0019 du 2 Septembre 1946, a finalement approuvé l'organigramme du personnel attaché au polygone expérimental, désormais il ne reste plus qu'à réunir scientifiques, techniciens et troupes.

La commission se donne un délai d'un an à compter de la date pour être en mesure de présenter un résultat, mais c'est seulement le 26 Juillet 1947, qu'est publié le décret définitif du Conseil des Ministres sur la préparation du premier lancement d'une fusée A-4 type V-2, et de le placer dans le village de Kapustin Yar, au Sud-Est de Stalingrad, dans la région d'Astrakhan. Parmi les documents d'archives, figurent des cartes routières personnellement approuvées par Staline et annotées de sa main.

Il y a des informations qui démontrent que le site initial choisi fut près du village de Naour en Tchétchénie, mais cette option fut rejetée en raison d'une plus grande densité d'habitations dans la région du site de placement prévu. En outre, le ministre de l'élevage Alexei Kozlov était catégoriquement contre une telle option, parce qu'elle menaçait de détruire les moutons dans les steppes de Kalmoukie.

La décision de la date de célébration de la formation de Kapustin Yar a été adoptée en 1950, et a déterminé aussi sa date d'anniversaire officielle au 13 Juin 1946 par le décret n° 1017-419.

Le commandement a été confiée au major-général Alexander Tveretskom. La date officielle de sa création sera remodifiée pour devenir le 12 Juin 1946 bien plus tard, en 1952.

Les russes héritèrent de 23 fusées V2 en état, et 17 autres en pièces détachées, ainsi que 308 experts allemands, qui furent répartis entre les ministères concernés et commencèrent immédiatement à travailler. Environ 100 d'entre eux dans l'usine 88 (SRI-88). Plus tard, ils ont été déplacés vers l'île Gorodomlya sur le lac Seliger, qui abritait la succursale 1 NII-88.

Au total pour l'organisation du travail de conception, la production et les essais de missiles autour de 350 spécialistes allemands furent employés dans les centres de recherche soviétiques dédiés à la fusée V2. Parmi ceux-ci seulement 13 personnes ont participé au premier démarrage du site de lancement des V2 A-4 à Kapustin Yar.

Le premier lot de 10 fusées A-4 a été assemblé en Russie avec l'aide d'experts allemands, un autre lot de 13 missiles a été assemblé dans la banlieue de Podlipki dans le Nord-Est de la Pologne vers la frontière Biélorusse dans l'usine n° 88, avec du personnel polonais, allemand et soviétique.

# FINALISATION DU PROJET V 2

Au cours de l'été 1947, l'assemblage terminé de plusieurs fusées A-4 de la série T, en plus d'autres de la série N sont achevés à l'usine NII-88 de Moscou, les deux lots, ainsi que du matériel auxiliaire venant d'Allemagne et de Pologne, ont été expédiés à Kapustin Yar, car le 26 Juillet 1947, le Soviet des ministres a officiellement planifié le lancement de tests prévus en Septembre-Octobre 1947 à Kapustin Yar.

A la mi-1948, la plupart des spécialistes de fusées allemands, qui ont travaillé pour NII-88 de Podlipki, a fini dans les limites du site industriel implanté dans l'île Gorodomlya sur le lac Seliger, au Nord-Ouest de Moscou, dans la région connue sous le nom Haute Volga. À la fin de 1950, les Allemands qui travaillaient pour OKB-456 ont été renvoyés en Allemagne, puis le 3 juin 1951, sont enfin rapatriés à leur tour les 20 techniciens les moins qualifiés. Car en Septembre 1951, le gouvernement soviétique a pris la décision de rapatrier les spécialistes allemands dans leur nation d'origine le 15 Juin 1952, les responsables soviétiques ont annoncé que tous, sauf les 20 meilleurs spécialistes devraient quitter l'URSS dans les cinq jours. Les ingénieurs Gröttrup, Umpfenbach et Magnus étaient parmi vingt restants, puis le 15 Novembre 1953, tous les spécialistes allemands restants, à l'exception de douze derniers, doivent retourner dans leur pays, le 22 Novembre 1953, ils ont 48 heures pour quitter l'URSS. Les spécialistes et leurs familles traversent la frontière polonaise le 28 Novembre 1953. Restant 12 ingénieurs allemands, experts en l'électronique à qui on offrit des contrats de cinq ans avec un hébergement à Moscou.

L'usine n°88 a été organisée à partir des équipements de l'usine n°88, qui avait été transférée dans l'Oural, en provenance initiale de la banlieue de Podlipki en Pologne et placée sous la direction de Korolev. Il faut se souvenir que toute cette technologie allemande était pionnière car elle avait atteint des possibilités jusque-là inconnues, les ailes volantes, les moteurs à réaction, les prototypes de soucoupes volantes, les fusées longue portée, les russes et les américains se partagèrent cette ingénierie comme prise de guerre. Et savaient respectivement que l'autre avait aussi en sa possession les mêmes brevets, cette course à la recherche aboutit aux programmes spatiaux et ce fut l'URSS qui devint la première nation à satelliser en orbite un matériel électronique puis encore ensuite un animal et enfin un être humain, cela rendait les américains hystériques de colère.

Les américains ne sont pas en reste dans le test d'appareillages extraordinaires à la fin de la guerre, ils ont constamment caché et minimisé leurs recherches dans le domaine de l'avionique, ainsi le Bombardier en forme de triangle type aile volante est opérationnel dès 1946[20].

Des photos de l'époque montrent onze ailes volantes sur un aérodrome ce qui prouve une fabrication en série qui dépasse le simple prototype unique d'essai.

À la fin de la guerre en 1945, un exemplaire du biréacteur Horten Ho 229 sur lequel la firme allemande travaille depuis 1930 est remis entre les mains des ingénieurs de Northrop Corporation. Bien que spectaculaire il démontre la poursuite des travaux secrets du Reich dans ce domaine y compris des soucoupes volantes malgré le traité d'interdiction.

Selon les ufologues, ce prototype volant à un plafond de 12 000 mètres à l'aide de quatre moteurs à une vitesse de 629 km/h sera obsolète dès 1948 lors de l'arrivée du réacteur dans les avions américains. Dès le 24 juin 1946 les réacteurs comme le XT-37 Turbodyne étaient en réalisation étude chez Boeing, en vue de fabriquer des bombardiers lourds très rapides volant a haute altitude[21].

L'organisation de la production de missiles en URSS était une gageure à la fin de la guerre, par exemple, en Allemagne en 1944 ont été produits 345 missiles en moyenne par mois soit 4140 par an. En Janvier 1945 seulement 700, en février 1945 à peine 616, en mars 1945 juste 490, l'industrie soviétique ne pouvait pas égaler la capacité de production des missiles allemands.

En 1951, par ordre du ministre des Forces Armées d'URSS l'usine de Pivdenmash, la plus importante dans la période d'après-guerre, située à Dniepropetrovsk en URSS, portant le numéro d'usine 586, et placée 186 rang au niveau de la liste de planification qui avait reçu la tâche de produire seulement deux mille missiles par an, mais qui n'est jamais arrivée à achever cette tâche.

---

[20] https://fr.wikipedia.org/wiki/Northrop_YB-35

http://www.century-of-flight.net/Aviation%20history/flying%20wings/Northrop%20bombers.htm

[21] http://www.enginehistory.org/GasTurbines/Wright/T35/WrightT35.shtml

En 1947 Staline retire Malenkov comme superviseur du programme de missiles en raison de son incapacité de gérer ce problème complexe, et le remplace par Boulganine, ce dernier accélère le programme pour finir en 1948 au premier test de la fusée F-1. Tout d'abord le personnel a commencé à arriver à Kapustin Yar en Août de 1947, en Septembre arrive enfin une fusée avec l'équipement de télémétrie, puis une seconde en provenance de Polio, avec des matériaux en pièces détachées.

La construction du site avait été lancée 20 Août 1947, le personnel travaille sans relâche, Vassily Vonuc qui sera le directeur de Kapustin Yar durant 27 années dira :

« Nous avons une gamme de jour de travail de 8 heures, c'est-à-dire huit heures avant le dîner et huit heures après » fin de citation.

Le personnel a d'abord vécu dans des tentes, à la dure, des camions citernes approvisionnent potable, des wagons de train servent de logements pour les cadres.

A la fin de Septembre les installations nécessaires pour le début de l'essai ont été construites en deux mois, comprenant un site d'essai, un dépôt de carburant, un pont, une autoroute, et 20 km de lignes de chemin de fer de Stalingrad à Kapustin Yar, le siège et d'autres bâtiments officiels dont des points d'observation pour surveiller la trajectoire de vol. Le 14 Octobre 1947 arrivent à Kapustin Yar le groupe d'ingénieurs dirigé par Korolev, et le 18 Octobre, 1947, à 10 heures 47 minutes, heure de Moscou est réalisé avec succès le premier vol de missile balistique R-1 officiel.

# LA BASE SECRETE DE
# KAPUSTIN YAR GRANDIT

Le polygone de Kapustin Yar est un des secrets majeurs de la Russie Soviétique et Post Soviétique (секретности за всю постсоветскую историю), les ufologues occidentaux déploient deux versions, la première celle qui dit que la base serait construite sur les lieux du crash d'un ovni qui eut lieu en 1948, mais il se trouve que la base expérimentale existait sous une forme de campement de fortune et avant 1948, l'essai de fusée V2 (A4) réussi en octobre 1947, le 18 octobre 1947 le projet T, copie améliorée du V2 allemand.

Il s'agit de la base qui deviendra le premier cosmodrome aérospatial russe, et aussi de la base expérimentale de tous les programmes de fusées, roquettes et missiles soviétiques et russes dans les domaines de l'aviation, des sous-marins, des engins terrestres et des fusées spatiales et orbitales, à seulement à 100 km de la ville de Volgograd, l'ancienne Stalingrad.

C'est intéressant pour trois raisons, des ovnis sont fréquents sur l'axe Crimée à gauche et Kazakhstan à droite, en particulier au Nord dans le triangle Samara à l'Est, Voronej à l'Ouest et Volgograd en bas, le pic du triangle est vers le bas, et Kapustin Yar fait partie de la zone de Volgograd.

La région est très connue des ufologues russes, l'ufologue V Tsernobrov (В. Чернобров) de l'association Kosmopoisk (Космопоиск) à récence des dizaines d'observations sur Volgograd, anciennement Stalingrad, et dans toute la région (аномальные зоны волгоградской област). Ey bien une chape de silence entoure les pourtours des bases militaires d'où les témoignages ont beaucoup de mal à filtrer ces dernières années.

Complètement à l'Est de la zone des 650 km/2 de la Zone 51 Soviétique de Kapustin Yar se trouve le Lac Elton, un autre lieu mystique sous lequel on peut enfouir ce que l'on veut et qui passera inaperçu à toutes les observations des satellites espions, car on ne peut rien voir du sous-sol du lac par les moyens techniques dont on dispose. La particularité du Lac Elton (Эльтон) 49° 08′ Nord, 46° 40′ Est, ce qui le rend imperméable aux observations aériennes et Satellites, en raison d'une épaisse couche de sel, d'une superficie de 152 km, son altitude est de 18 m au-dessous du niveau de la mer.

Il est proche de Zhitkur à 29 km seulement la ville abandonnée et rasée en grande partie par la main de l'homme et en second par les explosions des essais de missiles soviétiques.

Au sud du Lac se trouve le hameau de Priozerny (Приозерный) à environ 37 km de Zhitkur, c'est par cet accès que plusieurs ufologues tentèrent de s'approcher à plusieurs reprises de la zone qui détiendrait un ensemble de bunkers à une profondeur de 400 m dans un endroit sous Kapustin Yar longtemps situé dans ce fameux village de Zhitkur.

Il y avait trois fermes collectives autour Zhitkur en 1946 avec aussi le haras n°47 avec des chevaux pur-sang, en 1946 le nettoyage du territoire commence en 1947, il est dit que les anciens se souviennent d'une steppe nue, la ville de Zhitkur est rasée.

L'encyclopédie officielle de la région du Kazakhstan Ouest, indique que, dans le cadre de la création du terrain d'essai militaire de Kapustin Yar une partie du territoire de la région Urda a été donné en 1947, car offrant une plus grande surface.

Ce territoire devait être complètement propre, les gens sont parqués dans des trains de marchandises ont été autorisés à prendre avec eux quelques effets personnels plus de dix mille personnes ont été réinstallées dans la région sud du Kazakhstan.

Ensemble avec les habitants, ont été transférés les animaux de la ferme, qui ont immédiatement commencé à mourir en raison de l'absence d'eau par un climat très chaud. Beaucoup ont essayé de revenir chez eux, ils se sont réinstallés dans d'autres villages de la région selon un vétéran de la Seconde Guerre mondiale âgé 93 ans Mokhtar Azghulov originaire d'Urda, car dans leurs villages d'origine, maisons et granges, avaient été détruites après leur déportation, même les gravats avaient aujourd'hui disparu.

# LE BUNKER DE ZHITKUR

Le hangar secret n°754 aurait plus de 150 m de long et contiendrait 5 ovnis entiers récupérés, le second hangar de 74 mètres, contiendrait les pièces et morceaux issus de crash.

La liste des captures d'ovnis par les russes serait assez conséquente, un ovni récupéré en 1948, un autre ovni  de diamètre 9 m récupéré entre le Kirghizistan et la frontière avec la Chine, un ovni de forme discale récupérés en Afghanistan en novembre 1988 durant la participation russe à la Guerre en guerre d'Afghanistan de 1979 à 1989, puis encore un disque ovni de 12 m de diamètre récupéré dans les montagnes du Caucase à  Prodavnica, un ovni en forme de cigare long de 35 m et haut de 6 m récupéré dans la région d'Astrakhan en 1960, un ovni en forme de dauphin avec un aileron dorsal récupéré en 1987 au Nord de la Russie.

A consulter aussi les articles concernant le 6 mars 1983, relatant ovni dans le Caucase (НЛО в Кавказе), une chute au sol d'engin volant non identifié très similaire à une autre de 1985 dont je reparlerai plus loin. Dans le hangar adjacent des morceaux d'épaves et aéronefs suite à des crashs, un fragment de métal en forme de poisson raie Manta récupéré en 1978 au Kazakhstan, un autre fragment  argenté provenant de Sverdlovsk au Nord du Kazakhstan dont les scientifiques déterminent qu'il fait partie d'un disque de 26 m de diamètre et de 15 tonnes, un autre fragment du 18 août 1960 au Kazakhstan, les différents fragments proviennent de plusieurs crashs d'ovnis, de technologies distinctes, de civilisations de type humanoïde différentes.

Plusieurs ufologues russes se sont cassés les dents sur ce fameux Bunker 754, au point où après 20 ans d'affirmations, plusieurs ont changé d'opinion et affirment désormais qu'il n'y a plus rien à Zhitkur ni à Kapustin Yar, ni à Kapustin Yar « 1 », la ville, qui est rebaptisée depuis 1962 Znamensk , une ville remplie de civils et de militaires très contrôlée, c'est une ville à statut fermé, c'est-à-dire que pour les étrangers l'on y entre et on en sort avec des autorisations spéciales délivrées par les services de renseignement russes, le FSB.

Chaque demande est examinée avec attention et très peu de laisser passer nommés Propusk sont donnés, ils sont à présenter systématiquement aux postes de contrôle de la police et check points militaires tenus par l'unité de prévôté n° 33763 en charge des servitudes de garde (en 2016).

La ville sortit de terre tardivement, de 1946 à 1948, les logements de tentes et baraquements sont de mise à même la steppe de la base, orientée côté Est de la rivière Volga. Selon les habitants ce n'est qu'en 1949 qu'ont commencé à apparaître les premières habitations finies. Les casernements, les bâtiments administratifs et les prémices de la ville ont vu le jour en 1951.

Chaque année, quelques maisons de plus furent construites selon des conceptions modernes de leur temps, principalement des immeubles à deux étages et des maisons basses. En 1962 la ville est rebaptisée Znamensk, elle a une architecture de faible hauteur en comparaison avec les grands immeubles bétonnés de Volgograd, faisant un peu village provincial.

Elle se situe à peu près à 6 m au-dessus du niveau de la mer, éloignée de 350 km de la capitale régionale Astrakhan au sud et à 44 km de la ville la plus proche Leninsk.

Laissez-moi vous guider, après avoir passé le contrôle de prévôté sous la présence de soldats du bataillon de sécurité в/ч № 33763 de Znamensk, je poursuis ma route jusqu'au contrôle d'accès à la barrière d'entrée de la base de Kapustin Yar. Aujourd'hui, cet endroit complètement fermé aux civils et aux soldats est inaccessible sans un laissez-passer spécial pour entrer dans le cosmodrome spatial où furent lancées dans la stratosphère onze ogives nucléaires les années 1950. Lyudmila Vorotnyuk (Людмила Воротнюк) à la fois conservatrice du musée et guide conférencière me dévoile de nombreux secrets liés au programme spatial soviétique contenus au Musée des Forces de missiles stratégiques, (Музей Ракетных Войск Стратегического Назначения полигона Капустин Яр).

Très rares sont les occidentaux ayant pénétré dans ce lieu. Des Cadres célébrités y ont travaillé comme : Sergei Ivanovitch Korolev (Сергея Павловича Королёва 1907-1966), Mixail Kusmitsa Yangel (Михаила Кузьмича Янгеля 1911- 1971), Vladimir Nikolaievitch Tselomel, (Владимира Николаевича Челомея 1914-1984), Pierre Dmitrievitch Gruchin (Петра Дмитриевича Грушина 1906-1993) et tant d'autres.

Sur le territoire de Znamensk est érigé un musée unique des Forces de Missiles Stratégiques, qui expose les échantillons de tous les missiles jamais produits en Russie. Il est unique, avec des modèles à trois ogives à tête chercheuse, une véritable rareté, car 90 % de ces armes ont été détruites à l'époque dans le cadre des accords de désarmement nucléaire, aussi Znamensk détient encore des prototypes historiques uniques avec des archives photographiques, sur toute l'épopée spatiale et l'ensemble des matériels techniques d'époque.

La base est fermée comme un secret militaire bien gardé, cependant, en l'honneur de l'anniversaire de fondation de la base, et ce jour uniquement, une partie du voile du secret est ouverte, par exemple, les visiteurs ont été autorisés à visiter le saint des saints, le poste de commandement.

Au moins 11 explosions nucléaires ont été réalisées ici depuis 1950 à Kapustin Yar, équivalent à 65 bombes atomiques du type largué sur Hiroshima (larguées à une altitude de 300 m à 5,5 km).

En plus des essais nucléaires à Kapustin Yar ont été lancés jusqu'à 24.000, missiles guidés, et testé 177 échantillons de matériel militaire exotique, fait exploser 619 missiles SS 10.

Sur l'immense écran vous pouvez regarder tous les sites d'essais d'enfouissement, y compris les emplacements nucléaires. On sait que depuis 1950, 11 explosions nucléaires ont été réalisées ici cependant aucune trace n'est aujourd'hui enregistrée sur les dosimètres fournis aux visiteurs, et pour cause les missiles longue portée devaient atterrir au Kazakhstan ou exploser dans la stratosphère.

J'apprends que depuis octobre 1947 à octobre 1948 s'y est développé le programme des V2 allemandes, puis les tests du 3 janvier 1955 (R11FM), le 20 janvier 1955 (P-5M), le 2 février 1956 (R-5M), le 22 juin 1957 (P-12), Mars 1959 (F-13, 6 juillet 1960 (P-14), 11 février 1962 (P-14 U), cela fait partie de l'histoire de l'aventure technologique et scientifique de l'espace.

L'ensemble des technologies fuséologiques partait sur plusieurs axes, les lancements spatiaux, les lancements balistiques dans la stratosphère, les lancements météorologiques, et les projets de missiles militaires sol-air, air-air, mer-air et mer-terre.

Dès le début les fusées étaient conceptualisées pour le transport de technologies d'études orbitales, d'engins explosifs et aussi de pilotes qui deviendront les cosmonautes, dont on ne sait pas comment ils pourront survivre au retour sur terre pour le moment, aussi il fut créé une animalerie avec des lapins, des oiseaux, des rats et des chiens, devant être les précurseurs des vols humains habités.

# LES PREMIERS COSMONAUTES CANINS

Kapustin Yar est devenu un cosmodrome spatial le 16 mars 1962 avec le lancement du satellite Cosmos 1, toutefois en 1951 les premiers cosmonautes étaient déjà expédiés dans l'espace depuis KapYar et ce n'étaient pas des humais mais des chiennes cosmonautes.

Un Grand nombre de boules sphériques d'un diamètre d'un à deux mètres qui retombèrent sur la terre furent en fait les premières expériences de satellisation d'animaux, qui revenaient dans l'atmosphère généralement cinq à 20 minutes maximum après leur lancement dans la stratosphère, il fallait 60 minutes pour les récupérer depuis la désorbite jusqu'à l'arrivée au sol en parachute.

En tout, à Kapustin Yar 48 chiens furent lancés dans l'espace, (Всего с Капустина Яра в космос запустили 48 собак).  Aux fins de l'exploration spatiale est effectué 139 lancements de fusées porteuses (В целях освоения космического пространства здесь проведено 139 пусков ракет-носителей).

Le musée local retrace l'histoire secrète des chiennes cosmonautes, les premières lancées dans l'espace orbital terrestre. Le premier lancement de chiens candidats au vol dans le cosmos (Первый отряд собак кандидатов на полёты в космос), depuis le Polygone de Kapustin Yar le 22 juillet 1951, ( Первый собачий старт состоялся 22 июля 1951 года на полигоне Капустин Яр), en fait deux chiennes simultanément dans la même capsule.

On croit que Belka et Strelka qui ont été lancées depuis Baïkonour en Août 1960 furent les premières, mais avant de les envoyer elles en orbite il y avait déjà été expédié 39 autres chiennes cosmonautes, au cours de tests préliminaires précédents.

Le premier lancement a eu lieu à Kapustin Yar neuf années avant Baïkonour. Belka (Белка) écureuil et Strelka (Стрелка) petite flèche, étaient deux chiennes qui passèrent ensemble une journée dans l'espace à bord du Spoutnik 5, le 19 août 1960.

Les deux chiennes étaient aussi accompagnées d'un lapin gris, Ils furent tous récupérés sains et saufs le jour suivant, ce fut le premier vol spatial qui ramenait ses occupants vivants. Toutes les chiennes cosmonautes participant aux programmes spatiaux soviétiques devaient peser moins de six kilos, et mesurer moins de 35 cm pour être sélectionnées.

Il n'y eut que des chiennes cosmonautes car une chienne n'a pas besoin de lever la patte pour uriner et de ce fait, elle nécessite moins de place qu'un mâle dans une cabine.

Strelka la chienne cosmonaute survivra longtemps à cette expérience et aura plus tard six chiots avec un mâle nommé Pouchok, l'un des chiots fut nommé Pouchinka (Пушинка), pelucheuse fut donné à la fille du président Américain John F. Kennedy, Caroline, par Nikita Khrouchtchev en 1961.

# PROJET SECRET K

Des tests de dispositifs nucléaires soviétiques dans l'espace ont eu lieu dans le cadre de l'opération K. Leur préparation et leur conduite fut sous la responsabilité de la commission d'état présidée par le sous-ministre de la défense, le colonel-général Alexandre Vassiliévitch Gerasimov.

Le chef scientifique des expériences fut l'académicien de l'URSS Aleksandr Nikolaevich Schukin, avec son adjoint, le chef adjoint de la 4e direction principale du Ministère de la Défense, le major-général Konstantin Aleksandrovich Trusov.

La tâche principale de l'opération K était de vérifier l'influence des explosions nucléaires à haute altitude et l'espace, sur le fonctionnement des moyens de radio-électronique et le système de détection d'attaque de missiles et la défense antimissile.

Les premières expériences, ayant la notation K-1 et K-2, ont été réalisées pendant toute la durée de la journée du 27 Octobre 1961. Les deux charges d'une capacité 1,2 kT, furent portées par le missile balistique R-12 (8K63), lancé à partir de Kapustin Yar, la première explosion a été produite à une hauteur d'environ 300 kilomètres, et la seconde à environ 150 kilomètres d'altitude les débris aboutirent dans la steppe désertique sur le site de Sary-Chagan.

Comme dira plus tard le concepteur en chef du système A, Grigoriy Vasilevich Kisunko dans son livre Plan de chacune des séries de Test, le Secret K, il y avait une séquence de lancement de deux missiles R-12. La première portait une ogive nucléaire, la seconde fut équipée avec des équipements pour l'enregistrement de l'effet néfaste d'une explosion nucléaire. L'opération K, a été poursuivie durant un an jusqu'en Octobre 1962, les altitudes d'explosion sont ensuite de, 80 km puis 300 km, avec charges nucléaires de 300 kt.

Deux jours avant l'explosion testée par Kapustin Yar, fut lancé satellite artificiel DS-A1, au nom public de Kosmos-11, conçu pour étudier le rayonnement après les explosions nucléaires à haute altitude. Le lancement de R-9 échoua, seulement après 2,4 secondes après le début du lancement, la 1ère chambre de combustion du 1er étage s'est effondrée et la fusée est tombée à 20 mètres de la rampe de lancement, l'endommageant sérieusement.

La quatrième explosion nucléaire dans le cadre de l'opération K eut lieu le 28 Octobre 1962, avec une ogive nucléaire lancée à 04h30 GMT depuis Kapustin Yar, après 11 minutes et à une altitude de 150 kilomètres la détonation d'un engin nucléaire a été réalisée fonctionnant sans aucun problème.

Le lancement de R-9 sut la rampe de lancement de Tyr-Tam s'est à nouveau terminé dans une catastrophe, la fusée a détruit la rampe de lancement à 04h37 GMT, la fusée réussit à grimper à une hauteur de 20 mètres, quand elle retombe hors service la 2ème chambre de combustion du système de propulsion suivi de l'explosion de l'engin occasionnant six jours d'incapacité d'utilisation du site.

Le colonel Ivan Shipov donne une interview au journal Komsomolskaïa Pravda à la veille du 70° anniversaire du polygone de KapYar, aujourd'hui, le colonel Ivan Chipov à 88 ans, (2016) Titulaire de neuf diplômes, ce vétéran est convoqué dans sa jeunesse par un général qui lui dit à voix basse qu'il est muté vers le grand Nord et la glace à Arkhangelsk, en fait il part vers le Sudd et le désert. Au total, le programme d'essais se composait de 10 explosions atomiques au-dessus des têtes des habitants à haute altitude et le premier essai nucléaire sur Kapustin Yar, est achevé le 19 Janvier 1957 avec un missile sol-air d'une capacité de charge nucléaire de 10 kt à une altitude de 10,4 km. Dans ce test PFYAV, deux bombardiers IL-28 décollent à partir de l'aérodrome Vladimirovka à Akhtubinsk, ils devaient être abattus en vol par une fusée à charge nucléaire.

Les tests furent considérés comme infructueux les cibles n'avaient pas été détruites par une explosion nucléaire et finirent abattues avec des missiles anti-aériens avec des ogives conventionnelles. Les tests du 1 et 3 novembre 1958, les deuxième et troisième explosions nucléaires furent aussi considérées comme des échecs, les engins explosèrent à une hauteur de 12 km au lieu de 20-25 km, l'énergie de chaque explosion nucléaire était de 10 kilotonnes. Le 6 Septembre, 1961, le site de la défense aérienne Kapustin Yar, réalise le lancement d'une ogive nucléaire avec l'énergie de 11 kilotonnes à une hauteur de 22,7 kilomètres. Le programme de ce test a été réalisé et menée complètement à terme.

L'essai nucléaire sur Kapustin Yar, survenu avec succès le 6 Octobre 1961, avec un missile balistique R-14 d'une énergie de 40 kilotonnes sur une hauteur de 41,3 km, nom de code Opération Tempête, fut entièrement filmé.

Le 27 octobre 1961 deux lancements de missiles balistiques R-12 capacité d'ogives nucléaires à moyenne portée de 1,2 kilotonnes ont été mises en œuvre à Sary Shagan au Kazakhstan, les explosions de charges produites à la hauteur de 150 km étape K-1, et 300 km étape K-2.

Le vingt-deux Octobre, 28 Octobre et 1er Novembre 1962 ont été effectuées 3 explosions à haute altitude dites K-3, à une altitude de 290 km puis K-4- à une altitude de 150 km, et enfin K-5 à une altitude de 59 km. Pour provoquer ces explosions, ont été utilisés charges thermonucléaires avec une énergie de 300 kilotonnes[22].

À ce jour, il n'y a pas de données officielles sur les résultats de l'effet de ces explosions sur l'environnement et de l'infrastructure au Kazakhstan. Cependant, dans un article paru en anglais sous le nom de code Test soviétique 184, les impulsions électromagnétiques de l'explosion DME lors de l'essai K-3 du 22 Octobre 1962, ont causé une interférence dans le système radar de défense à une distance d'environ 1000 km, des endommagements de câbles souterrains jusqu'à une profondeur de 90 cm et une longueur de 1000 km, reliant Yselinograd à Alma Ata.

En raison de courts circuits dans les appareils électriques, un feu a pris naissance à Karagadinskaya sur un câble d'alimentation souterrain, l'impulsion électromagnétique a provoqué l'apparition d'incendies à plus de 570 km sur des lignes téléphoniques passant au-dessus du sol.

Voilà ici un secret majeur dans l'URSS de l'époque qui sans nul doute possible fut aussi l'origine de phénomènes inexpliqués pour les habitants et des observations erronées de faux ovnis.

---

[22] Selon les sources provenant de Sergey Burgin, Secret Area G.V. Kisunko, l'URSS Essais Nucléaires, Editeur Minatom, 2001.

# LA PREMIERE CHIENNE COSMONAUTE

La première chienne cosmonaute se nomme Dezik, elle a été lancée dans l'espace le 22 Juillet 1951, mais l'histoire ne retiendra que Laïka (Лайка) Petit Aboyeur, expédiée a bord de spoutnik 2, le 3 Novembre 1957, elle périt environ 4 à 5 heures après le lancement de Spoutnik. Un monument fut érigé à la chienne Dezik en 2015 à Znamensk.

Revenons sur ce premier vol de chiennes cosmonautes, avec les chiennes Dezik et Tzigan (Дéзик и Цыгáн), qui furent expédiées dans le cosmos depuis Kapustin Yar le 22 juillet 1951 dans le cadre du plan secret VR 190 à bord d'une fusée de type B-1B (P-1B) à une altitude de 101 km pour retomber sur terre 15 minutes après le lancement[23].

Cette fusée est l'aboutissement de celle testée le 10 octobre 1948 à Kapustin Yar, issue de la poursuite du modèle allemand v2 (A4), le poids corporel des chiennes augmenta de près de 5 fois au décollage, et la fréquence cardiaque passa à 550 battements par minute, presque 4 fois plus que la norme chez les chiens. Dezik mourut une semaine après son premier voyage dans l'espace le 29 juillet 1951 en compagnie de la chienne Lisa (Лиса) au cours d'un second vol au cours duquel le parachute ne s'ouvrit pas et la cabine spatiale s'écrasa au sol. Desik devint le premier être vivant à voyager dans l'espace quelques minutes et aussi la première victime directement durant la mission. La seconde cosmonaute Tzigan vécut en retraite encore dix années après avoir été dans l'espace, finissant sa vie dans la maison de l'académicien Anatoli Blagonravov (Благонравов) également engagé dans le développement de la technologie des missiles. Blagonravov repartit à Moscou et adopta la chienne qui après son expérience de cosmonaute avait vécu dans le chenil des chiens cosmonautes de la base, son maître disait d'elle, qu'elle était d'un caractère de leader reconnu parmi les autres chiens.

On raconte même que durant les tests médicaux à la base du cosmodrome de Kapustin Yar, elle avait mordu au mollet le vétérinaire chargé de l'examiner, il voulut lui en tenir rigueur mais on lui répondit qu'elle avait le droit de se promener partout où elle voulait et de faire ce qu'elle voulait car elle était un héros, une pionnière.

---

[23] https://ru.wikipedia.org/wiki/Дезик_и_Цыган

Le second vol réussi, qui fut le troisième lancement de chiennes dans l'espace, eut lieu du même endroit le 19 août 1951, avec les chiennes Courageuse et Champignon (Смелый и Рыжик).

Les quatre chiennes de ces deux premiers vols habités dans le cosmos furent récupérées saines et sauves et se remirent à courir de joie dès leur sortie des capsules[24].

Les informations sur ce premier vol des chiennes dans l'espace à bord des missiles balistiques, fut tellement secret, que les concepteurs, scientifiques, et même les chiens qui participèrent au programme VR 190, étaient sous des pseudonymes afin de dissimuler leur identité ou origine.

Le secret fut gardé durant quarante ans, il a été officiellement dévoilé par des personnalités scientifiques comme V. B. Malkinym B. (Б. Малкиным) et A.A. Gyurdzhianom (А.А. Гюрджианом), lors d'une conférence scientifique à Kaluga 18 Septembre 1991, mais qui ne marqua guère les occidentaux dont la majorité ignore encore l'exploit de Tzigan et de Dezik.

Un total de quarante-huit chiennes cosmonautes fut envoyé dans l'espace, 29 du cosmodrome de Kapustin Yar et 20 du cosmodrome de Baïkonour soit environ soixante-dix-huit héros canins.

Ces pionnières de l'espace sont mortes pour diverses raisons, au début par des explosions de fusées, puis de surchauffe dans le cockpit à la sortie de la stratosphère, de dépressurisation de scaphandres, de parachutes qui ne s'ouvrent pas. Lors d'un lancement réussi de fusée la nuit, tout se déroula comme prévu, le missile fut lancé avec succès, puis la cabine avec les chiennes s'est séparée du corps principal et est descendue en parachute.

L'hélicoptère de récupération commencé à voler au-dessus de la steppe, un projecteur illumine la terre, la cabine orbitale est trouvée, mais on a mis trop de temps, c'est la nuit, on l'ouvre et on trouve les deux chiennes mortes, suffoquées par le fait qu'elles n'avaient pas assez d'oxygène en raison de recherches prolongées pour les retrouver.

---

[24] Https ://ru.wikipedia.org/wiki/ P-1B

La plupart des chiennes périrent en raison de la défaillance du matériel.

Mais certaines ont été envoyées à la mort consciemment. Par exemple les causes réelles de la mort de la fameuse Laika en orbite n'a pas été fournie à tous et ce pendant des années, morte en raison de disfonctionnements techniques par suffocation en raison de la hausse de température dans la cabine.

Cette histoire a causé un traumatisme émotif grave parmi le personnel de la base. Il y avait un groupe spécial d'employés qui sont allés à Moscou capturer les animaux errants dans la rue, les critères furent les suivants : le chien ne devait pas être très grand, pesant moins de 6 kg et certainement bâtard, parce que ces derniers luttent pour l'existence dès la naissance, selon ce qui est rédigé dans le cahier des charges de l'équipe canine recruteuse, de plus, il est souhaitable que ce soit des chiennes pour être plus endurantes au stress et à l'effort physique, elles ne lèvent pas la patte dans la cabine pour uriner, donc possibilité de les placer dans un espace encore plus réduit. Et encore, l'animal doit être blanc ou noir, pas de couleurs rouges ou autres, car les photos et les images de la télévision étaient en noir et blanc et d'autres couleurs de fourrure ne se verraient pas bien à l'écran.

Une fois, une chienne s'échappe des bras de son instructeur un jour avant le second vol orbital et il s'enfuit, un peloton de soldats s'enfonce dans la steppe de nuit à la recherche de la chienne cosmonaute mais ne la retrouve pas. Le lendemain matin, des soldats prennent la première chienne disponible, il se dit qu'elle était à ce moment-là à la cantine quémandant quelque victuaille, ils la portent dans le cockpit à la place de la chienne déserteur.

Lors du lancement, tous redoutaient que Korolev détecte l'usurpation d'identité et libère sa colère sur les employés. Cependant, le chef des scientifiques ne remarqué quoi que ce soit. Lorsque la capsule est descendue en parachute, Korolev comme il était de tradition prit les chiennes dans ses bras et se mit en colère en voyant que l'une des chiennes cosmonautes était un usurpateur.

Il s'emporta en criant que la chienne n'avait pas été formé ni passé les tests vétérinaires préalables, mais la chienne était vive et amusante et elle l'embrassa ce qui le calma.

L'académicien Sergey Pavlovich Korolev fin un rapport au bureau politique du parti en formulant que le lancement de la chienne n'ayant pas suivi le protocole, a été commis intentionnellement, afin de la comparer avec l'état du formé.

La chienne fut nommée Zib (Зиб) elle remplaça le chien cosmonaute titulaire fugueur Bobik (Бобик)[25].

Les vols de quadrupèdes se faisaient dans un secret extrême, leurs noms furent changés plusieurs fois. Par exemple, Belka Белку et Strelka Стрелку s'appelairent à l'origine Albina (Альбиной) et Marquise (Маркизой). Pour des raisons de secret, même les combinaisons spatiales pour le premier corps de cosmonaute canin, qui comprenait huit chiens, non compris Ziba (Зиба). Pour que les employés du centre ne sachent rien ce fut le médecin Alexander Seryapin (Александром Серяпиным) et son épouse qui firent la couture à la maison huit costumes pour l'équipe de l'espace à l'aide d'une machine, sans oublier de broder leur nom.

Le secret absolu de Kapustin Yar ne s'appliqua pas seulement aux chiens. Les services de renseignement étrangers, et en particulier Nord-Américains, n'entendent officiellement parler de l'existence de la base secrète de Kapustin Yar et du cosmodrome qu'en 1953, par un avion espion britannique photographiant le territoire soviétique depuis une altitude de 20 000 m, il découvrit une installation totalement secrète par hasard. Son emplacement exact et son existence même n'est pas connu des occidentaux pendant sept longues années de 1947 à 1953. Dans la pratique, bien que les dossiers n'aient pas été déclassifiés, nous savons que des techniciens et ingénieurs allemands ont témoigné à leur retour au pays, de leur travail dans des bases soviétiques exploitant la technologie des V1 et V2, la découverte de l'emplacement des bases par survols aériens n'était qu'une question de temps, en particulier la zone 51 soviétique, Kap Yar.

---

[25] http://vilavi.ru/prot/110409/110409.shtml

# LE MYTHE

Les ufologues les plus hardis maintiennent que le premier ovni qui aboutit au bunker 754 de Kapustin Yar, arriva en 1948, (Подземный бункер 754 до сих пор хранит тайны НЛО), par la suite d'autres suivraient celui écrasé près de la ville Kazakhed' Emba, ou celui abattu par les militaires en Juillet 1985 en Kabardino-Balkarie, ainsi qu'une soucoupe de six mètres exhumée en Octobre 1981 dans  la partie Nord du lac Balkhach, ce n'est pas une liste complète des objets étrangers spécifiés dans le dossier bleu soviétique.

Полигон был создан 13 мая 1946 года  Площадь полигона около 650 км². Официальное название: 4-й Государственный центральный межвидовой полигон Российской Федерации (4 ГЦМП). Условное наименование: войсковая часть 15644.

Le Nom officiel de Kapustin Yar est le 4 GTSMP (ГЦМП), le nom conditionnel de celui de l'unité militaire 15644, mais beaucoup d'autres unités de différents codages d'identification à tour de rôle, dont les troupes des missiles, les transmissions etc. y séjournent. La date de création est le 13 mai 1946, c'est aussi la date annuelle de la journée portes ouvertes de la base qui compte 650 км².

Le site permet d'exécuter des lancements de fusées sur une inclinaison orbitale, minimum de 48,4 degrés, lancement d'azimut à 90 degrés, un article en langue russe, mis en ligne le 29 août 2016, sur le site suivant permet d'aller plus loin dans ce sujet[26].

L'intelligence militaire occidentale apprit l'existence de la base au retour de certains des scientifiques allemands chez eux en Allemagne de l'est, dont la CIA souhaitant vérifier les données et subventionne sur ses fonds secrets la réalisation de missions de reconnaissance en août 1953 avec un avion volant à 20 000 avec équipage britannique est affrété, le gouvernement britannique n'a jamais admis qu'un tel vol a eu lieu. Ce fut le dossier Canberra, du nom de l'avion un Canberra PR3 WH726, équipé d'une caméra Robin, il partit de la base aérienne de Giebelstadt en Allemagne dans un vol de trajectoire Nord-Est vers le Sud-Est le long du cours de la rivière Volga puis traverse la Mer Caspienne pour atterrir à Tabriz en Iran.

---

[26] http://www.astrakhan-24.ru/news/misc/mif_ili_skazka_21156

Les clichés extraits du film donnent du succès à l'opération et une impulsion nouvelle aux futurs programmes de développement des satellites et des photographies aériennes des installations militaires en URSS et d'autres pays socialistes[27]. Malgré le déni de l'existence de la mission, des clichés de très bonne qualité ont été extraits et diffusés sur le sans doute moyennant finances, attestant de la véracité des faits, on en retrouve quelques-uns sur le net aujourd'hui.

L'année 1952, a été une année d'activité ovnis sans précédent, dans son mémorandum du 24 septembre 1952 au directeur de la CIA (cf. 2.1), Chadwell révèle d'ailleurs que les plus grandes bases de l'Air Force ont reçu l'ordre d'intercepter les objets volants non identifiés. Mémorandum déclassifié de la CIA du 24 septembre 1952, Greenwood, Fawcett, p. 124.

A cette même époque, dans un rapport adressé en janvier 1952 au général Samford, qui est alors chef du renseignement de l'U.S. Air Force, le général de brigade W.M. Garland écrit :

« Il est remarqué que certains développements allemands, en particulier l'aile Horten, la propulsion à réaction, et le ravitaillement en vol, combinés avec l'emploi intensif des V1 et V2 pendant la Seconde Guerre Mondiale, accréditent la possibilité que les objets volants puissent être d'origine allemande ou russe », fin de citation[28].

Selon les documents déclassifiés de la CIA, l'identité de certains ingénieurs allemands, les déplacements de personnel vers la Russie est connue, mais la nature et l'étendue de la technologie aux mains des russes n'est pas établie, bien que les recherches sur les V2 en Russie soient supposées abouties. A ce stade les américains n'excluent pas que les soucoupes volantes peuvent être aussi des engins volants soviétiques.

En avril 1952, le Secrétaire d'État de la Navy, Dan Kimball, est à bord d'un avion en direction des îles Haway, quand il voit deux soucoupes volantes.

---

[27] http://www.spyflight.co.uk/robin.htm

http://www.spyflight.co.uk/pr9.htm

[28] Mémorandum déclassifié de l'AFI du 3 janvier 1952 ; Nicholas Redfern, The FBI Files, The FBI's UFO Top Secrets Exposed, Londres, Simon & Schuster, 1998, pp. 199-200.

Celles-ci font deux fois le tour de l'avion puis se rapprochent d'un second avion de la Navy à bord duquel se trouve l'amiral Arthur Radford, ils font le tour de cet avion puis s'éloignent. Kimball rédigera un rapport détaillé au commandement de l'Air Force. Le 2 juillet 1952, à onze heures du matin, un matin clair et dégagé, l'officier Delbert C. Newhouse, accompagné de son épouse et de deux enfants âgés de 12 et 14 ans, conduisait sur l'autoroute à sept miles de Tremonton, dans le Nord de l'Utah.

L'officier est photographe de l'US Navy et a la chance d'avoir une caméra 16mm équipée d'un téléobjectif, il relate :

« Mon épouse a noté un groupe d'objets dans le ciel qu'elle ne pouvait pas identifier. Elle m'a demandé d'arrêter la voiture et de regarder. Il y avait un groupe d'environ dix ou douze objets qui n'avaient aucune ressemblance avec quoi que ce soit que j'ai jamais vu auparavant, manœuvrant en une formation approximative et se déplaçant dans la direction de l'Ouest. J'ai ouvert le coffre à bagages de ma voiture et ai sorti ma caméra de sa valise. La chargeant à la hâte, j'ai exposé approximativement trente pieds de film. Il n'y avait aucun point de référence dans le ciel et il était impossible que je fasse n'importe quelle évaluation de la vitesse, de la taille, de l'altitude ou de la distance. Vers la fin un des objets a inversé sa direction et s'est éloigné du groupe principal. Je tenais toujours la caméra et j'ai laissé l'objet isolé croiser le champ visuel, le filmant encore pour trois ou quatre passages. Pendant ce temps tous les objets avaient disparu », fin de citation.

Il transmet son rapport à ses supérieurs de la Navy ainsi que le film qui comporte une pellicule de 12 mètres où l'on peut apercevoir une formation d'objets volants brillants d'aspect métallique en forme de disques. Ces soucoupes volantes glissaient dans les airs sans bruit, sans sillage de propulsion, avant, pendant, et après, il n'y a eu ni avions ni oiseaux dans un ciel qui était bleu sans nuages. La caméra était un Bell and Howell Filmo Automaster professionnelle de 16 millimètres avec une tourelle de trois objectifs. Il a employé deux films de jour Kodachrome avec des focales f/8 et f/16, caméra réglée sur 16 images par seconde.

Toutes ces observations parmi tant d'autres, déterminèrent l'intensification des recherches se portant tout naturellement sur le survol du territoire de l'URSS pour aboutir un an plus tard à la spectaculaire découverte de la base secrète de KapYar en 1953 sur un film tourné en altitude depuis un avion.

# LA PREMIERE SOUCOUPE VOLANTE
# OFFICIELLEMENT RUSSE

Le 28 juin 1952 il y avait une information sensationnelle selon laquelle des pilotes militaires norvégiens ont trouvé sur l'île de Spitsbergen une soucoupe volante qui s'y est écrasée, très probablement en Avril 1952, le premier journal a rapporté cela dans la presse allemande est le Saarbryukker Zeitung. Le diamètre du disque était de presque 50 m. Par la nature du marquage de certains détails, il a été suggéré que le disque avait été fabriqué en URSS. Une soucoupe volante soviétique se serait écrasée et aurait été repérée par des aviateurs norvégiens. Dans les débris de l'appareil, le Dr Norsel découvert un émetteur de radionavigation à noyau de plutonium émettant sur toutes les longueurs d'onde jusqu'à 934 hertz, fréquence jusqu'ici inconnue.

La soucoupe ne transportait aucun équipage et était en auto pilotage. Son diamètre était de 48,44 mètres, certaines sources avaient initialement avancé 46.

L'engin se composait d'un disque muni, à sa périphérie, de 48 réacteurs automatiques semblables à des réacteurs de fusées, le disque pivotait autour d'un axe central en une sphère contenant des instruments de mesure et de télé pilotage. Le rayon d'action du disque semble être supérieur à 30 000 km et l'altitude de vol de 160 km. De façon affirmative, les observateurs confirment que tous les équipements portaient des inscriptions cyrilliques en langue russe. Le représentant de la Norvège a invité les chercheurs américains et britanniques à participer à l'enquête sur la catastrophe en même temps. Spitsbergen se situe dans un archipel de la Norvège, le Svalbard situé à la limite de l'océan Arctique et de l'océan Atlantique, entre le Groenland à l'Ouest, l'archipel François-Joseph à l'Est et l'Europe continentale au Sud.

Selon le journal Saarbryukker Zeitung du 28 juin 1952, le disque d'acier bleuâtre était enterré par plus d'un mètre de neige et de glace.

Les avions de combat norvégiens venaient de commencer ses manœuvres estivales annuelles au Spitsbergen, quand un groupe de six avions s'est approché de Nordaustlandet passant le détroit d'Hinlopen, des perturbations et des craquements se font entendre dans les écouteurs des casques portés par les pilotes et toute communication radio est impossible.

Tous les moyens de communication dans les jets semblaient avoir été mis hors d'action, le radar détectait un point qui ne correspondait pas aux autres avions de l'escadrille, l'alarme de bord signalait un objet métallique, mais rien d'inhabituel n'a été découvert dans le ciel. Olaf Larsen a regardé vers le bas, puis il a mis son avion en descente, bientôt rejoint par ses camarades. Sur une colline de la neige, sous la brillance de la surface des cristaux de glace, était un disque circulaire brillant métallique solide, d'un diamètre compris entre 40 et 50 mètres, aucun signe de vie autour. On ne pouvait trouver aucune explication sur l'origine et la nature du disque dont le dôme serait endommagé. Enfin les avions s'entendent pour revenir sur la base de Narvik, pour signaler leurs remarquables découvertes après un vol qui aurait duré 60 minutes environ.

Selon le docteur Norsel qui a enquêté sur la soucoupe le fuselage rond était orienté vers l'intérieur, Les spécialistes norvégiens supposent que le disque commença son voyage en Union Soviétique puis à la suite d'une défaillance de l'émetteur-récepteur, s'est écrasé dans le Spitsbergen sans pouvoir repartir. L'article ne mentionne aucune inscription en langue russe.

L'affaire trouve un rebondissement lorsque l'ex-maréchal de l'Air de Grande-Bretagne, lord Dowding, révèle au cours de déclarations faites à la presse au cours du second semestre de l'année 1955 :

« Je crois à l'existence des soucoupes volantes, car le matériel qui le prouve est fantastique. Elles sont d'origine extraterrestre. Dans ce domaine, les résultats des recherches d'une commission supérieure de l'armée norvégienne sont significatifs », fin de citation.

Selon les affirmations de lord Dowding au cours de sa déclaration officielle, les preuves ne font aucune place au doute raisonnable, toutefois, au cours des trois prochaines années, jusqu'en 1955 cet événement n'a été suivi d'aucun commentaire dans les médias, un silence de plomb fut brisé en 1955 par les représentants du Gouvernement de la Norvège dans le Journal Stuttgart tagensblatt :

« Oslo. Norvège, le 4 septembre 1955, ce n'est seulement maintenant, que le département de recherche de l'état-major général norvégien prépare la publication de rapports sur l'étude des résidus d'ovnis qui se sont écrasés sur Spitsbergen vraisemblablement au début de 1952 », fin de citation.

Le chef du département de recherche sur l'affaire le colonel de l'armée de l'air Gernold Dornbach déclare à la séance d'information :

« L'accident du disque de Svalbard était d'une grande importance, bien que le niveau actuel des connaissances scientifiques ne permette pas de résoudre tous les puzzles, cependant, nos scientifiques ne veulent pas encore abandonner l'énigme, je suis convaincu qu'elle pourra bientôt être résolue par les restes de l'engin échoué au Spitsbergen. Je suis sûr que ces fragments de Svalbard seront cruciaux à cet égard. Avant tout un malentendu doit être dissipé Il y a quelque temps, il fut dit, en son temps, que ce disque volant accidenté était probablement d'origine russe, nous devons l'affirmer, il n'a pas été construit dans aucun pays sur Terre, les matériaux utilisés dans sa construction sont totalement inconnus de tous les experts qui ont participé à l'enquête. On ne les trouve pas sur la Terre, on pourrait les obtenir seulement grâce à des processus chimiques et physiques que nous ne connaissons pas à l'heure actuelle », fin de citation.

En outre, le colonel Gernol Dornbach dit que le ministère de la recherche n'a pas l'intention de publier un rapport détaillé aussi longtemps que certains faits sensationnels seront discutés avec les experts américains et britanniques.

Selon la déclaration du colonel, les experts ne pouvaient pas déterminer si ce matériel écrasé était un ovni ou pas mais et réfutait l'origine soviétique du disque, ils s'en seraient rendu compte au bout de trois ans ?

Selon Lord Downing :

« Nous devons dire au public ce que nous savons des Ovnis. Une fausse façon de faire du mystère, pourrait un jour provoquer une panique. Les occupants de ces engins, qui viennent nous rendre visite d'une autre planète, ne veulent pas nous révéler leurs secrets scientifiques sur leur mode de propulsion, car la première chose que nous ferions serait d'envoyer une expédition accompagnée de soldats pour essayer de les conquérir, fin de citation.

Selon une déclaration faite ultérieurement à la presse par l'un des représentants compétents du Pentagone qui n'a pas mentionné son nom, les Etats Unis confirment les origines de la soucoupe volante selon les déclarations initiales de Dornbach.

Il a confirmé qu'il a bien été constaté un marquage sur le disque indiquant qu'il a été fait dans l'Union Soviétique.

Hugh Caswall Tremenheere Dowding 1er baron Dowding, est un officier britannique qui participa aux deux guerres mondiales.

Il fut le chef du Fighter Command durant la bataille d'Angleterre. En 1950, il épousa Mrs Muriel Whiting (1908-1993), veuve d'un ingénieur militaire volontaire de réserve, qui avait travaillé au Bomber Command. Dowding, il était spirite et végétarien, et refusa le poste de gouverneur de la Rhodésie du Sud qui lui fut proposé.

Né le 24 avril 1882 à Moffat en Écosse il décède le 15 février 1970 à Tunbridge Wells une ville dans l'ouest du Kent et à la limite du Sussex en Angleterre.

Le Sunday Dispatch de Londres a publié une longue déclaration sur les ovnis, faite par l'ancien Air Chief Marshal de la Royal Air Force Britannique le 11 juillet 1954 :

« Plus de 10 000 observations ont été signalées, dont la majorité ne peut être expliquée par aucune explication scientifique, par exemple, ce sont des hallucinations, les effets de la réfraction de la lumière, les météores, les roues tombant des avions et autres. Ils ont été suivis sur les écrans radar et les vitesses observées ont dépassé 9 000 milles par heure. Je suis convaincu que ces objets existent et qu'ils ne sont fabriqués par aucune nation sur terre. Je ne vois donc aucune alternative pour ne pas accepter la théorie selon laquelle ils proviennent d'une source extraterrestre. Je pense que nous devons résister à la tendance à supposer qu'ils viennent tous de la même planète, ou qu'ils sont actionnés par des motifs similaires. Il se pourrait que les visiteurs d'une même planète aient voulu nous aider dans notre évolution à partir d'un niveau supérieur auquel ils avaient atteint », fin de citation partielle de l'article.

Etais-ce un ovni ou non en 1952 en Norvège ?

Pour répondre à cette question nous devons nous poser deux questions, la première étais-ce un prototype de disque expérimenté crée par les américains ou les russes ?

Cette année-là, d'importants travaux sur le projet AVRO VZ-9 intercepteur très manœuvrable sous la forme d'un disque volant avaient été lancé aux États-Unis. Le travail a été réalisé avec l'aide de la société canadienne AVRO.

Il a été spécifié dans une note de la CIA en 1955 que l'idée d'un avion en forme de disque fut empruntée aux Allemands, qui avaient travaillé dans ce sens tout au long de la Seconde Guerre Mondiale, mais qui ne correspondait en aucun point au disque découvert en 1952 sur la glace.

Et la seconde question, pourquoi les américains seraient allés expérimenter leur soucoupe en Norvège quand ils disposent d'un si grand pays ?

Au risque de perdre leur prototype dans un autre pays que le leur.

Depuis Mourmansk la Russie est distante de Svalbard de plus de 875 km, ce qui voudrait dire que si test était, la soucoupe aurait été autonome sur une distance aller-retour d'au moins 2 000 km sans nécessiter de ravitaillement en carburant, un record pour l'époque pour un engin autonome sans pilote.

Ensuite si les marquages de fabrique soviétiques étaient clairement identifiés, pourquoi vouloir chercher à le nier par la suite ?

# POINT ZERO

Je dois dire et il est maintenant connu que l'Allemagne a vraiment travaillé dur sur la création d'avions en forme de disque, les Rund Flugzeuge, signifiant l'avion rond, avec en particulier un engin mis au point par un ingénieur du projet de missile V2, Richard Miethe. Le développement a été confié en parallèle à plusieurs designers, la fabrication de pièces et composants individuels étaient distribuées sur différentes usines ou ateliers, de sorte que personne ne pouvait deviner leur véritable but. Selon l'ingénieur tchèque Irzhi Kramera, même avant la guerre, son père fut impliqué dans le développement et la fabrication d'un dispositif en forme de disque d'un diamètre de 6 m ayant une poussée d'ascension identique à celle d'un jet. Il existe d'autres témoignages, ainsi, le journaliste C. Zigunenko en 1995 dans un de ses articles publiés de souvenirs de prisonnier au camp de concentration KC-4A Peenemünde, déclare :

« Il y avait un terrain d'essai pour la technique la plus secrète du Troisième Reich. D'un certain point en raison du manque de main-d'œuvre, le responsable Deriberger a commencé à employer des prisonniers, en Septembre 1943, j'ai eu l'occasion d'assister à un cas curieux. Sur la dalle de béton près de l'un des hangars quatre travailleurs travaillaient autour du périmètre et au centre duquel se trouvait un dispositif comme un bol inversé, en reposant sur de petites roues rondes gonflables. Un petit homme corpulent qui, apparemment, a supervisé le travail, agitait sa main. Un dispositif étrange en métal argenté émit un son sifflant comme le travail d'un chalumeau à chaque coup de vent, il s'est détaché de la plate-forme en béton puis il a plané quelque part vers une hauteur de 5 mètres. Après un certain temps, au cours duquel l'objet se balançait en l'air, les contours deviennent progressivement flous, il semblait être mis au point, il a commencé à monter. Le vol était imprécis avec un balancement et une tenue instable. Et quand est arrivée une forte rafale de vent de la mer Baltique, l'appareil est retourné dans l'air et a pris de l'altitude », fin de citation.

Il y eut un bruit de choc avec crissement de pièces cassées, un souffle d'air chaud laissant penser à d'un mélange d'alcool éthylique, le pilote pendait depuis le haut sans vie accroché à la cabine, il y avait des débris de peau, tout s'est enveloppé dans une flamme comme bleue. L'ovni sifflait doucement dans les airs puis s'est écrasé, apparemment un réservoir de carburant ou de combustible a explosé à bord pendant le vol. Dix-neuf anciens soldats et officiers de la Wehrmacht ont aussi témoigné au sujet de cet appareil, à l'automne 1943, ils ont observé des vols d'essai d'un disque métallique d'un diamètre de 5-6 m sorte de crêpe volante ou casserole inversée.

Le concepteur Zimmerman aurait construit en 1942 un engin instable qui volait à la vitesse de vol horizontal de plus de 700 km / h avec des aubes tournantes autour de l'habitacle avec pilote. En faisant varier l'angle d'attaque des pales, il était théoriquement possible de le forcer à se déplacer dans toutes les directions, y compris vers le haut verticalement. Cependant, dans la pratique, le dispositif s'est avéré être très instable dans l'air, et le projet Zimmerman a été abandonné.

L'hélicoptère discoïde de diamètre F-7 (№2) de 21 m, conçu par les ingénieurs Rudolf Shriver et Otto Habermolem fabriqué à Prague fut essayé le 17 mai 1944, il donna une vitesse de décollage vertical de 800 m par seconde et une vitesse horizontale de 2 200 km / h.

Un an plus tard, le 14 Février 1945, un disque de 42 m diamètre, est créé à l'usine Cesky Morava dans les tests expérimentaux, l'engin grimpa à une altitude de 12,4 km et développant une vitesse horizontale de plus de 2 000 km / h. Cependant, pour une raison quelconque l'exploitation de ces prototypes n'alla pas au-delà, pourquoi ?

Dans le livre de Lehmann, Les armes secrètes allemandes de la Seconde Guerre mondiale et leur développement, publié à Munich en 1962.

Il existe des informations sur un autre groupe de designers du Troisième Reich. Dirigée par son inventeur Bellontso l'italien et autrichien Viktor Schauberger. Disc Bellontso (modèle №3), fabriqués sous leur supervision à Breslau, il y avait deux versions 38 m et 68 m de diamètre supportant jusqu'à douze jets disposés obliquement autour de son périmètre. Mais la soucoupe principale n'a pas été créé par eux, et un moteur silencieux et sans flamme Schauberger, et ne consomment que l'air et a été testé en vol d'essai le 16 Février, 1945, modèle piloté de 68 mètres qui atteint une altitude de 15 km en rois minutes et a développé une vitesse horizontale de 2200 km / h.

En Août 1958, V. Schauberger, qui après la guerre vit aux Etats-Unis, a rappelé :

« Le modèle testé en Février 1945, a été construit en collaboration avec des ingénieurs de classe mondiale, des experts des moteurs à explosion détenus du camp de concentration de Mauthausen. Ensuite, ils ont été éliminés au camp, pour eux, ce fut la fin. J'ai entendu parler qu'après la guerre qu'il y ait un développement intensif de l'appareil en forme de disque aux USA, et beaucoup de documents avaient été saisis aux allemands très organisés et méthodiques », fin de citation.

Il est avéré que, malgré que les américains lui proposèrent une somme de trois millions de dollars de l'époque Schauberger, ne dévoila pas le secret de son moteur explosif, selon une version pour des raisons humanitaires, il a dit que :

« Cette découverte appartient à l'avenir, quand il sera signé par un accord international sur le désarmement complet », fin de citation.

Selon une autre version, les informations techniques nécessaires à la production de moteurs V. Schauberger n'était pas totalement aboutie ou n'existait pas alors tout comme d'autres concepteurs, il ne l'a pas admis.

# LES DISQUES VOLANTS ALLEMANDS
## AUX MAINS DES RUSSES

La troisième hypothèse est que les russes et les américains disposèrent de la technologie des soucoupes volantes allemandes et l'expérimentèrent entre 1947 et 1952 avec des systèmes de téléguidage assez au point. Selon des chercheurs passionnés, la documentation au sujet de cette ingénierie fut trouvée et prise à la fois par l'Union Soviétique et les États-Unis. Ainsi, en 1959 à Londres est publié un livre : Les armes secrètes allemandes de la Seconde Guerre mondiale. Son auteur, Rudolf Lussari, soutient que l'usine à Breslau, aujourd'hui Wroclaw en Pologne à 440 km de la frontière russe, où sous la direction du constructeur Mitte, fut construite l'une des soucoupes avec un diamètre de 42 m munie d'un moteur à réaction, capturée par les troupes russes, et avec tous les équipements acquis, ils furent ultérieurement acheminés vers Omsk. Auraient également été capturés, des prisonniers des ingénieurs allemands, qui, avec les concepteurs soviétiques ont continué à travailler sur les soucoupes volantes. Ceci est indirectement confirmé par le concepteur soviétique bien connu de la fusée et la technologie spatiale l'académicien V.P. Mishin, témoigne que :

« Les documents du disque volant allemand sont soigneusement étudiés par nos designers », fin de citation.

Le sort des concepteurs des disques volants demeure mystérieux. Otto Habermol son homologue allemand Andreas Epp, auraient été vus après la guerre en URSS. Shriver a réussi à éviter la captivité soviétique, et après la guerre, il avait été vu aux États-Unis. Bellontso a disparu, mais les traces du concepteur Mitte, avec qui il a travaillé à Breslau sur la création du disque, sont retrouvées au Canada dans le projet de l'AVRO canadien puis dans le projet des américains concernant l'avion VZ-9. Un livre très intéressant en langue russe est paru en 2009 au sujet des : Soucoupes Volantes de l'Allemagne jusqu'à nos jours (НЛО земного происхождения. От Третьего рейха до наших дней) de Kozyrev Mixail et Kozyrev Viatcheslav (Козырев Михаил, Козырев Вячеслав,) de nombreuses illustrations portent sur les Lytayouchyx Abyekta, les soucoupes volantes (летающие объекты НЛО), ainsi que des descriptions des modèles prototypes développés aux USA, Canada, France ou URSS sur le principe des disques volants et diverses variantes qui aboutirent à des prototypes volants plus ou moins réussis[29].

---

[29] http://www.labirint.ru/books/208002/

https://naturalworld.guru/kniga_nlo-zemnogo-proishojdeniya-ot-tretego-reyha-do-nashih.htm

Des documents classifiés notamment du FBI portent sur des prototypes allemands au nom de code Schildkroete, dont Henry Stevens développe un ouvrage gratuit complet en ligne avec des sources très précises[30].

Il est donc tout à fait techniquement possible que la soucoupe volante qui écrasée sur le Spitsbergen soit en effet un prototype soviétique en collaboration avec le designer allemand capturé, il n'y a rien de fantastique dans cette hypothèse. On sait que le célèbre designer vice-président de la technologie spatiale Glushko a développé en 1928-1929 un projet de vaisseau spatial en forme de disque le gelioraketoplana. Au milieu d'un grand disque plat était logée une cabine pressurisée, entouré de moteurs de fusée électriques. Le docteur en sciences techniques, le professeur Burdakov aurait déclaré au sujet de l'avion en forme de disque dans les années 50 et il l'avait même écrit dans des articles :

« Et il est non seulement conçu et construit dans le monde, mais ici en Russie ! Et pas seulement conçu et construit mais conçu et construit le premier au monde », fin de citation.

Un rapport secret déclassifié de la CIA daté du 18 août 1953 numéro 00W27452, émargé C00015471 intitulé Unconventional Aircraft, comportant trois pages relate l'existence de ces soucoupes volantes allemandes :

« German Engineer states soviets have German flying saucer experts and plans, Athènes 13 Mai 1953 journal I VRADYNI.

Le journal I VRADYNI TIS KYRIAKIS - ENTYPOEKDOTIKI AEVET, existe toujours de nos jours à Athènes, Filotheis, Galatsi 111 47, Grèce (ΒΡΑΔΥΝΗ ΤΗΣ ΚΥΡΙΑΚΗΣ - ΕΝΤΥΠΟΕΚΔΟΤΙΚΗ ΑΕΒΕΤ, sous la forme d'un hebdomadaire politique. Il est toutefois curieux que si la source était le journal Grec, ce n'ait pas été la station de la CIA située à l'Ambassade d'Athènes place dans le courrier ordinaire une information ouverte et publique, mais que ce soit le service d'enquête spécial de Vienne en Autriche qui fasse remonter l'information avec un haut niveau de classification secrète.

---

[30] http://www.bibliotecapleyades.net/ufo_aleman/rfz/

http://www.bibliotecapleyades.net/ufo_aleman/rfz/chapter5.htm

Le mode opératoire est inhabituel, à moins que le Groupe Spécial de Vienne n'ait été charge de rechercher en Europe centrale toutes les traces des soucoupes volantes allemandes, auquel cas on comprend mieux son implication et son positionnement géographique.

La CIA dit dans son rapport :

« Nous savons que les soucoupes sont dans la possibilité d'être construites actuellement avec les plans réalisés par les ingénieurs allemands à la fin de la guerre », fin de citation de la CIA.

Le document fut rédigé du 11 au 20 mai 1953 et distribué aux services le 18 août 1953.Un ingénieur allemand du nom de Georg Klain, qui déclare que le ministre de l'armement du Reich Albert Speer assista le 14 février 1945 à Prague à un vol expérimental d'une soucoupe volante qui monta à une altitude de 12000 mètres en trois minutes et atteint 2200 km/h, et que selon l'ingénierie allemande elle pouvait atteindre 4000 km/h, la mise au point selon lui devait être achevée fin 1945.

Le rapport de la CIA précise que Klein assista à trois essais de vol fin 1944 avec trois modèles complètement différents du point de vue aérodynamique, dont un seul était en forme de disque avec la cabine de pilotage placée dessus à l'extérieur. Le modèle fut construit par Habermol & Schreiver, suit un nom en grec qui ne put être traduit, mais qui pourrait indiquer que les marquages apparentés au russe par les Norvégiens pourraient être du grec s'il s'agit de cette soucoupe.

Dans l'introduction du document il est reprécisé que la construction de ces prototypes était en cours de développement chez des ingénieurs canadiens et réalisée par la compagnie A.B. Roe dans des usines Grecques suivant des rapports émanant de Toronto qui sont remontés au siège de la CIA par la cellule spéciale de la CIA à Vienne en Autriche :

« Les modèles canadiens s'élèvent dans les airs comme des hélicoptères » fin de citation.

« Durant les derniers jours de la guerre les techniciens du groupe stationné à Prague reçurent l'ordre de tout détruire complètement, mais l'avancée de l'armée rouge les en empêcha, les ingénieurs de l'usine Mite à Breslau ou de Wrosclav en Pologne et en basse Silésie à 215 km de Prague en Tchécoslovaquie, tombèrent entre les mains des russes avec tous leurs matériels, les plans et le personnel spécialisé, ils furent immédiatement conduits en Union Soviétique sous bonne garde.

Cela coïnciderait avec la date de départ depuis Berlin du créateur des avions Stukas JU 87 à destination de l'URSS pour travailler sur les MIGS 13 et 15. Le rapport accorde que rien n'est connu du départ du Messerschmitt 163 à destination des USA, Schreiver est décédé récemment à Bremen et on ne sait rien de ce qui est advenu de la disparition de Habermol à Prague. Klein opine que ces soucoupes volantes sont maintenant construites selon la technologie allemande et constituent une compétition sérieuse envers les avions turbo jet propulsés », fin de citation.

Le rapport épilogue sur Klein en disant que selon ce dernier, l'ingénieur Giuseppe Belusso avait probablement réussi à réaliser les plans d'une soucoupe volante à destination civile transportant 30 ou 40 personnes à une vitesse de 4000 km/h. Ces allégations sont basées sur la relation qu'il eut avec lui et dont il acquit des révélations au cours d'une correspondance suivie pendant un certain temps. Le rapport déclassifié par la CIA continue à comporter des espaces noircis censurant l'origine de l'émetteur du rapport, le niveau de classification secret défense est estampillé le 16 mai 1955 avec d'autres censures et noté comme non évalué et ayant des parties émanant de sources journalistiques.

Et donc il est possible que la déclaration du colonel norvégien sur l'origine extra-terrestre du disque de Svalbard fût une désinformation délibérée visant à faire passer la gifle reçue des États-Unis et les designers occidentaux face aux avancées technologiques de l'URSS. Mais la question se pose : dans quelle mesure était nécessaire le projet AVRO VZ-9, également connu sous le nom 606a système d'armes ?

Des experts compétents estiment au sujet de l'AVRO VZ-9, qu'il a été habilement organisé la fuite d'informations sur les travaux de sa création visant principalement à couvrir la recherche dans le domaine des OVNI et des rencontres extra-terrestres aux USA. Dans un article sensationnel paru en 1978, Robert Dore a confirmé qu'en effet, à partir du milieu des années 50, l'US Air Force a commencé à travailler sur la création d'un disque de vol habité, ces prototypes et maquettes alimentèrent la théorie des soucoupes volantes ovnis.

Cependant, l'historien militaire le colonel Robert Gammon, croyait que, bien que le projet de l'AVRO contînt des idées intéressantes, aucun besoin réel de cet appareil n'existait en soi. Dans son article, R. Dore déclare expressément qu'à son avis l'AVRO projet VZ-9 était seulement un écran de fumée destiné à détourner l'attention du public des véritables vaisseaux extra-terrestres et des recherches de l'armée américaine.

Le lieutenant-colonel USAF réserve Dzhordzh Edvards a dit que lui et d'autres experts impliqués dans le projet VZ-9, savaient dès le départ que le travail ne donnerait pas les résultats escomptés. En même temps, on savait que l'US Air Force secrètement testait en temps réel un vaisseau extraterrestre en vol et J. Edwards est fermement convaincu que l'AVRO VZ-9 est nécessaire tout d'abord au Pentagone pour expliquer aux journalistes et aux citoyens curieux chaque fois qu'ils voyaient la soucoupe volante en vol que c'était ce type de matériel et rien d'autre.

En avril 1949, le directeur du renseignement de l'Air Force, dans un rapport adressé au Comité inter-renseignement, conclut :

« Il est peu vraisemblable qu'une puissance étrangère exposerait une arme aérienne supérieure par des pénétrations inefficaces et prolongées de l'espace aérien des États-Unis », fin de citation[31].

Ce qui induit les ufologues à penser qu'à cette date les ovnis observés en Amérique étaient bien des prototypes d'aéronefs de l'Air Force. En avril 1952, les Américains organisent un projet dont la tâche principale était la désinformation du public sur les OVNIS.

Le centre scientifique et technique de la Force aérienne de Wright-Patterson organisé le groupe №4621, projet non classifié Blue Book. Selon le Capitaine Edward Ruppeltson enthousiasme est refroidi, il est devenu clair avec le temps que le Livre bleu était une couverture pour une recherche sérieuse UFO, qui ne fut connue que de quelques-uns. Conformément aux instructions de la tâche de chef de projet Air Force Intelligence, étaient des prérogatives très limitées, il a seulement mandaté ce qui suit :

1. La sélection et le transfert aux autorités supérieures ont reçu le plus important lot d'informations sur les ovnis.

2. Communication avec la presse, du transfert des informations sur les observations d'OVNI avec l'explication obligatoire de leurs causes naturelles, avions, planètes, ballons météorologiques, hallucinations, etc.

Plus tard, il a été confirmé que l'objectif principal du Livre bleu était la désinformation du public, conçu pour cacher la vérité.

Curieusement en 1991 le KGB dévoilera à son tour un Dossier Bleu contenant une petite sélection d'affaires en grande partie connues du public

---

[31] Rapport du directeur de l'Air Force Intelligence (AFI) du 27 avril 1949 ; Maccabee, pp. 95-97.

soviétique car ayant été l'objet de multiples témoignages reproduits par la presse. Le dossier bleu du KGB ne dévoilera rien de nouveau mais il confirmera que :

« Les russes croyaient aux phénomènes inexpliqués d'origine inconnue, ils n'affirmaient ni n'infirmaient jamais avoir possédé ou travaillé sur des disques volants et qu'ils avaient toujours pensé que les américains aussi détenaient cette technologie », fin de citation.

# LA VAGUE OVNI DE 1952

De Juillet à Août 1952, l'apparition massive d'ovnis observés dans diverses parties de la Terre avec des groupes d'ovnis de différentes compositions ont été observées, même au-dessus de la capitale américaine de Washington. Les survols d'ovnis sur Washington ont duré plusieurs heures, le président du Comité des chefs d'état-major a donné l'ordre d'abattre tous les objets volants non identifiés. Cependant, les avions qui tentent de se rapprocher d'eux, sont distancés, les ovnis s'élèvent rapidement et disparaissent pour un certain temps pour apparaître dans un nouvel emplacement.

Le 19 juillet 1952 à 23 heures 40 minutes l'aéroport national de Washington et la base Andrews de l'Air Force avec des opérateurs expérimentés identifie des échos radar de corps massifs métalliques durs. L'un de sept aéronefs s'est même approché de la Maison Blanche. L'ovni distance les avions lancés à sa poursuite à plus de treize mille Km heure. Lorsque les chasseurs sont retournés à la base, l'OVNI est réapparu au même endroit. Il a été fait plusieurs tentatives de capture, toutes avec le même résultat. A 5H30 l'ovni a disparu, mais un tel événement se reproduit exactement une semaine plus tard. L'explication du livre bleu donnée le 27 juillet 1952 par le chef de l'état-major de l'Air Force faite aux journalistes dans une conférence de presse nie les ovnis mais reconnait que des aéronefs inconnus et capturables survolent impunément le ciel des Etats Unis et que l'armée ne peut rien contre eux :

« Nous avons aucune preuve tangible qu'ils étaient des soucoupes volantes », fin de citation.

Un rapport secret de la CIA daté du 18 août 1953 signale que les américains ont la preuve que les soviétiques disposent de soucoupes volantes. Ce rapport déclassifié dossier n° F-2010-00651 est déclassifié sous la référence n° 0005516158, le 31 janvier 2011.

# LA PREMIERE
# SOUCOUPE VOLANTE
# CAPTUREE A KAPUSTIN YAR

En 1954, sur les polygones Krasny Kout et Kapustin Yar ont envoyé des avions de chasse à la poursuite d'ovnis et ils disparurent rapidement hors de portée.

Du côté américain, le sénateur américain Richard B. Russell qui servira 38 ans au sénat américain, voit de ses yeux un ovni en Union Soviétique, le 4 octobre 1955. Il se trouvait à bord d'un train il interpella un autre militaire qui vit la même chose que lui au travers de la fenêtre, une soucoupe volante en forme de disque. Juste après 19h55 le soir du 4 octobre 1955, dans la région de Transcaucasie, le train se déplace, le sénateur observe un disque, une soucoupe volante vers le Sud au travers de la fenêtre, son étonnement est grand. Le disque s'élève à la verticale lentement et se dirige vers le Nord.

L'Interprète Ruben Efron dira à la CIA qu'il a de bons yeux et que l'objet donnait l'impression de planer. Le train roulait vers le Nord en provenance de la Transcaucasie (Закавказская) ou Caucase du Sud, l'une des républiques fondatrices de l'Union Soviétique de 1922, un espace géographique du sud du Caucase composé de la Géorgie, de l'Arménie et de l'Azerbaïdjan.

Selon la constitution de l'Union soviétique en 1936, la RSS d'Azerbaïdjan, d'Arménie et de la RSS de Géorgie ont rejoint l'URSS en tant que républiques soviétiques indépendantes mais pour les nord-américains dans leur rapport c'était plus simple de résumer.

La soucoupe volante avait une trajectoire parallèle aux rails de chemin de fer puisqu'elle aussi s'est dirigée vers le haut et vers le nord. Le rapport qu'il rédigea à son retour fut un des 12 secrets majeurs protégés et connus à la fois de la CIA, du FBI et de l'Etat Major des forces aériennes nord-américaines, le dossier ne fut déclassifié et ouvert au public qu'en 1985.

Au total, quatre personnes qui étaient dans le compartiment virent la soucoupe volante qui se déplaçait en ascension verticale à une altitude de six mille pieds, soit à environ 1800 mètres donc, l'objet prit de la vitesse pour aller ensuite vers le Nord, le Col. Hathaway, le Sénateur Richard B. Russell, Mr Ebron Efron interprète et monsieur « x ».

Le Col. Hathaway signa son rapport en disant que le lui demanda de regarder par la fenêtre, ce qu'il fit et vit de ses yeux l'ovni à son tour, puis tous ensemble virent la même chose bouger dans le ciel à presque deux milles mètres, donc très haut dans le ciel. Le train se déplaçait dans la région transcaucasienne assez peu peuplée à cette époque.

La seconde fois qu'un ovni fut observé par le même groupe de personnes, fut un peu plus tard, lors du même voyage ils virent une autre soucoupe volante elle était à environ 2 km au Sud de la ligne de chemin de fer, l'observation dura une, deux ou trois minutes, selon eux ce n'était pas la même, un officier du NKVD entra au bout de quelques minutes dans le wagon et leur dit à tous de ne plus regarder par la fenêtre du train, ce qu'ils firent.

Au moment de sa mort en 1971 Richard B. Russell était un des sénateurs les plus influents rien ne filtra jusqu'à ce que le Dr. Bruce Maccabee obtienne des documents secrets déclassifiés en raison du Freedom of Information Act (FOIA).

Le rapport initial fut rédigé par le représentant de l'Air Force et membre des services secrets nord-américains, le lieutenant-colonel Thomas Ryan, il rencontre le sénateur et les autres observateurs dès leur arrivée à l'Ambassade des Etats Unis de Prague le 13 octobre 1955 en Tchécoslovaquie. Le lieutenant-colonel signale dans le rapport la forme non conventionnelle de cet avion et la fiabilité de l'observation des témoins ne peut être remise en cause. La CIA interrogera toutes les personnes à leur retour, au total quatre témoins, pour corroborer leurs allégations séparément et les comparer au rapport.

La quatrième personne présente n'est pas mentionnée car c'était un espion de la CIA qui accompagnait les membres de la délégation américaine en URSS.

Un mémorandum du FBI est enregistré le 4 novembre 1955 à ce sujet avec le témoignage du Colonel Hathaway, affirmant l'existence de la soucoupe volante, le docteur Maccabee fondateur d'un centre de recherché ufologique qui consulte le rapport 30 ans plus tard croit au sénateur Russell, les quatre observateurs n'en avaient jamais parlé à personne en dehors des services secrets américains :

« And group never publicly revealed their incredible sightings because they were no doubt advised not to talk. These documents provide startling new evidence that UFOs exist », fin de citation.

Selon lui c'est la preuve que les ovnis existent. Sans que l'on puisse pour le moment lier les affaires, il s'est passé quelque chose en Russie 1955 entre novembre et décembre, une présence d'au moins deux soucoupes volantes en trois endroits dont deux bases de fusées, les tentatives pour les intercepter avec des MIG échouèrent et au moins un des engins fut abattu par une ou des fusées des forces armées soviétiques dans la stratosphère. Des fragments furent retrouvés au sol, et l'explosion fut suivie par des astronomes civils et militaires. Du côté américain la presse est intriguée par ce qui se passe de l'autre côté du rideau de fer, et ces observations attisent de l'intérêt, un journaliste se souvient de la visite du Sénateur en Union Soviétique et que curieusement à son retour rien n'avait été donné aux journaux comme il était d'usage à l'époque. Tout américain qui avait eu l'occasion d'aller à l'Est faisait étalage à grand renforts de détails, de tout ce qui pouvait discréditer URSS, et dans le cas de ce sénateur, il n'y avait rien à dire. Mr. Tom Towers publie le 20 janvier 1957 dans les colonnes de la gazette Aviation News de Los Angeles la réponse du sénateur Russell à sa demande la permission de lui faire part des tenants de sa mission en Europe.

Le sénateur décline sa requête :

« Mr. Towers had originally contacted Senator Russell's office by letter with the request that he be given permission to break the story. The Senator wrote: Permit me to acknowledge your letters relative to reports that have corne to you regarding aerial abjects seen in Europe last year. 1 received your letter, but 1 have discussed this matter with the affected agencies of the government, and they are of the opinion that it is not wise to publicize this matter at this time. 1 regret very much that 1 am unable to be of assistance to you », fin de citation.

Il l'informe que les agences gouvernementales ne l'autorisent pas à divulguer quoi que ce soit.

1955 – создана специальная сверхсекретная группа (или комитет) по исследованиям НЛО в СССР (в Капустином Яре), а также – Архив МО СССР по НЛО – в подземном бункере на полигонге Красный Кут Саратовской области (в подземном бункере в районе специализированного поселка Березовка-2), по данным Е.Валмера из Саратова. Создание архива было вызвано резонансным случаем наблюдения нескольких НЛО в 1954г. над объектами полигонов Красный Кут и Капустин Яр. Посланные на их перехват истребители исчезли.

En 1955 un groupe top secret spécial, (ou comité) fut créé pour la recherche OVNI en Union soviétique à Kapustin Yar, par la suite le Ministère de la défense de l'URSS créa un aussi site d'Archives ufologiques à l'intérieur d'un bunker souterrain dans le polygone Krasny Kout, dans la région de Saratov, dans un bunker souterrain près du village Berezovka 2, à environ 200-230 km au Sud Est de Voronej selon E. Valmer de Saratov. Krasny Kout est entre Stalingrad et Saratov légèrement à l'Est à 270 km environ au Nord de Kapustin Yar.

Pour mémoire le site est à quelques 130 km du site de l'atterrissage en catastrophe du pilote qui en 1949 tenta d'abattre pour la seconde fois (1948 la première, 1949 la seconde) un ovni qui survolait les rampes de fusées de la base secrète de Kapustin Yar.

Cette redondance de création de comités spéciaux fut causée par le cas de résonance des observations de plusieurs ovnis en 1954, des objets non identifiés au-dessus des polygones de Krasny Kout et de Kapustin Yar, ayant échappé aux poursuites engagées par les MIG pour les intercepter.

La création de bunkers pour contenir dans un premier temps des sites d'archivage et de stockage démarrent cette année la car le premier ovni abattu par un missile balistique lancé depuis Kapustin Yar aurait eu lieu en cette année 1955 avec pour conséquence la récolte de débris multiples, cela se passe officieusement le 18 décembre 1955.

18.12 1955, взрыв НЛО на орбите Земли, по данным астронома Дж.Бигбю, обнаружившего его крупные фрагменты в околоземном пространстве, не исключено падение и рассеяние некоторых малых обломков или микрофрагментов. Очевидно, этот объект был взорван неизвестными разумными силами.

Le 18 décembre 1955 explose un ovni en orbite autour de la terre selon l'astronome Dj. Bigbyu qui a trouvé de grands fragments sur Terre, on n'empêche pas de tomber quelques petits débris ou la diffusion micro fragments. De toute évidence, cette installation a été détruite par les forces inconnues. De nos jours, la base de test ITs Volsk (Вольск) filiale Gelitz RF (ГЛИЦ МО РФ) située à Volsk dans la région de Saratov, est un centre aéronautique, qui expérimente les systèmes aéronautiques et aérostatiques complexes et aussi des structures pneumatiques à des fins militaires, elle fait partie des trois grands centres expérimentaux pour tout engin volant en Russie, Volsk à Saratov, Akhtubinsk au sud de Kapustin Yar et Tchkalovski au Nord-Est de Moscou.

Dans ces trois bases sont concentrées toutes les technologies d'aéronefs imaginables, y compris certains engins spatiaux habitables.

Deux ans plus tard en 1957 est créé la branche sibérienne (SB) de l'Académie des Sciences de l'URSS et un laboratoire spécial à Akademgorodok, un quartier de la ville de Novossibirsk, en Sibérie. Elle se trouve à environ 20 kilomètres au sud-est du centre de Novossibirsk.

À côté de l'Institut de physique nucléaire de l'Académie des Sciences le laboratoire sera également engagé dans la recherche spatiale et les études ovnis du groupe SETKA AN à partir de 1978.

Cette même année 1957 V. P. Burdakov lui même vit le rapport signé par des scientifiques éminents de l'Académie URSS. Le rapport conclut à un fragment présumé d'origine extra-terrestre :

« J'ai étudié en Union Soviétique un fragment ovni comme un cône émoussé », fin de citation.

Il est possible que ces deux premiers bunkers officiels soient un dépôt de stockage de débris d'ovnis, et les premiers centres d'études et d'archivage. En tout cas c'est la première trace de l'existence d'un bunker à Kapustin Yar qui aurait pu être agrandit 24 ans plus tard en 1979, lors du grand lancement de l'enquête nationale sur les ovnis par l'Académie des Sciences et du Ministère de l'Armée qui recevaient quarante millions de roubles par an chacun, pour financer les études sur les ovnis, un bunker dit numéro 754 aurait été construit de 1979 à 1989 suite au grand projet SETKA destiné à récolter tout témoignage et toute preuve physique concernant les ovnis en URSS. Le bunker 754[32] (бункер 754) et les raisons de son existence n'ont pas été résolus à ce jour.

---

[32] https://astrakhan-24.ru/news/misc/mif_ili_skazka_21156

# LA THEORIE DE LA PILE
# A COMBUSTIBLE ATOMIQUE

Dans une région reculée de Sibérie juste au Sud du massif de l'Oural. Le transsibérien passe un peu plus haut. Il y a trois villes fermées dont celle d'Oziorsk (Озиорск Города), l'industrie nucléaire créée à la fin de la seconde guerre mondiale, au moment où les russes accélèrent leurs recherches sur l'atome. La ville est connue sous le nom de Tcheliabinsk-65, puis rebaptisée ultérieurement Tcheliabinsk-40, pour maintenir son existence secrète.

Les chiffres sont ceux d'un code postal qui est accolé au nom de la grande ville la plus proche. Elle est censée servir de logement au personnel du complexe militaro-industriel de Mayak, destiné à fabriquer et à raffiner du plutonium.

Le 29 septembre 1957, un dimanche à 16 heures 22 minutes, dans la région de Tcheliabinsk, dans la ville de Chelyabinsk-40, à l'usine Mayak (Завод Маяк) se produit une explosion dans un container en acier inoxydable ou se trouvaient 14 autre conteneurs, Un dixième de substances radioactives a été soulevée dans l'air. Après l'explosion, se dressait une colonne de fumée et de poussière jusqu'à un kilomètre de hauteur, de la poussière scintillante avec une lumière orange-rouge qui est retombée sur les gens et les bâtiments. Le nuage radioactif a passé la ville emportée par le vent aux alentours, les étangs, les champs, les rivières, les forêts, tout fut irradié et contaminé, se colorant en rouge.

En raison de l'explosion du réservoir, la dalle de béton pesant 160 tonnes a été déchirée, un bâtiment situé à 200 mètres de la chambre d'explosion a eu ses murs de briques détruits sous l'effet de souffle. Le territoire, soumis à la contamination radioactive suite à l'explosion avait une longueur totale initiale d'environ 300 km, avec une largeur de 5 à 10 km où vivaient 270 000 personnes.

Dans un mémorandum adressé au Comité central du PCUS, le Ministre de l'Industrie E.P. Slavsky. Déclare :

« L'enquête sur les causes de l'accident sur le site, conduit la commission à estimer que les principaux responsables de cet incident sont l'usine radiochimique et l'ingénieur en chef de l'usine, qui a commis une violation flagrante des règles techniques de stockage de l'exploitation de solutions radioactives », fin de citation.

Ce fut une des plus grandes catastrophes nucléaires, beaucoup moins connue que celle de Tchernobyl. A une époque, les effets des radiations étaient encore peu connus, les mesures de sécurité étaient minimes et les incidents fréquents. Le 29 septembre à Mayak, le système de refroidissement d'une cuve contenant des déchets nucléaires est en panne. Par réaction chimique, une puissante explosion a lieu. Elle répandit des substances radioactives sur une surface de 15 000 à 20 000 Km2.

En fait près d'un demi-million de personnes, 470 000 personnes recensées furent exposées. Les autorités évacuèrent seulement 10 000 habitants proches du site de l'explosion, dans tous les villages des alentours les personnes continuèrent à vivre et à périr de maladies jusqu'à aujourd'hui encore des suites de l'évènement. Le secret sur cet accident a longtemps été efficacement couvert en Russie. Plus tard, il a été confirmé que des expériences menées dans un laboratoire central, selon les ufologues les deux versions sont fausses et les Théoriciens du complot russes déclarent à demi-mot qu'il y avait des travaux concernant une pile à combustible à destination d'engins volants et que l'explosion aurait survenu au cours de la charge de la pile à combustible, et que les essais de vol étaient prévus pour octobre 1957.

Le centre d'ingéniérie de Mayak était avancé dans le domaine de confinement de charges radioactives dont les soviétiques tentaient une miniaturisation confinée pour équiper un prototype d'aéronef à énergie atomique.

Ces recherches aboutiront à des piles à combustible qui alimenteront des satellites soviétiques en combustible nucléaire remplaçant les panneaux solaires, ces projets finissent mal suite à la retombée au moins de deux satellites sur terre dont l'un explosa sur le sol canadien de nombreuses années plus tard[33].

Le lac de Karachay situe à côté d'Oziorsk servait de bassin pour les combustibles usagés. Les habitants se sont baignés pendant des années dans les rivières de la région sans avoir conscience des risques. Pour cette raison, Oziorsk et la zone autour du complexe de Mayak restent étroitement surveillées et fermées à la circulation depuis l'extérieur, encore de nos jours comme au temps de l'URSS[34].

---

[33] https://www.ufostation.net/readarticle.php?article_id=853

[34] http://tainy.net/50914-xronika-vizitov-nlo-v-uralskij-region.html

# LES EVENEMENTS DE 1979

Bien que cette date de 1979 laisse penser à une période d'ouverture d'esprit du KGB et de recherche scientifique altruiste mais il convient de mentionner qu'exactement à cette date quinze officiers de haut rang du KGB furent exécutés dont deux généraux, quelque chose de grave se passa en parallèle de cette première année d'enquête sur les ovnis. Ivan Anissimovitch Fadeykin (Иван Анисимович Фадейкин) né le 11 septembre 1917, lieutenant général du KGB, officier décoré au cours de la grande guerre patriotique et représentant du bureau de l'espionnage à l'étranger du KGB en République Démocratique Allemande (RDA) de 1961 à 1966 fut selon le rapport retrouvé mort dans son bureau sur son lieu de travail en octobre 1979 alors qu'il était en charge du renseignement militaire.

Selon une version à prouver, des officiers rebelles du KGB furent purgés, selon une seconde version, l'étude d'un artéfact ou débris OVNI coûta la vie à l'ensemble du groupe d'officiers qui participa à l'inspection. Le KGB reconnaitra seulement le décès au travail du général en chef des services de renseignement militaires pour des causes inexpliquées. L'affaire sera vite oubliée par la précipitation de l'histoire contemporaine en marche, deux mois plus tard lors du lancement de l'Opération Storm-333 (Штoрм-333), nom de code du KGB « Agati » le 27 décembre 1979, l'attaque du palais présidentiel de Kaboul par les forces spéciales du KGB qui fut suivie de l'invasion de l'Afghanistan par les troupes de l'Armée Rouge, débutant une guerre qui dura 10 ans.

# LES TESTS A KAPUSTIN YAR

A Kapustin Yar, de 2015 à 2017 il était prévu de tester les prototypes d'environ 100 armes expérimentales, soit deux cents sujets de test par an. À l'heure actuelle, Kapustin Yar est considérée comme une plate-forme expérimentale pour expérimenter les systèmes robotiques spatiaux, balistiques et fuséologiques. Aujourd'hui Kapustin Yar fait face à un certain nombre de tâches importantes et difficiles, qui en définissant ses perspectives. Ce sont les essais de nouveaux systèmes de mesure basés sur les technologies spatiales, la formation de protocoles et bases de test pour les activités d'accueil et le réglage des systèmes de missiles stratégiques, les tests sur les systèmes de défense aérienne et spatiale, les différents systèmes de défense antimissile, les essais de nouveaux systèmes et missiles tactiques, la participation à des armes combinées à grande échelle et des exercices de tir réel. La base est un ensemble complexe d'installations d'essais expérimentaux, qui comprennent des postes de commandement, de recherche et développement technologique, l'équipement de mesure et d'autres composants. Son importance est majeure, en particulier dans le domaine balistique en fuseologie passant par la stratosphère.

Le 24 octobre 1960 à Baïkonour explose un missile militaire R 16, le premier missile balistique intercontinental nucléaire déployé par l'URSS sous le nom de Grau 8K64, il tue 78 personnes brûlées vives dont le maréchal Mitrofan Ivanovitch Nedelin, d'autres succomberont à leurs blessures par la suite, faisant au total, 92 morts dans l'incident. Un mémorial a été érigé à Baïkonour et les techniciens de l'Agence Spatiale Fédérale Russe s'y recueillent avant chaque lancement. Si on lit les articles russes sur le net et dans la presse, divers témoignages rapportent l'apparition de boules ou de soucoupes brillantes dans le ciel survolant le site peu avant l'explosion[35].

Le véhicule de lancement des engins Vostok n'est fiable qu'à 50%, sur les six préparatoires au lancement d'une fusée habité trois, se termine tragiquement.

---

[35] https://fr.wikipedia.org/wiki/Catastrophe_de_Nedelin

Le 15 mai 1960, destruction d'un vaisseau spatial en raison d'un mauvais fonctionnement du système d'orientation il est entré dans une orbite plus élevée et n'est jamais revenu sur la terre.

Le 23 Septembre, 1960, une fusée a explosé sur le pas lancement, les chiennes qui étaient à bord, Damka et Krasavka sont mortes.

Le 1 Décembre, 1960, les chiennes Pchelka et Mouchka reviennent de leur voyage orbital dans l'espace, à la fin de la trajectoire de vol la capsule est détruite avec les animaux à son bord.

La tragédie a eu lieu non seulement dans l'espace mais aussi sur la Terre. Ainsi, lors de formations dans la chambre d'isolement a été tué le plus jeune candidat cosmonaute, Valentin Bondarev. Différentes destructions de capsules spatiales lors de retours sur terre, de crashs de missiles ou de pertes d'engins expérimentaux furent imputées à des observations d'ovnis, il n'existait pas de télévision ni de culture de masse relative à cette technologie et les gens du peuple analysaient ce qu'ils observaient avec une vision romantique de l'espace, cela n'enlève rien de la valeur historique des témoignages mais démontre la grande difficulté d'enquêter sérieusement dans ces domaines.

# JOURNEE PORTES OUVERTES A KAPUSTIN YAR

J'ai eu l'honneur d'assister le 13 mai 2016 au jour du 70° anniversaire lors de la journée, portes ouvertes de la base Kapustin Yar. La responsable du Musée nous présenta les différentes étapes du site, qui a testé plus de deux cents systèmes d'armement de haute technologie dont les premiers missiles balistiques soviétiques et le lancement du premier vaisseau spatial. La journée de fête se poursuivit par un défilé, une réunion solennelle, un concert et un feu d'artifice au-dessus de Kapustin Yar.

Kapustin Yar est le 4° polygone polyvalent conçu en Russie pour tout ce qui concerne les exercices et expérimentations de fusées et de missiles, et d'astronautique spatiale. On y effectue des lancements de missiles balistiques, de fusées géophysiques et météorologiques et des objets spatiaux, satellites orbitaux automatiques mais qui peuvent aussi être habités si besoin. Comme tout ce qui touche le domaine spatial et les essais atomiques accompagnés de la culture du secret, l'inconscient collectif a fini par associer le site à un mélange de vérité et de fiction.

Fin 1945 un total d'environ 400 scientifiques, a poursuivi ses travaux la technologie des missiles aux États-Unis en compagnie de Von Braun. Selon l'armée américaine plusieurs dizaines de missiles V2 assemblés V-2, presque tous les équipements de test et la documentation technique, les pièces détachées et l'équipement des centres de recherche, avaient déjà été pris par les Etats-Unis, lorsque les premiers officiers de renseignement soviétiques et experts arrivèrent sur les ruines du berceau de la fusée allemande. Dans les faits, les Russes récoltèrent encore suffisamment de matériel pour reproduire la conception des missiles V-1 et V-2. (ФАУ 1 et ФАУ 2) en Union Soviétique, y compris la capture de techniciens et scientifiques allemands.

Rapidement, les russes ont formé un certain nombre d'instituts de recherche pour continuer dans le développement de cette technologie de fusées et ils viennent à bout de cette tâche très vite en avril 1946. Un mois plus tard en mai 1946, les Américains ont fait la première installation de recherches type A-4 issue de la fuséologie des V2 en provenance de l'Allemagne vaincue, située dans le bassin de Tularosa, la base est entourée de montagnes dans la cuvette de White Sands qui abrite le plus grand désert de gypse du monde. Ici le sable poussé par le vent forme des dunes brillantes de Sable Blanc au Nouveau Mexique.

A la même période, dès la fin du mois de mai 1946, les journaux suédois et finlandais signalaient l'apparition de mystérieux phénomènes lumineux observés principalement au coucher du soleil, le 12 juin 1946, un phénomène lumineux étrange a été observé en Finlande aussi bien dans la capitale Helsinki qu'en province. On a vu se mouvoir à grande vitesse et à une très grande hauteur une source de lumière qui fut remarquée à Helsinki à 22h17 et à Tampère cinq minutes avant. Le phénomène avait l'aspect d'une immense fusée entourée d'étincelles, laissant derrière elle une traînée de fumée doublée par endroits. Au plus fort de la vague, la nuit du 9 au 10 juillet 1946, deux cent cinquante observations furent signalées en Suède. Il fut Décidé d'établir un tel lieu de construction de fusées en URSS et le major-général d'artillerie Vasiliy Ivanovich Voznyuk (генерал-майор Василий Иванович Вознюк), fut nommé pour diriger la recherche d'un endroit approprié pour la construction du site de test spécialisé pour la recherche et les essais, il fut choisi parmi sept options, la zone la plus appropriées se situait près de Volgograd, anciennement Stalingrad, près du village de Kapustin Yar dans la région Nord d'Astrakhan. Jusqu'à Juin 1947, comme en témoignent les documents d'archives de l'époque, la préférence a été donnée au village de Naour, une des six autres options fut Naourskaïa région Grozny (Наурская Грозненской области) dans le Caucase.

Dans l'une des notes de service le Maréchal d'artillerie Nikolai Yakovlev déclarait que la construction du centre dans le village de Naur permettait de construire une piste d'essai allant jusqu'à trois mille kilomètres et de fournir des tests non seulement de missiles à longue portée, mais aussi de toutes sortes d'anti-avions au sol et des missiles navals, cette option nécessiterait moins les coûts matériels pour la réinstallation de la population locale et les entreprises à transférer ailleurs. Le 3 juin 1947, par décision du Conseil des ministres du Comité central du PCUS de l'URSS, №2642-817 (Советом Министров СССР ЦК ВКП (б) №2642-817) le lieu a été déterminé ce sera Kapustin Yar. Par la même décision il est confié la construction du site au Général Vasily Ivanovich Voznyuk qui deviendra aussi le futur directeur du polygone de recherches.

Les premières tentes de toile arrivent le 20 Août 1947, en même temps que la venue des officiers, on met en place sous les toiles un hôpital de fortune, une cuisine, les conditions étaient difficiles, il n'y avait aucune commodité sous des tentes de bédouins au milieu de la steppe nue. Le 23 août commença la construction à 10 kilomètres du village de Kapustin Yar vers l'Est, d'un banc en béton servant de socle pour le moteur d'essai A 4 construit selon les plans allemands et équipé de matériel rapporté d'Allemagne ainsi qu'un bunker pour observer les lancements.

Plus tard, ce lieu a été appelé la 1ère plate-forme. En Septembre 1947, arrivé en provenance de Thuringe en Allemagne la brigade spéciale (бригада особого назначения) avec le major-général Alexander Fedorovich Tveretskogo (Александра Федоровича Тверецкого). Ensuite, deux trains spéciaux avec des équipements, et du personnel. Début Octobre 1947 en plus du banc d'essai en béton et du bunker, ont été construits une rampe de lancement, un dépôt technique temporaire, un atelier de montage, mais aussi une route, une ligne de chemine fer de 20 kilomètres avec un pont au-dessus d'un ravin, reliant le site avec la ligne de chemin de fer allant à Stalingrad (Volgograd). Toutes les installations construites en dur, le furent pour la priorité principale, le développement de la fusée A-4, les lieux de vie étaient des tentes de toile et des baraquements de planches, les officiers résidant dans un train.

A cette même époque l'Air Force des Etats Unis construit des maquettes de soucoupes volantes pour les tester en soufflerie dès l'automne 1947. Cela contredit les positions publiques qu'elle tient depuis plus de cinquante ans selon lesquelles les soucoupes volantes sont une affabulation. Le point de départ est la récupération de la technologie allemande, mais du côté soviétique le silence est opaque à ce sujet rien n'a filtré en 70 ans. Ce n'est qu'en 1948, que débutèrent les fondations des logements pour le personnel du site qui vécut durant un an et demi dans la steppe nue, dans des tentes, des abris temporaires en toiles et en carton, dans des huttes paysannes en lattes de bois sur la fin. Les autorités et les experts, qui sont arrivés au terrain d'entraînement, vivaient dans un train spécial du nom de Messina (Мессина), qui comprenait un laboratoire et un wagon restaurant et servait d'hôtel pour les cadres du staff. Le 1 Octobre 1947 le site complet de test pour les lancements de roquettes est fini, et déjà le 14 Octobre 1947 le premier lot de missiles V2 (A 4) recueillis en partie rapportés d'Allemagne, en partie de Pologne, étaient déjà opérationnels.

Le 18 octobre 1947, à 10 heures 47 minutes, heure de Moscou, est réalisé le premier lancement de missiles balistiques dans l'Union Soviétique, la fusée a atteint une hauteur de 86 kilomètres sur une trajectoire de 274 kilomètres mais avec un écart d'environ 30 km de la cible initiale. La première série de lancements a été réalisée du 18 Octobre au 13 Novembre de 1947. Pendant cette période, il a été lancé onze missiles, selon d'autres sources 10 V2 (A 4), neuf ont atteint l'objectif, mais avec une plus grande déviation par rapport à la trajectoire désirée, et deux autres se sont écrasés.

Pendant 10 ans de 1947 à 1957 Kapustin Yar est devenu le seul endroit des essais de missiles balistiques soviétiques. Les premiers lancements de missiles ont été les plus difficiles.

Dans la steppe furent entendues des explosions sourdes dans le lointain et les militaires récoltèrent les fragments en secret, les habitants ne connaissaient pas l'existence du site, mais savaient que quelque chose s'y passait, et que des avions et hélicoptères se rendaient souvent dans le lointain, dans ce désert interdit au public :

« Pendant la guerre, je marchais dans Kapustin Yar, et ai ensuite travaillé en tant que chef du département du district de l'éducation, et nous ne savions pas qu'il y avait une base militaire. Cependant, des obus et des fragments de roquettes se sont abattues près des villages dans les forêts Naryn. Les gens ramenaient à la maison les épaves laissés par l'armée et utilisaient la ferraille à la ferme », dit Mukhtar Azhgulov.

En 1964, le 10 décembre, le vaisseau spatial Kosmos-51, peut être considéré comme la naissance officielle du site de lancement Kapustin Yar. Dans sa finalité à réaliser des satellisations orbitales en plus des lancements balistiques dans la stratosphère, la base de lancement spatiale internationale de Kapustin Yar a été inaugurée le 14 Octobre, 1969 avec le lacement orbital du premier satellite international Intercosmos-G, qui a permis la découverte de la polarisation des rayons X du soleil, et l'étude de la distribution de l'oxygène dans l'atmosphère supérieure de la Terre.

Parmi les grands événements dans la vie du cosmodrome de Kapustin Yar, fut le lancement réussi de du satellite artificiel Indien Aryabhata, le 19 Avril, 1975 suivi de Bhaskara le 7 Juin 1979, puis le satellite français de recherche Neige-3, le 17 Juin 1977, sur une structure de lancement multi niveaux d'environ 100 m de hauteur et d'un poids de quatre cents cinquante tonnes.

Dans la partie supérieure de la tour est monté de système spécial de filins de levage qui permettent de transférer le véhicule de lancement d'un engin spatial de l'horizontale à la verticale et fixé avec précision et avec une adaptabilité absolue du travail et de confort du personnel quel que soit le moment de l'année et les conditions météorologiques. Kapustin Yar a assumé son rôle de port spatial pour les petits et moyens missiles et les petits satellites, cette spécialisation a continué jusqu'en 1988, lorsque la nécessité de lancer ces satellites a fortement diminué et que les lancements spatiaux de Kapustin Yar Cosmodrome ont été abandonnés en faveur de Baïkonour plus moderne.

## LA ZONE DES LACS DE KAPUSTIN YAR

Revenons un instant sur ce secteur fin des années 40 et début des années 50. Il y a deux lacs salés dans cette région, Baskuntchak à 21 m sous le niveau de la mer et le lac Elton (Эльтон) à dix-huit mètres au-dessous du niveau de la mer. Elton demeure le plus grand lac d'eau salée en Russie, au taux de sel 1,5 fois plus élevé que dans la mer Morte. Ces lacs sont probablement mieux connus pour des propriétés réfléchissantes, comme des miroirs. Selon un communiqué de l'Observatoire de la Terre de la NASA. Cette réflexion est appelée albédo, par l'effet de réflexion de la lumière du soleil à la surface du sel et les satellites ne voient rien[36].

Un ovni immense en forme de cigare surgit soudainement venu de nulle part, comme apparu subitement au-dessus du plus petit des deux lacs, le lac de Baskuntchak, il y était suspendu comme figé, observant ou attendant quelque chose au-dessus de ce miroir naturel fait de sel nous sommes en 1948. Au nord de ce lac au milieu des années 50, se situent les missiles lancés de Kapustin Yar, capables de transporter des armes nucléaires partaient du Nord du lac de Baskuntchak, au pas de tir nommé Plochad Pioneer 5 (Place Pionnière numéro cinq).

Depuis ce temps, il a été procédé des essais nucléaires par des lancements de missiles balistiques fabriqués spécialement dans les hangars situés dans la partie nord du polygone, au Nord-Ouest des lacs. Toutefois à gauche côté ouest du lac de Baskuntchak une importante concentration de pas de tir est à noter, les pas 86 Kosmos 11K63, 107 kosmos 11K65, le pas n°3 des R-12, celui des CK Mayak 2 Kosmos, celui des R-14 Chaxts 63 S1.

Mukhtar Azhgulov (Мухтар Ажгулов) 93 ans, vétéran de la bataille de Stalingrad témoigne en 2016 :

« Il se trouve que l'armée a fait des hangars souterrains et de là elle a envoyé leur missile radiocommandé, qui est tombé dans le désert. Ensuite ils l'ont trouvé avec des équipements radio et des fragments métalliques restés dans le désert », fin de citation.

De nombreux articles lui ont été consacrés, il est un sage vénéré dans sa communauté, à lire aussi l'article du 17 octobre 2016[37].

---

[36] https://twitter.com/NASAEarth

[37] http://net-jw.blogspot.fr/2016/10/70.html

Les articles à ce sujet sont parus dans le journal Uralsk rédigés par la journaliste Gulmira Kenzhegalieva. Monsieur Mukhtar Azhgulov (Мухтар Ажгулов) expliqué, la plupart des roquettes se sont abattues près du célèbre lac de Kaki Sor. Ce lac salé unique est capable d'absorber des objets lourds, les militaires étaient au courant de cette propriété, le lac fut donc spécifiquement choisi comme lieu de sépulture pour les missiles selon Kaken Kubeysinov, aujourd'hui le chef du mouvement antinucléaire Naryn, qui prend soin du cœur et l'âme du sort de leur pays natal. Le territoire Kaki Sora était grand de 810 000 hectares de terres. Aujourd'hui le lac de Kaki Sora est asséché. A partir de la seconde moitié des années 50 les gens ont commencé à observer la mort lente ici, à saïga. L'eau potable empoisonnée a été analysée dans les années postérieures à 1991, des études ont montré que dans le sang et la peau des animaux, la concentration de métaux lourds dépasse toutes les performances raisonnables.

Les pertes massives des élevages, ont été attribuées par les autorités à une variété de différentes maladies, mais pas aux conséquences des essais militaires des 70 années passées :

« Ce n'est qu'après 1952, que les gens ont commencé à tomber malades massivement, mais personne ne savait quoi que ce soit, les médecins des districts ruraux ou des ambulanciers, il n'y en avait pas ici, il était donc impossible de savoir pourquoi les gens tombent malades et meurent », dit Mukhtar Azhgulov. Les médecins de Kapustin Yar étaient des militaires, le fait est que le site était loin d'être inoffensif, cela était bien connu par ceux qui travaillaient ici dans la région, la chute de débris dans la steppe suite aux lancements de missiles, les tremblements de terre qui se sont produits lors des l'explosions, dont les murs fissurés et le verre éclaté en éclats jusqu'à même à Volgograd à plus de 20 km plus au Nord. Les habitants finirent aussi par reconnaitre dans le ciel ces fusées qui montaient très haut avec un panache blanc qui les suivait avec un bruit de vrombissement assourdissant. Pour les années 1988-1991, 654 missiles de moyenne portée de type SS-20 ont été testés et détruits dans Kapustin Yar. En Mars 2014 près du village Shungay est tombée une autre fusée, comme il a été déclaré par la suite :

« Le missile a perdu sa trajectoire et n'a pas atteint un point prédéterminé », fin de citation.

## BASKUNCHAK 1948

http://bnews.kz/ru/news/obshchestvo/veteran_vov_muhtar_azhgulov_molodezh_dolzhna_znat_o_voine_foto-2016_05_09-1270640

La première grande affaire d'ovnis que l'on s'attendait à trouver dans le dossier bleu du KGB état l'attaque de Baskuntchak près de Vladimirovska en 1948. Pourtant ni le rapport envoyé par le pilote et la base aérienne au commandement de l'Armée de l'Air à Moscou, ni le rapport du service d'enquête qui se rendit sur place, ni le rapport du KGB de Volgograd ne figurent dans les dossiers divulgués au public. De plus, les états de service du pilote prennent fin en 1953 à seulement 30 ans l'officier est démis du service actif et terminera sa vie en 1995 à 72 ans après avoir travaillé dans le civil pour une usine de Moscou dont il deviendra le responsable.

Pourquoi est-elle la première grande affaire ?

Parce qu'elle intervient l'année suivante du crash de Roswell et qu'il y eut des rapports officiels sur l'attaque d'un ovni en forme de tube par un avion de chasse militaire soviétique, cette affaire monta au plus haut sommet jusqu'au ministre de l'armée de l'air et jusqu'au présidium du soviet suprême. Un ovni immense en forme de cigare surgit soudainement venu de nulle part, comme apparu subitement au-dessus du lac de Baskuntchak, il y était suspendu comme figé, flottant dans les airs, d'aspect métallique argenté et brillant, présentant un écho sur le radar et observé visuellement, la base est en état d'alerte, et un intercepteur MIG va bientôt être lancé à sa rencontre, il est piloté par un as de l'aviation durant la grande guerre patriotique contre l'envahisseur allemand, il se nomme Sergey Apraskin. Sergey Andreevich Apraskin, (Сергей Апраскин Андреевич), major général de l'armée de l'air de l'Union Soviétique.

A la fin de la guerre il totalise 109 sorties avec succès, dans lesquelles il a personnellement détruit et endommagé 11 chars, 69 véhicules automitrailleuses, 12 batteries d'artillerie, 47 wagons de marchandises, 3 entrepôts de munitions, 350 soldats ennemis et officiers tués, incendié 18 objectifs stratégiques ennemis, à bord d'un chasseur Iyoushine 2, un avion surnommé la mort noire Schwarzer Tod par les soldats allemands. Né en 1923 en Sibérie Apraskin est décore de l'ordre de l'étoile d'or de héros de l'Union Soviétique numéro 6297, par décret du Présidium du Soviet Suprême de l'URSS le 29 Juin 1945, il est alors seulement âgé de 22 ans pour actes de bravoure et de courage durant l'assaut contre l'ennemi. Le jeune lieutenant sera aussi décoré de l'Ordre de Lénine. Il prit part à l'offensive du 3e front Biélorusse (Земландская Наступательная Операция), en coopération avec la Flotte de la Mer Baltique, déroulée du 13 au 25 Avril et poursuivie dans la Prusse Orientale, mais aussi aux batailles De Kaunas, Vilnius, Konigsberg.

Apraskin passe la guerre passée dans l'aviation militaire en accumulant les décorations, il reçoit pour valeur au combat, l'ordre de l'Etoile Rouge, l'ordre de Lénine le 29 juin 1945, deux ordres bannière rouge (Орден Красного Знамени), les  29 janvier 1945 et 29 avril 1945, puis l'ordre de la grande guerre patriotique de 1° classe à deux reprises les 22 février 1945 et 11 mars 1985, l'ordre de la gloire de 3° degré le 10 juillet 1944,  les médailles pour la défense de Stalingrad, pour la capture de Berlin et d'autres, c'est un officier émérite et ancien combattant aux états de service sans tache. Le 24 juin 1945 il participe au défilé de la victoire à Moscou en Héros de l'Union Soviétique, il a seulement 23 ans[38].

Le 16 juin 1948 dans la zone Baskunchak un pilote d'essai, Apraskin commence à chasser un ovni, il fait feu sur lui à une hauteur de plus de 10 kilomètres, et subit en réponse, un impact par rayonnement qui place hors service tous les équipements électriques et le moteur de l'avion.

16 июня 1948 года в районе Баскунчака летчик-испытатель Апраксин начал преследовать НЛО, замеченное им на высоте, свыше 10 километров, и подвергся в ответ лучевому удару. Вышло из строя все электрооборудование и двигатель самолета.

Est soudainement apparu dans le ciel d'une base secrète, un objet volant non identifié, de couleur métallique argentée, en forme de cigare. Comme les experts disent aujourd'hui, et c'est de cela que l'on va parler sérieusement maintenant. Toute la zone est top secret, Kapustin Yar a beaucoup innovations technologiques dont dépend la suprématie militaire de l'URSS, la curiosité montrée par un avion inconnu, quelle que soit sa forme est une agression pour les russes, nous sommes trois ans après la seconde guerre mondiale pas très loin de Stalingrad la ville martyr. On se rappellera que, dans ces années, la majorité des personnes dans les milieux gouvernementaux étaient enclins à croire que les objets volants non identifiés comme conventionnels, ne sont pas des ovnis de l'espace, mais le développement secret de l'arme inconnue d'un ennemi potentiel.

Les préoccupations diplomatiques bilatérales en 1947 entre les anciens alliés ont fait débuter une guerre froide, la méfiance absolue perdurera jusqu'en 1991. Les américains nomment cette zone, la zone 51 soviétique.

L'histoire de Kapustin Yar commence en 1946 quand, dans la partie Nord-Ouest de la région d'Astrakhan, près de la frontière avec le

---

[38] http://www.warheroes.ru/hero/hero.asp?Hero_id=13588

https://ru.wikipedia.org/wiki/Апраксин,_Сергей_Андреевич

Kazakhstan, qui faisait alors partie de l'Union soviétique, l'armée a identifié une superficie d'environ 650 kilomètres carrés pour les essais de missiles qui deviendront nucléaires, le KGB y a placé des représentants (кгб на капустин яр).

Sur le net on retrouve le nom d'Arkady Apraskin associé à la date de l'événement du 16 juin 1948 mais c'est une erreur d'interprétation des internautes qui copient les textes les uns des autres en réalisant parfois des erreurs sans le vouloir, son prénom est Sergey.

Первое известное боевое столкновение произошло над территорией озера Баскунчак в 1948-м году.

Premier contact sur le territoire du lac de Baskuntchak en 1948, l'officier pilote Sergey Andreevich Apraskin, héros de guerre, décolle de la base de Vladimirovka dont les aérodromes sont à peine à 40 km au Sud du polygone secret de Kapustin Yar. Il pilote un avion à réaction Mikoyan Gourevitch (Микоян-Гуревич) dit MIG 15, ce type d'avions de chasse a réalisé son premier vol le 19 décembre 1947 mais il ne sera en service actif dans l'armée de l'air soviétique qu'à partir du 31 décembre 1948.

C'est donc pour l'instant un avion prototype expérimental en période d'essais depuis 6 mois volant à une vitesse maximum de 1075 km/h atteignant un plafond maximum de 15515 mètres d'altitude il est le plus rapide et le plus abouti de tous les avions de chasse de l'époque, équipe d'un moteur turbine Rolls Royce acheté en 1947 à l'Angleterre à trois exemplaires et reproduit en Union Soviétique sous les modèles RD-500, RD-45 et RD-45F. L'avion est le plus rapide, le plus puissant de l'époque, un bijou d'horlogerie Rolls Royce, et un secret expérimental d'État entre les mains d'un pilote d'essais de 25 ans.

A environ 38 kilomètres à l'Est de la piste d'atterrissage de la base de Vladimirovka, le pilote rencontre un ovni en forme de tube, il dire de forme de concombre arrondi aux extrémités, juste au-dessus du lac salé de Baskuntchak (Озер Baskountchak Баскунчак), situé à 21 mètres au-dessous du niveau de la mer, c'est une cuvette avec une croûte de sel épaisse, réfléchissante au soleil, ce lac salé est à environ 53 km à l'Est de la Volga et à 270 km de la mer, et autour il n'y a rien, seulement la steppe déserte. Un sanatorium y sera accolé par la suite, et de nombreux soviétiques viendront ici en cure, car le sulfure de la boue est de composition similaire à celui de la Mer Morte.
La boue et les eaux du lac ont des propriétés curatives pour les maladies du système musculosquelettique, du système génito-urinaire, du

système nerveux, du système digestif, des maladies respiratoires, de l'oreille, du nez et de la gorge, de la peau, avec effets anti-inflammatoires, anesthésiques, antispasmodiques.

Le pilote capte l'objet sur son radar de bord, l'a en visuel et parle avec la base qui lui répond qu'elle aussi capte l'émission de l'objet en forme de concombre, le commandant lui donne l'ordre de faire atterrir l'engin coûte que coûte, il viole l'espace aérien soviétique et en cas de refus, il reçoit l'ordre de l'abattre sans autre forme de sommation. Le MIG 15 monte à une altitude de 10 500 soit 500 mètres en dessous de son plafond maximal, s'approche à une distance de 10 à 12 km, prend en chasse l'ovni, lui demande s'il est un ami ou un ennemi, pas de réponse radio, il lui intime l'ordre de descendre en vue d'atterrir, pas de réponse, alors il le cible et tire.

Le MIG 15 dispose de deux canons Nudelman-Rikhter NR-23KM de 23 mm et d'un canon de 37 mm Nudelman NL37D, il fait feu avec toute sa capacité de frappe. Toute l'intégralité de la conversation en vol est enregistrée depuis la base aérienne, la liaison radio a été permanente, le MIG est chargé d'intercepter et de détruire, la mission d'essai s'est transformée en mission de combat comme les anciennes missions que ce pilote expérimenté a vécues durant la guerre trois ans plus tôt.

L'objet volant en forme de tube ou de concombre lui envoie un rayon lumineux puissant. Le pilote est aveuglé, il ressent comme un impact dans le fuselage, les commandes de l'avion sont hors de contrôle, l'habitacle en verre a été endommagé il se fend sans se briser, l'étanchéité de la cabine n'est plus assurée, pour mémoire à plus de 10 000 mètres d'altitude la température atteint -48°C.

Il tente de se dégager, enclencher la post combustion pour s'éloigner rapidement, mais les commandes ne répondent pas, à la suite de quoi Apraskin perd connaissance. Tous les équipements électriques, la radio, les instruments de tir et le moteur ne répondent plus, l'avion se précipite vers le bas en chute libre. Grâce à son casque et à sa combinaison qui préservent le pilote de la dépressurisation et du manque d'air, il recouvre ses esprits quelques brefs instants plus tard, reprenant les commandes manuelles et évitant de vriller jusqu'au crash, il braque le MIG qui est déjà loin de l'ovni, la poussée du moteur reprend mais tous les équipements semblent ne pas fonctionner normalement.

Il s'en sort par miracle en se posant dans le désert. L'avion porte des traces de dégâts sur le verre, les plastiques et le métal qui font penser à une collision, avec des impacts dont la force a endommagé sérieusement la partie avant et le poste de pilotage. Seul le sang-froid et l'habileté exceptionnelle Apraskin acquis au combat, lui ont permis sauver sa vie et épargner la perte de l'appareil, il conserve son sang-froid jusqu'au bout et ne s'éjecte pas de la cabine. Un Mig vaut aujourd'hui près de 15 à 20 millions d'euros on peut imaginer ce qu'il représentait à l'époque pour un pilote soviétique, un véritable trésor qu'il aurait sauvé au péril de sa vie même.

Ici finit la partie officielle qui a transpiré, l'ensemble du dossier reste top secret. Selon de nombreuses sources, le MIG était dans les phases d'expérimentation de l'armement en vol, cela faisait six mois que ces prototypes étaient à l'essai dans la base de Vladimirovka et les tests portaient aussi sur le lancement de deux roquettes en vol. Les projectiles des canons ne touchèrent pas le cigare argenté et le pilote lança au moins un des missiles air-air encore expérimental avec pour résultat une explosion violente qui endommagea le MIG 15 et la structure défensive de l'ovni, avec pour conséquence la tombée sur le sol du cigare.

Cette version est très exploitée par les ufologues nord-américains, William J Birnes, éditeur de l'américain UFO Magazine, propose que l'engin extraterrestre a tiré un faisceau de particules au chasseur soviétique, mais par un coup de chance le missile a perturbé le champ antigravité de l'ovni, le faisant tomber du ciel. Les équipes de récupération soviétiques ont rapidement recueilli l'épave, et tout transporté dans l'installation souterraine à Kapustin Yar, qui a été ironiquement nommée Zhitkur, l'ancienne ville, non loin de la base. Birnes a affirmé que les pilotes des MiG ont reçu à l'époque, l'ordre de prendre toutes les mesures nécessaires pour faire tomber tout objet volant identifié ou non, parce que Moscou souhaitait gagner un avantage technologique sur les Etats-Unis, qu'ils croyaient avoir fait d'énormes progrès en raison de soucoupes volantes et autres avions, les soviétiques désiraient absolument obtenir la technologie issue de l'ingénierie adverse. Si l'on se réfère à la vitesse du MIG de 1075 km/h et à la rapidité du contact de moins de dix minutes, un vol de cinq minutes en direction du Nord nous conduit mathématiquement effectivement au-dessus de Zhitkur à 94 km du lac salé de Baskunchak. L'affaire est très citée par l'internet russe, comme l'interception à 10,5 km d'un objet volant non identifié en 1948. Les médias américains et européens vont plus loin ils disent que l'ovni a été abattu avec un missile lancé par le Mig et que son bouclier de défense endommagé, le contraint à se poser en catastrophe vers Zithkur, mais que les sources russes n'ont pas d'autres données à ce sujet.

16 июня 1948 г. Полигон Капустин Яр. Над озером Баскунчак на высоте 10,5 км летчик-испытатель Аркадий Апраксин получил приказ преследовать, догнать и, при отказе снизиться, открыть огонь по

сигарообразному НЛО. Объект ответил на это лучевым ударом, в результате которого пилот временно ослеп, а электрооборудование и двигатель вышли из строя. Самолет с трудом сел. При расследовании этого случая Апраксину показали акт об аналогичном инциденте с другим самолетом.

Les archives exceptionnelles de l'ufologue Felix Zigel, ont gardé l'enregistrement d'une conversation avec le professeur adjoint de l'Université de Voronej, I. Ya. Furman le 25 Septembre 1951 réalisée dans un train voyageant entre Moscou et Saratov. Le Scientifique au courant de l'affaire de 1948 relate sa conversation avec un certain Arkady Ivanovitch Apraskin (Аркады Иванович Апраксин) nom donné selon certains ufologues qui reprennent ce dernier sur internet, et dont je n'ai trouvé aucune trace dans les archives russes, alors que dans mon article et selon me sources il s'agit de Sergey Andreevich Apraskin.

En 1948-1949 Apraskin a travaillé sur le terrain d'aviation d'essai de Kapustin Yar dans la zone Baskunchak, qui était au Sud de l'aérodrome de Vladimirovka, car il n'y avait pas encore de pistes et de bâtiments bétonnés à Kapustin Yar en particulier une piste correcte, il était pilote d'essai pour des nouveaux prototypes d'avions de combat à turbopropulseurs les avions à réaction de dernière génération à l'époque. Le fait que des firmes aérospatiales américaines, continuent à envisager une alternative radicalement nouvelle aux concepts sur lesquels sont fondés aujourd'hui les véhicules aériens, est bien la preuve de leur quête d'avancées révolutionnaires, justifiant en soi les efforts soviétiques pour ne pas perdre l'avantage dans les progrès aéronautiques militaires.

Apraskin parle de lui-même :

« Je me suis envolé dans la partie inférieure de la stratosphère, je pourrais être dans les airs pendant quatre heures. J'ai reçu l'honneur à plusieurs reprises grâce à mon excellent travail de pouvoir tester de nouvelles techniques », fin de citation.

Le 16 juin 1948, il prend l'air avec son avion à réaction volant à une altitude de 10 500 mètres, au-dessus d'une couche nuageuse continue et par une température extérieure de moins cinquante degrés dans la direction sud-est.

Une demi-heure après, au cours de ses exercices, il voit un spectacle étrange, un dispositif en forme de concombre qui survolait une rampe de lancement de missiles au sol depuis l'altitude.

Le dispositif volant avait la forme d'un concombre, il était ovale. Il en sortit un faisceau de des rayons dans la direction opposée au vol. En voyant cet objet étrange, Apraskin rend compte par radio de ses observations, la conversation est enregistrée, pendant tout le temps il reste en contact radio avec la base, et rend compte de ce qu'il voit. L'objet envoie un écho sur le radar de l'avion et aussi sur celui de la base au sol. La base lui donne des instructions, pour se rapprocher de l'objet qui ne répond pas aux injonctions d'identification radio, et face à un refus éventuel, de le soumettre à atterrir, ou de l'abattre, le commandement de la base lui ordonne de l'abattre s'il tente de fuir aussi.

A environ 10 000 mètres, il fait feu face à l'objet, le cigare vire brusquement de bord et se présente de coté, des rayons de lumière qui paraissent sortir par l'arrière s'ouvrent alors en éventail et s'étirent demesurément jusqu'au Mig qui reçoit une réponse lumineuse aveuglante de couleur plutôt verdâtre en provenance de la mystérieuse machine. Au même instant, toute la partie électrique de la gestion de l'avion et du moteur tombe en panne. Le pilote est ébloui, lâche les commandes et lance l'appel de detressez automatique, quelques secondes passent, la radio est hors d'usage, les communications rompues avec la contrôle aérien militaire au sol. L'avion amorce une chute vertigineuse vers le bas, le moteur à réaction est arrêté et les controles électriques inopérants.

L'habitacle de la cabine se fend sans se briser, au dernier moment, il a vu cette étrange machine se mettre en mouvement rapide, puis, s'immerger dans la couche nuageuse et disparaitre presque à la verticale dans la stratosphère. Bien que le pilote du Mig reussisse à poser l'appareil au sol, les contrôles électriques, l'appareil et le moteur sont endommagés.

Cet incident a été acté en détails dans un rapport qui est parti au ministère de l'air avec les annexes jointes au cahier de quart de l'équipe en poste au radar et des officiers présents et commandants, un expert est envoyé de Moscou, il inspecté l'avion en détail, demandé des précisions au pilote, essayant de le faire se contredire par des questions transversales, par deux fois ses relevés de notes sténographiques sont croisées et comparées, il est fait plusieurs contre interrogatoires avec lui tout seul dans une pièce. Ensuite il lui est simplement accordé un congé de 45 jours, le commandant lui dit qu'il a besoin de repos, Apraskin prend le train, il part pour Gagra une ville d'Abkhazie, située sur la Mer Noire, à 22 km au Sud de Sotchi, un véritable paradis.

Il retourne ensuite dans sa maison, une de ces datchas intemporelles en bois sombre, avec à peine deux pièces à vivre à laquelle on accède par une route terreuse cabossée, là-bas le temps s'est arrêté voici cent ans, elle se trouve à Saratov à 350 km au Nord de Vladimirovka, au Nord-Est de Volgograd.

Apraskin est rappelé au bout de 45 jours de congé, convoqué au Département de la Défense de la Force Aérienne de Moscou ce qui est étrange pour un jeune officier qui reçoit ses ordres d'affectation des mains du commandant de la base et non du Général en Chef des Forces de l'Air à la capitale. Il est envoyé prendre du service dans un aérodrome proche du secteur européen de l'Arctique au Pôle Nord.

Apraskin dit qu'un fait d'observation similaire au sien par un autre pilote au sujet d'un ovni en forme de cigare, lui a été montré au cours de l'entretien avec les autorités au siège du Département de la Défense des Forces Aériennes, ce qui démontre que les deux dossiers étaient montés au ministère de la défense et avaient fait l'objet de recoupements par la commission d'enquête du bureau aviation militaire.

Un fait similaire d'observation d'un pilote dont le nom n'a pas été rapporté à bord d'un MIG 15 lui aussi face à un cigare métallique argenté en 1948. Il s'agit d'une seconde tentative d'abattre un ovni par les soviétiques en 1948, il semblerait que le pilote y ait laissé sa vie, il fut moins chanceux qu'Apraskin. Les détails des observations coïncidaient avec ses observations personnelles. Seulement l'autre pilote a appelé la forme d'un avion inconnu allongé, il a également noté des rayons émanant de l'avion allongé.

Apraskin passe trois mois à l'aérodrome polaire réalisant six vols tests sur un nouveau prototype pour des vols en haute altitude.  Puis il a été rappelé à Moscou et est retourné à l'aéroport de Vladimirovka dans la zone Nord-Ouest de Baskunchak.

Le deuxième contact d'Apraksin avec un ovni, car un pilote militaire faisant un combat aérien avec un objet volant non identifié ce n'est déjà pas ordinaire, mais une seconde fois encore moins. L'officier commandant les services secrets de Stalingrad qui contrôlait tout le secteur était Nikolai Biryokov Vasilievitch (Николай Бирюков Васильевич) commissaire de la police de 3° Rang (комиссар милиции 3-го ранга), responsable du NKVD de Stalingrad du 4 décembre 1944 au 21 février 1949.
C'est lui qui supervisa la première enquête en compagnie de l'officier enquêteur spécial envoyé de Moscou. Un an plus tard, en mai 1949, le même pilote d'essai d'Apraskin qui devait avoir à l'époque ses épaulettes de

capitaine, qui comportent quatre étoiles brillantes à cinq branches dans l'armée rouge, est sur un nouveau plan de vol à bord d'un MIG 15 face à un ovni, c'est à peine croyable. L'officier du NKVD qui diligenta la supervision de la seconde enquête fut le colonel de la milice (полковник милиции) Alexandre Sinetski Mixailovitch responsable du NKVD de Stalingrad du 21 février 1949 au 16 mars 1953. L'enquêteur venu de Moscou repartit par avion avec l'intégralité du dossier, y compris les cahiers de quart de la base aérienne, les enregistrements radio et les rapports.

Par la suite les services de renseignement confièrent la ville au colonel Igor Anatolevitch Melnikov (Игорь Мельников Анатольевич) qui fut le directeur du KGB de Stalingrad avant que la ville ne soit rebaptisée Volgograd le 10 novembre 1961, dirigea le KGB local du 30 mars 1954 au 16 octobre 1954. Son successeur le Général Mayor (Григорий Стыценко Никитич) le remplaça du 16 octobre 1956 au 14 février 1962, sous son commandement il n'y avait plus localement, aucun dossier relatif aux vagues d'ovnis de 1947 à 1953.

Le plus important quand vous cherchez des informations déclassifiées et que l'on vous en donne datant de soixante-dix ans, donc obsolètes n'est pas de savoir ce qui s'y trouve mais de déceler ce qui ne s'y trouve pas.

Un combat aérien avec un aéronef non identifié au-dessus d'une base secrète, c'est quand même assez rare, pour que l'on s'y intéresse pendant longtemps, et l'amateurisme n'existe pas au KGB, il conserve le dossier du pilote, mais pas de l'incident. Faits avérés ou fausses nouvelles, absolument tout était enregistré, et une allusion au pilote est déjà un demi aveu.

Le 6 mai 1949 Apraskin reçoit un nouveau plan de vol pour un essai de MIG tentant de plafoner à 15 000 mètres d'altitude, il se dirige vers Moscou au nord, il est en contact avec la station de contrôle et radio guidage militaire aérien de Volsk. Il volait en dessous du manteau nuageux quand tout à coup, est apparu comme un avion étrange à l'aspect vieilli volant à une altitude plus élevée, mais qui continué à baisser.

L'ovni en forme de cigare survolait une rampe de lancement expérimentale au sol ce qui laisse supposer qu'il était au-dessus de Kapustin Yar. Apraksin met la post combustion en service pour prendre plus d'accélération et atteindre ce nouveau tube, un concombre volant selon son expression.
Ce fut un acte téméraire la collision semblait inévitable à cette allure à une altitude de 15000 mètres. Voici ce que disent les sources russes au sujet de cette seconde rencontre :

« 6 мая 1949 г. на высоте 15000 м. в районе г. Вольск Саратовской обл. Апраксин увидел похожий аппарат и направил машину к "летающему огурцу". На расстоянии 10- 12 км. На него вновь был направлен сноп лучей ; наступило ослепление, вышло из строя управление самолетом, было повреждено пластмассовое стекло. Нарушилась герметизация кабины. Благодаря защитному шлему, Апраксин посадил машину и потерял сознание ».

Le 6 mai 1949 à une hauteur 15000 m vers Volsk, proche de Saratov, Apraskin, voit un appareil qui ressemble à un concombre volant. À une distance de 10 à 12 km, des rayons lumineux avec une lumière éblouissante viennent sur lui, le verre et le plastique de la cabine sont fissurés.

A une distance à nouveau d'environ 10 à 12 km, le pilote fait les sommations d'usage avant de faire feu, quand un faisceau de rayons avait été envoyé à nouveau Apraksin, l'habitacle transparent du cockpit était devenu soudainement opaque. Il a une nouvelle fois mis hors d'action toute partie électrique de la commande et, en outre, le verre et le plastique avant ont été endommagés, l'étanchéité de la cabine était compromise tout comme la première rencontre en 1948, et bien que Apraskin soit dans un costume spécial avec casque, il ressent parfaitement la baisse de la pression extérieure, il a affreusement mal à la tête.

Il se trouve à ce moment à une altitude de 15 000 mètres au-dessus de la ville de Volsjki (Волжиский) en proche banlieue Nord-Est de Volgograd à 76 km des rampes de lancement de Kapustin Yar, l'ovni poursuit sa route de vol en direction Nord-Est sur encore plus de 360 km puis se perd dans la couche nuageuse.

Le pilote se sent mal, et il continue avec une grande difficulté, Apraskin fait atterrir l'avion de chasse sur un terrain de la rive droite de la Volga, à 40 km au Nord de Saratov, cette fois-ci l'ovni a survolé les rampes de lancement de missiles balistiques puis une zone résidentielle dense au-dessus de l'ancienne ville de Stalingrad aujourd'hui Volgograd, le MIG 15 l'a poursuivi sur une distance d'environ 440 km depuis qu'il a été vu, jusqu'au moment où le Mig a dû se poser. Au sol Aprasxin a perdu connaissance et c'est dans cet état que le retrouvent les secours, il est conduit comateux ne se réveillera que bien plus tard à l'hôpital.

Encore une fois il y a enquête, avec la présence d'un expert venu de Moscou qui ne le croit pas. Selon les ufologues adeptes du complotisme, l'ovni tombé en 1948 aurait été transporté sur le fleuve Volga en remontant vers le nord et la capitale Moscou, d'autres disent que l'ovni survolait le site de lancement et que ce n'était pas la première fois, et qu'il est dans les sous-sols d'un bunker à Kapustin Yar. Tant de similitudes entre ces deux cas, en deviennent presque non crédibles, la suite est tout aussi singulière.

Apraskin passe deux mois et demi à l'hôpital de Saratov, puis est envoyé à Moscou devant une commission médicale spéciale d'experts, qui le place dans un hôpital psychiatrique d'État près de Moscou, il y est resté interné psychiatrique pendant six mois.

Il est traité par la méthode de la thérapie du sommeil par des injections d'insuline, ce qui était très douloureux. Plusieurs fois il y avait des gens en blouse blanche, se faisant passer pour des médecins qui venaient l'interroger, il a été contraint de répéter inlassablement toute l'histoire. L'insulinothérapie était une thérapie servant au traitement des psychoses, et plus particulièrement de la schizophrénie, elle est aujourd'hui abandonnée dans ce qui constitue l'ensemble des traitements psychiatriques modernes.

Apraskin survit à une demi année de sommeil provoqué accompagné de calmants, le plus gros de son temps se passe dans un lit à armature métallique dans un dortoir commun, le reste de la journée en pyjama, parlant avec difficulté, marchant péniblement. Les repas comportent de la farine d'avoine, la Kacha, des concombres « ogurech », des soupes, des petits pains farcis de viande ou de légumes les « pyrojki », du pain de seigle noir « borodinsky ».

Cette méthode de traitement psychiatrique comportait une phase délicate nécessitant la maîtrise du coma insulinique provoqué ou choc hypoglycémique, était très dangereux pour le patient, l'abandon de cette thérapie été aisément remplacé par les médicaments neuroleptiques modernes[39].

L'enregistrement de ces entretiens avec les médecins du KGB en blouse blanche est scrupuleusement comparé aux précédents, les interrogateurs voulant apparemment, trouver des contradictions dans ses dires, en raison de la thérapie.

Sa sœur habitant à Saratov et sa femme qui lui rendirent visite lorsqu'il était à l'hôpital de Saratov disaient qu'il était parfaitement sain d'esprit dans ses conversations avec elles.

---

[39] https://www.cairn.info/revue-vie-sociale-et-traitements-2004-1-page-85.htm

Au bout de six moins de traitement tout est confus, en Janvier 1950, Apraksin est soumis au comité médical, qui le classe invalide du 1er groupe, il est retiré des cadres militaires, et de nouveau convoqué à Moscou.

Il n'est pas considéré rejeté définitif de la Force Aérienne, mais seulement transféré à la réserve avec interdiction de vol. A deux reprises dans les années 1950-1951, il était au Ministère de la Défense, et on retrouve sa trace dans les registres du personnel, puis il est muté au sous-ministre de l'air, mais sans jamais avoir pu obtenir la révision de son dossier et reprendre du service actif.

La commission lui répondait à chaque fois la même chose :

« Vous êtes surmené, vous confondez la science-fiction avec le monde réel, vous n'êtes pas bon pour le service militaire actif au sein de l'armée de l'air ».

Finalement, il est renvoyé de l'armée en 1953 à l'âge de 30 ans, ses états de service vont de 1941 à 1953, le héros de l'Union Soviétique doit être reclassé dans le civil, il ne sait faire que piloter un avion, ancien élève pilote de l'école de l'air de Tskalove (Чкалове) dans la région d'Orenbourg, les autorités lui attribuent une domiciliation dans la capitale à Moscou, et un travail dans une usine n'ayant plus aucun rapport avec l'armée et la défense nationale.

Il décède le 16 mai 1995 et est enterré au cimetière Mitinsko (Митинское Кла́дбище) situé dans le quartier Nord-Ouest de la ville le long de la route périphérique de Moscou. Cett histoire fut racontée par Apraskin lui-même verbalement dans un train reliant Saratov à Moscou au professeur Furmin de l'Université de Voronej.


## L'URSS ET LES OVNIS

En URSS la publication de documents sur les objets volants non identifiés fut strictement interdite avec une censure particulièrement stricte, parfois la presse glissait par inadvertance, ou sur ordre, quelques informations superficielles mais qui n'affectaient pas le secret militaire, il y eut de nombreux cas où l'artillerie antiaérienne et navale au travers de canons antiaériens et des missiles essaya d'abattre des soucoupes volantes.

En 1962 fut publié dans sa version traduite en russe le livre astronome américain D. Menzela Soucoupe Volante, dans lequel toutes les observations d'ovnis ont été considérées comme une illusion d'optique. En 1967, après de nombreuses implications d'équipages de vol de la compagnie Aeroflot au sujet de rencontres d'avions avec des objets volants non identifiés, le ministre de l'aviation civile Loginov est chargé de rédiger un rapport sur chacune de ces observations.

Une nouvelle tentative d'organiser une étude des ovnis sur une base nationale a été faite en mai 1967, lorsque la chambre centrale de l'aviation et de l'astronautique de Frounze à Moscou se réunit au sein d'un groupe d'initiative sur ce sujet, à sa tête fut élu le général de l'armée de l'air P. Stolyarov on lui adjoint le professeur F. Zigel. Durant cette même année, dans les revues Baïkal №4, Change №7 et Satellite №12 ainsi que Technologie Jeunesse №8, des articles de F. Zigel, A. Kazantsev et Valle sont diffusés sans censure, avec des articles dans lesquels le problème ovni est couvert avec une attitude positive. En Octobre 1967, il fut créé Département de toute l'Union Ufologique du Comité de l'Espace DOSAAF, dirigé P. Stolyarov, qui comprenait A. Kazantsev, Yu. Fomin et F. Zigel, ce dernier étant pourtant persona non grata dans la presse publique dirigée par le soviet. Les deux vagues d'ovnis aériennes et navales, issues de la flotte de l'armée rouge qui demeurent pour le moment secrètes, convergent, en premier la partie des observations aériennes qui devient la partie visible de l'iceberg ovni. En 1967, après de nombreuses déclarations de rencontres d'équipages de conduite de la compagnie Aeroflot avec des ovnis, le ministre de l'aviation civile d'URSS E.F. Loginov (Е.Ф. Логинов), instruit des rapports sur chacune de ces rencontres. En mai 1967, à Moscou, lors d'une réunion du groupe d'initiative de la chambre centrale de l'aviation et de l'astronautique du nom de Frounze tente d'organiser l'étude des ovnis sur une base d'initiative volontaire. Élu chef de projet, le major général en retraite de l'Armée de l'Air V.P. Stolyarov (П. Столяров), en est élu vice-président F. Siegel (Ф. Зигель), de l'institut universitaire MAI, Institut d'Aviation de Moscou (МАИ Московского авиационного института).

Le 10 Novembre 1967, Stolyarov et Siegel étaient interrogés dans la télévision nationale soviétique, ils lancent un appel national sur le petit écran, exhortant les citoyens soviétiques à signaler toute observation d'ovnis, à la suite de cet appel télévisé, dans les rédactions des journaux et magazines on reçoit des centaines de messages du public au sujet des observations d'ovnis dans différentes régions de l'URSS.

Dans le même mois, le comité central DOSAAF (ЦК ДОСААФ) adopte une résolution pour dissoudre l'étude ovni, et en Décembre la division de physique générale et de l'astronomie OOFA (ООФА), Académie des Sciences de l'URSS, dirigé par l'académicien L.A. Artsimovich (Л.А. Арцимовичем) prend une décision condamnant l'étude des ovnis en URSS, déclarant cette thématique comme sujet à sensation non scientifique antinational, cette qualification équivaut à antisoviétique ou propagande subversive anti nationale et fortement réprimandée par les tribunaux du soviet soviétique.

Le déclarer affabulateur aurait suffi en soi, mais il le déclare ennemi du peuple, ceci est totalement disproportionné mais suffit à détruire sa réputation et son aura.

La campagne de discrédit a commencé bien avant son intervention télévisuelle, et s'est poursuivie peu après tout comme si le KGB souhaitait le laisser s'exprimer pour ensuite le sortir de la scène publique non sans avoir eu accès aux courriers que les civils lui feraient parvenir et de ce fait aux informations que les citoyens soviétiques avaient peur de divulguer directement à la toute puissante sécurité d'état. Cependant en même temps que les témoignages prennent une ampleur nationale, dans les jours qui suivent, le comité central DOSAAF adopta une résolution pour entériner la séparation de l'étude ovni du reste des sciences, et en Décembre le département général de physique appliquée de l'Académie des Sciences de l'URSS, dirigé par l'académicien Artsimovich, a adopté une résolution condamnant l'étude des ovnis en URSS, déclarant le phénomène sensation hallucinatoire non scientifique.

En Février 1968, le journal Pravda (la vérité), publie un article dévastateur intitulé : « Encore une fois des soucoupes volantes ».

Il est signé par deux membres de l'Académie des Sciences de l'URSS, les professeurs E. Mustelem, A. Martynovym et V. Leshkovtsevym, le problème ovni est appelé un mythe, et de la spéculation, les gens qui s'y rapportent ont une ignorance sérieuse de la science, et les ufologues passent pour des incompétents dans tous les domaines.

En réponse à la publication, un groupe d'enseignants et des chercheurs de l'Académie de l'Air Joukovski, dont trois médecins et cinq candidats doctorants, envoient au rédacteur en chef de la Pravda une lettre collective qui souligne l'importance de l'étude des ovnis pour la défense leur pays la Russie.

Dans le même temps, 13 principaux concepteurs d'avions et ingénieurs se tournent vers le Président du Conseil des Ministres d'URSS A.N. Chtchoukine (А.Н. Щукин) lui proposant de créer en Union Soviétique une organisation spéciale pour l'étude des ovnis.

En Mars 1968, ils reçoivent une réponse signée par le chef de l'académie NTS VPK (НТС ВПК) A.N. Chtchoukine :

« La nature des soi-disant objets volants est vue à travers une série d'organisations compétentes du Présidium de l'Académie des sciences de l'URSS, le département principal du service hydrométéorologique, le ministère de la Défense. L'organisation est actuellement engagée dans l'étude de l'atmosphère et de l'espace, étant chargée d'enregistrer et d'étudier les cas d'objets volants inconnus pour leur identification et l'observation générale de ces phénomènes par l'Académie des sciences de l'URSS, en raison de quoi, créer une organisation spéciale pour l'étude des ovnis n'est pas nécessaire », fin de citation.

Chtchoukine déclare en Mars 1968 qu'une organisation scientifique en URSS est chargée d'étudier les objets volants non identifiés dans le ciel. Cette étude de la nature des objets volants observés en diverses circonstances, est entre les mains de professionnels compétents.

Malgré tout dès 1968 Felix Zigel avec un petit groupe de passionnés réalise des cours à partir la première collection de manuscrits d'observations d'ovnis en URSS, il accumule plusieurs tomes de lettres et d'observations, ainsi que les premières enquêtes faites par des ufologues amateurs qui s'entassent chez lui, en même temps toutes les revues et les éditeurs refusent d'en autoriser une publication d'extraits ou de quelconques contenus. Le professeur Siegel à lui seul, collecte cinq cents cas d'ovnis en URSS, et constitue en 1975-1976 la première campagne de recherche ufologique de cette amplitude dans le monde. Au cours de 1976 Felix Siegel, professeur à l'Institut d'Aviation de Moscou (Московского Авиационного Института) tient des conférences sur les ovnis puis à l'Institut de Recherche Spatiale de l'URSS de l'Académie des Sciences et dans d'autres grandes institutions et organisations soviétiques, où il crée des cours sur associés à cette thématique.

Le service hydrométéorologique est alors engagé dans l'étude de l'atmosphère et de l'espace, chargé d'enregistrer et d'étudier les cas d'objets volants inconnus dans le but d'identification dans le cadre d'une surveillance générale en URSS par l'Académie des Sciences.

La lettre d'A.N. équivalait à une reconnaissance du fait que les organismes gouvernementaux dans le pays en 1968, avaient étudié les ovnis, mais il faudra attendre dix ans pour qu'en 1978, l'Académie des Sciences soit chargée officiellement par le Présidium du Soviet Suprême d'enquêter au nom de l'État Soviétique.

Après un article paru dans Pravda, la publication de documents sur la question ovni dans la presse soviétique a cessé dans tout le pays, et il y eut une période de calme plat, bien que le docteur Zigel avec un petit groupe de passionnés ait continué à travailler sur les ovnis et en 1968, il rédige sa première collection de manuscrits des observations d'ovnis en URSS que les éditeurs soviétiques refusent de publier, ce fut le cas jusqu'à sa mort. Dans les années suivantes, seuls deux articles furent publiés dans la presse, l'un dans la revue Technologie Jeunesse 1972 №9, au sujet objets sous-marins non identifiés et l'autre dans Mer Collection 1975 №6, sur des phénomènes lumineux inconnus dans l'océan.

Dans les années 1975-1976 Zigel réalise un projet ouvert de recherche à l'université MAI avec un tout petit budget consacré à l'étude préliminaire du phénomène ovni sur la base de plus de 500 observations de ces objets en URSS. En Mars 1976, la direction de l'Université MAI, envoie une lettre au ministre de l'aviation civile B.P. Bugaev, le chef du département principal d'hydrométéorologie Yu. Izraelyu et au directeur de l'Institut de recherche spatiale, l'académicien R. Sag-Deyev les dossiers d'observations d'ovnis collectés par l'université MAI sont proposés officiellement aux départements scientifiques d'État.

Dans sa réponse, le ministre adjoint de l'aviation civile I. Razumovsky confirme la nécessité d'une étude approfondie du matériel ovni et propose de tenir une réunion des représentants de l'université avec les spécialistes de l'institut de recherche du ministère de l'aviation civile. En 1976 Zigel est venu avec les rapports d'ovnis dans l'Institut de recherche spatiale de l'Académie des Sciences URSS, et à l'institut de l'énergie atomique Kourtchatov. En 1976 sur un terrain d'expérimentation de missiles, un ovni d'un demi-kilomètre de diamètre reste suspendu en l'air, le général qui dirige la base ordonne le lancement d'un missile qui explose avant de toucher la cible avec un gigantesque éclat, comme celui du soleil au contact de l'ovni.

En Novembre 1976 dans la Komsomolskaïa Pravda, est publié un article signé E. Parnov : Mythe de la Technologie, qui contredit la preuve donnée par Zigel au sujet d'ovnis extraterrestres, la Pravda déclare :

« Le problème ovni est un mythe », fin de citation.

Après l'article paru dans la presse recommencé une nouvelle cabale anti ufologie dans le pays et les travaux sur l'étude des ovnis à l'université AMI est de nouveau abandonnée.

Cependant, cette fois-ci, dans un certain nombre de villes d'URSS, des groupes ufologiques individuels disparates voient le jour, mais ce n'est qu'après le phénomène de Petrozavodsk en 1977 que le voile de dénis des scientifiques soviétiques qui dura dix années fut enfin en partie levé.

D'autres événements liés à l'étude des ovnis en URSS, y compris une réflexion à ce problème de l'attitude dans la presse, sont présentés à peu près dans l'ordre chronologique. En janvier 1978 un nouveau groupe pour étudier les phénomènes atmosphériques anormaux, les soi-disant ovnis, a démarré prudemment, avec à sa tête, le directeur V. Migulin, de l'Académie des Sciences de l'URSS.

D'après un navigateur en chef connu de l'aviation polaire V.I. Akkuratov, qui a rencontré à plusieurs reprises des objets volants non identifiés et souvent parlé avec des aviateurs, ces derniers lui ont dit que :

« Lorsque le chasseur essayait de venir à eux dans leur sillage par l'arrière, les ovnis se déplaçaient à très grande vélocité et venaient se placer derrière la queue de leur avion, en utilisant un énorme avantage de vitesse, ils ont fait demi-tour et se sont placés sur l'arrière de leur persécuteur. Parfois, ils ont répété cette manœuvre à plusieurs reprises. Parfois, les ovnis ont simulé une attaque frontale, ce qui obligea le chasseur à se détourner. Mais plus souvent ces objets, ont augmenté leur à 10.000 km / h, lors de la rencontre avec les avions de chasse et immédiatement ils se sont cachés loin dans la stratosphère », fin de citation.

En raison de ce témoignage l'on comprend mieux pourquoi les autorités ont suivi de très près ces sujets entre 1968 et 1978 sans pour autant leur donner de crédit publiquement

En septembre 1978 lors d'un vol entre l'aérodrome de la base aérienne d'Afrikanda, région de Mourmansk et Kem dans la république de Carélie à une altitude d'environ 9 km de l'équipage de l'escadron Tu-134 de Leningrad, avec le commandant d'équipage V.N. Gorba, observe devant lui sur le parcours de vol, à une altitude d'environ 20 km, un objet suspendu dans les airs avec des contours nets. De cet objet de l'aspect de l'acier, sortaient par l'avant rayons courbes semblables à une pince. Ensuite, les extrémités de ces rayons se sont jointes et a ce stade est clairement apparue une boule lumineuse, qui après de 3-4 minutes a disparu dans le ciel avec ses rayons.

Pour mémoire, à partir de 1953, fut stationné dans la base d'Afrikanda, le 431e régiment d'aviation de combat, qui est devenu le 431 Régiment du KGB garde-frontière en 1960. À partir de 1960, le régiment faisait partie du 21e Corps de défense aérienne et servit pendant toute la guerre froide. Un évènement célèbre y est arrivé, en 1978, un Sukhoi Su-15 a été lancé d'Afrikanda pour intercepter le vol coréen 902 parti de Paris pour rejoindre Seoul, l'avion a inexplicablement réalisé un énorme arc tournant vers la droite, le virage correspondait avec l'emplacement du pôle magnétique Nord, qui aurait vraisemblablement contribué à une erreur de calcul de position par l'équipage, l'avion a volé au Sud-Est de l'archipel de Svalbard et de la mer de Barents entrant dans l'espace aérien soviétique.

Le 20 avril 1978, la défense aérienne soviétique a abattu le vol 902 de Korean Air Lines (KAL 902) près de Mourmansk, après que l'avion civil ait violé l'espace aérien de l'Union Soviétique et n'ait pas répondu au contrôle terrestre soviétique et aux intercepteurs. Etrangement l'avion non seulement était à un endroit en pensant être ailleurs, mais ses communications radio ne fonctionnèrent pas, ne répondant pas aux injonctions de changement de cap par les contrôleurs aériens soviétiques.

Le capitaine Alexandre Bosov, pilote du Sukhoi Su-15 parti à son interception, identifie le drapeau coréen sur le fuselage en queue de l'avion et le signale au contrôle au sol. Le commandant Vladimir Tsarkov, commandant du 21ème Corps de la défense aérienne soviétique, ordonne à Bosov de forcer l'avion à atterrir en faisant usage de la force, alors que l'avion ne répondait pas aux ordres répétés d'atterrir par radio. Le Su-15 ouvre le feu sur le Boeing 707, il tire une paire de missiles R-60, le premier missile a dépassé la cible, mais le second frappe l'avion de ligne civil sur son aile gauche, perçant le fuselage et déchirant l'avion sur environ quatre mètres de sa longueur provoquant une décompression rapide, et bloquant l'une des quatre turbines de l'avion.

Après avoir été touché, l'avion de ligne descend rapidement à une altitude de 9 000 m soit environ 30 000 pieds.

A ce moment-là il disparait de la vue de l'intercepteur dans un nuage et disparait aussi complètement des radars soviétiques de défense aérienne.

Un second intercepteur Su-15 décolle à sa recherche, piloté par Anatoly Kerefov, L'avion de Bosov devant interrompre la poursuite à ce moment-là par parce que son avion manque de carburant.

L'avion réapparait aussi mystérieusement qu'il avait disparu, et fait un atterrissage d'urgence sur le lac congelé de Korpiyarvi.

Deux des 109 passagers et membres d'équipages à bord sont morts. Dans les faits un avion de ligne a disparu des radars en entrant dans un nuage, cas aussi extraordinaire qu'impossible, les pilotes ont été forcés d'avouer qu'ils avaient délibérément refusé de répondre aux injonctions radio alors que toutes leurs communications étaient inopérantes et qu'ils ne savaient pas où ils se trouvaient, comme s'ils avaient été déviés, induits en erreur par leurs instruments de bords curieusement à l'approche des mêmes nuages à l'intérieur desquels l'avion disparut un peu plus tard[40].

---

[40] p://nvo.ng.ru/history/2004-06-11/5_karelia.html

# LES OVNIS MARITIMES ET SUBAQUATIQUES

En Avril 1976 le sujet de l'aspect hydro aquatique ovni a été annoncé par la Société Géographique Russe (SGR) à Leningrad, à la conférence La technologie sous-marine dans l'économie Nationale, dans les déclarations de VG Ajaja, docteur en philosophie et Zigel. Des révélations émanent sur 1976, un ancien employé du renseignement de l'état-major général de la marine soviétique, capitaine de premier rang I.M. Barclay (И.М Барклай капитан 1 ранга, сотрудник Разведуправления Главного штаба ВМФ СССР) déclare :

« Dans notre bureau on a reçu des informations que les Américains prêtaient une grande attention aux objets volants non identifiés, maintenant, nous avons des informations concrètes sur ces questions mais ce n'était pas le cas jusqu'en 1976, certains de nos agents du département naval furent témoins d'un vol ovni qui manœuvra et horizontalement et verticalement. Ce fait a été signalé à la tête du département et a donné l'impulsion pour l'organisation de l'observation de ces phénomènes. Il a été décidé de commencer la systématisation et de l'accumulation d'informations sur les ovnis. Après un certain temps, le flux de ces informations provenant de la flotte est devenu très intense, et il a été décidé de créer un groupe de travail qui traiterait de la systématisation et l'analyse des données reçues. Créé au sein de l'état-major général, le groupe spécial d'analyse de la marine était dirigée par le commandant de la marine, l'amiral N.I. Smirnov (Н.И. Смирнов) :

« Au sein du groupe d'officiers de notre département ont été invités des officiers du comité scientifique et technique, des scientifiques d'instituts de recherche qui sont engagés dans l'analyse de toutes ces informations », fin de citation.

Le travail du groupe fut confidentiel, et l'information remontait vers la hiérarchie sur une base hebdomadaire, devant être transmise dans un rapport au chef adjoint de la Marine, les renseignements généraux et l'agence centrale de renseignement navale en 1976. Par ordre de l'état-major principal de la Commission Océanographique de la Marine de l'Académie des sciences de l'URSS, débute la collecte systématique d'informations sur les ovnis et le paranormal dans les océans.

En novembre 1976, le premier rapport  le point de vue sous-marin du problème ovni émanant de la section de recherche de la sous-commission océanographique de l'Académie des Sciences de l'URSS est produit par son vice-président le docteur V. G. Ajaja, lui-même vétéran des sous-mariniers soviétiques :

« En Novembre 1976, la section de l'exploration sous-marine a décidé à l'unanimité d'ouvrir le thème, aspect hydrosphère du problème des ovnis, on m'a demandé d'être son chef, depuis le début cette recherche a été attribuée à l'Académie des sciences de l'URSS sur ce complexe et important sujet, ensuite commença une collecte systématique d'informations sur les ovnis et le paranormal dans les océans du monde », fin de citation.

En Novembre 1976 dans la revue Komsomolskaïa Pravda apparaît un article intitulé Mythe de la Technologie, où le problème des ovnis est déclaré affabulatoire. Nous sommes peu avant le phénomène Petrozavodsk et la création du Setka AN chargé d'enquêter sur l'intégralité de l'ufologie en URSS, et pourtant un nom déjà sort de l'ombre : en Décembre 1976 sous la suggestion du renseignement de l'état-major général de la Commission Océanographique de la Marine de l'Académie des sciences URSS une section recherche et développement est ouverte sous l'aspect hydro sphérique du problème ovni.

On retrouve le 15 juillet 1977, les instructions de l'Académie des Sciences de l'URSS concernant les phénomènes physiques anormaux qu'ils vont méthodiquement chasser comporte également une brève description des phénomènes anormaux et des objets indiquant que :

« Leur émergence et leur développement se caractérisent par des changements dans leur forme géométrique, le mouvement le long des trajectoires différentes, la maniabilité, des effets de lumière, la présence de champs électromagnétiques, et peut être d'autres types de rayonnements, affectant l'environnement, les organismes vivants, des appareils électriques, radio et autres », fin de citation.

Le renseignement de la Marine passe alors à la première étape dans la recherche de l'aspect hydro sphérique du problème ovni, soulignant les lignes directrices pour l'organisation de l'observation marine des phénomènes physiques anormaux et leur impact sur l'environnement, et les organismes vivants ainsi que sur la technologie humaine.

En 1977, lors d'une réunion de la commission politique spéciale des Nations Unies à la 32e session de l'assemblée générale des Nations Unies sur l'initiative d'un pays des Caraïbes, la Grenade, il a été demandé de répondre à la question de la mise en place par l'organisation internationale de l'étude des ovnis.

Prenant la parole lors de la session, le Premier ministre de la Grenade Eric Geir dit :

« Ils (les ovnis) volent hors de proximité de nos navires, tournent en cercle autour d'eux, interférèrent avec la sécurité de la navigation. J'ai vu une soucoupe volante et ai été étonné par ce que je voyais », fin de citation.

Après avoir étudié le problème, le comité politique spécial de l'ONU a recommandé que l'Assemblée générale devrait inviter tous les pays à se joindre aux efforts pour faire face aux soucoupes volantes. Mais cela ne se produit pas. Les Etats Unis ont bloqué l'initiative. Un télégramme du département d'état américain a survécu, il exige que le représentant permanent américain à l'ONU Andrew Young fasse obstacle à l'adoption de la résolution proposée par Geir.

Dans le même temps le secrétaire de la délégation des États Unis à l'ONU Feydzhel a remis au premier ministre de la Grenade un message confidentiel du président Jimmy Carter, dans lequel il a vivement conseillé d'abandonner l'étude des ovnis sous l'égide des instances internationales. En raison de la forte opposition des Etats-Unis, la Grenade a été contrainte de retirer son projet de résolution des Nations Unies sur la question en 1977 a sa demande fut limitée à seulement appel à tous les Etats pour discuter avec le Secrétaire général sous le pont de vue des Nations Unies sur le problème ovni[41].

Le 13 mars 1979 un mouvement révolutionnaire procubain d'inspiration marxiste-léniniste, dont le principal dirigeant est Maurice Bishop, renverse par un coup d'État le gouvernement du Premier ministre Eric Gairy. Cinq ans plus tard l'invasion de la Grenade par l'armée des Etats Unis d'Amérique se déroule du 28 octobre 1983 au 2 novembre 1983, également connue sous le nom de code Opération Urgent Fury.

---

[41] http://www.openminds.tv/british-derail-un-ufo-642/8842

À partir de 1983, Maurice doit partager la direction du parti avec Bernard Coard mais le 13 octobre Bishop est placé en résidence surveillée, libéré par une foule de partisans sur laquelle tire la police et les militaires, quelques heures plus tard et après de nombreux morts Bishop et ses fidèles sont arrêtés et immédiatement fusillés.

Un Conseil militaire révolutionnaire, dirigé par le général Hudson Austin, allié de Bernard Coard, prend le pouvoir dans la soirée. L'exécution de Maurice Bishop est le déclencheur de l'intervention américaine du 25 octobre 1983, qui renverse le Conseil militaire révolutionnaire. Une force militaire réunissant des soldats des États-Unis et de plusieurs nations des Caraïbes, la Barbade, la Jamaïque et les membres de l'Organisation des États de la Caraïbe orientale (OECO) envoyèrent une flotte et firent débarquer des troupes sur l'île, écrasèrent les troupes grenadiennes et cubaines et renversèrent le gouvernement militaire d'Hudson Austin. Cette opération mit fin au gouvernement révolutionnaire du peuple, régime d'orientation communiste en place à la Grenade depuis 1979. L'opération, menée en dehors de tout mandat du Conseil de sécurité de l'ONU, causa la mort d'une centaine de personnes et fut condamnée par un vote de l'Assemblée Générale des Nations Unies.

L'opération militaro-politique nord-américaine servit aussi à faire le ménage dans les Caraïbes et tous les dossiers d'observation d'ovnis furent saisis par le renseignement militaire de la Navy. Cela concernait des documents sur Cuba, Anguilla, Antigua & Barbuda, les Iles Vierges Britanniques, Dominique, Grenade, Montserrat, Sainte-Lucie, Saint-Kitts-Et-Nevis, Saint-Vincent-et-les-Grenadines, et bien sur les Açores.

S'agissait-il d'engins appartenant à l'US Air Force et à la Navy espionnant les îles Caraïbes pour surveiller l'acheminement d'armement en provenance de l'URSS à destination de la dissidence révolutionnaire, ou d'artéfacts de provenance inconnue ?

# DISPARITION D'AVION
# EN PLEIN JOUR

Le 7 septembre 1976, l'Armée de l'Air Soviétique à 10 heures et 45 minutes de l'aérodrome militaire Tskhakaia, dans le Sud de la Géorgie, décollé un MiG-25P avec le numéro de coque 13, son pilote est le lieutenant Artyom Sokolov. Après 30 minutes, un vol d'entraînement, MiG-25P avec le numéro de coque 13, a soudainement disparu du radar des écrans du régiment de troupes de la défense aérienne, la communication avec l'avion a été perdue. Le commandant de la défense aérienne le Maréchal Yevgeny Savitsky, qui était à Primorye pour un test d'inspection, a réagi à ce qui est arrivé avec calme :

« Il y avait seulement 400 avions top secrets de MIG 25, La recherche du MiG-25P dura 5 jours sans succès, le numéro 13 s'est volatilisé » fin de citation.

Un article plus complet datant de 2013 par Kozlov Nikolaï (Козлов Николаи)[42].

Le MIG-25 par la désignation code OTAN Foxbat, le renard volant était très recherché par les Etats-Unis et ses organismes de renseignement depuis le jour qu'ils ont appris son existence. Parmi les documents qui ont été déclassifiés, il a été rapporté que plus de 10 mille vols d'espionnage le long des frontières de l'URSS et de la Chine ont été réalisés pendant cette période, l'objectif était d'identifier le maximum d'objectifs militaires[43]. Mais non seulement les frontières ont été survolées par des avions de reconnaissance à grande hauteur, mais ils ont traversé le territoire de l'URSS. Nous savons aussi qu'un seul avion espion s'est écrasé mais en fait, le sort de Lockheed V-2 a été dramatique car trente avions de reconnaissance en haute altitude avec 252 pilotes américains ont été abattus au-dessus du territoire soviétique, au cours de ces missions de survol secrètes. La diminution des vols expérimentaux avec la présence des MIG 21 signifiait pour la CIA, que des essais en très haute altitude avec un autre avion se cachaient sous le symbole E-155, ainsi devaient démarrer d'urgence, le 7 février 1961 le pilote d'essai A.V. Fedorov, il établit un record du monde de vitesse 2.401 km/h.

---

[42] https://proza.ru/2013/12/26/1691

[43] http://www.sovsekretno.ru/articles/id/5583/

Un an plus tard, il bat son record avec 3000 km / h. Le pilote P.M. Ostapenko soulève le E-155 à une hauteur de 22 670 mètres. Cet avion champion est devenu la base du futur MiG-25P. Par ailleurs, si vous rencontrez dans l'index la littérature de l'aviation soviétique le code E-266, il s'agit du même prototype, il est une seule et même machine. Selon l'information divulguée en 1976, le MIG 25 fut suivi sur les radars sur une hauteur de 36 240 mètres. A une autre date, le 10 octobre 1976 à 12 heures et 15 minutes, par les forces de défense radar de combat du régiment de l'aérodrome militaire Tskhakaia, dans le sud de la Géorgie. Sur détection de présence d'un aéronef inconnu dans le ciel ne répondant pas aux appels radio, avec cible parfaitement visible sur l'écho de la salle de contrôle, un MIG 25 P avec le numéro de coque 13 décolle pour interception, son code est I-a.

Les réservoirs de l'avion sont pleins de 270 litres de carburant, il comporte un canon secret unique à neutrons crée au bout de trente ans de R et D par l'Institut panrusse de l'automatisation nommé Dukhov, et cet avion prototype va bientôt disparaitre pour toujours. Cette histoire est assez surprenante, le pilote Lieutenant Artyom Sokolov (Артем Соколов пилот миг), a été transporté à Moscou à la direction générale du renseignement du KGB, où il a écrit un rapport et a été interrogé avec la participation personnelle du président du KGB Andropov, le ministre de la défense de l'URSS, le maréchal de l'URSS D.F. Ustinov et le sous-ministre de la défense de l'URSS. Les documents du KGB attestent que selon son témoignage, après trente minutes d'un vol d'entraînement, le pilote a vu comme une sphère en forme de ballon de football, une boule de lumière qui est entrée dans le poste de pilotage, puis le pilote a senti une marée euphorique l'envahir.

L'aéronef qui semblait flotter dans les airs pouvait facilement atteindre des vitesses de plus de 50 000 km / heure, à une hauteur de 70 000 mètres. Le MIG 25P fut comme pris sous l'aspiration de l'ovni et partit à très grande vitesse sans que le pilote ne perçoive physiquement les effets de la pression sur son corps.

Par décret du Présidium du Soviet Suprême de l'URSS portant la mention secrète absolu en date du 21 Novembre 1976 sur les instructions personnelles du secrétaire général du PCUS, L. Brejnev, pour la performance exemplaire de tâches de combat de commandement et pour le courage et l'héroïsme d'Artem Nikolaevich Sokolov, il lui a été décerné le même jour, le titre de Héros de l'Union Soviétique, l'Ordre de Lénine ainsi que le grade de Colonel de l'Armée de l'Air soviétique.

Selon la source Nikolay Kozlov (Николай Козлов) en 2012, à la suite de cette rencontre avec un ovni le pilote et l'avion auraient été capables de réaliser un vol extraordinaire.

Pour le moment, je n'ai pas été en mesure d'en apprendre sérieusement plus sur Sokolov (лейтенант Артем Соколов), aussi j'émets une sérieuse réserve sur cette affaire.

Un avion de chasse a disparu en rentrant dans les nuages, il disparait totalement à la poursuite d'un ovni, tandis que dans une autre version plus scénarisée et romancée il réapparait dans une aventure digne de la science-fiction, devenant une légende urbaine dans les médias de l'internet russe.

FIN DES ANNEES 70

A la fin l'étude Setka AH initiée 1978 à l'Académie des Sciences, un certain nombre d'instituts de recherche de l'Académie des Sciences de l'URSS ont reçu des missions d'étude de certains aspects des problèmes paranormaux. Dans la revue Science et Vie de 1978 №8, est publié un article de Dzh. Oberga : ovni, tentative d'approche scientifique, qui démontre l'intérêt de trouver des réponses scientifiques concrètes.

Dans la même année, V.G. Ajaja commence activement à donner des conférences sur la nécessité d'étudier les ovnis au travers du point de vue scientifique et technique. En 1979 la Division de Physique Générale et de l'Astronomie de l'URSS envoyé  à toutes les organisations et agences chargées de la conduite d'observations et opérations sur le terrain, des directives sur la surveillance dans l'atmosphère et l'espace et la possibilité d'une exposition à l'environnement, les organismes vivants et techniques cela signifie que toutes ces organisations ont été obligées d'organiser la collecte de données sur les observations et les choses anormales qui pourraient affecter l'environnement et les organismes vivants.

Le journal La Semaine de 1979 №3, publia un article émanant d'un membre correspondant l'Académie des Sciences de l'URSS, E. Migulin et du candidat des sciences physiques et mathématiques Yu. Platov :

« Qu'y a-t-il dans le ciel ? ».

L'article déclare qu'en URSS, l'Académie des Sciences a mené sur plusieurs années des recherches sur divers faits anormaux dans l'atmosphère, et en raison de la complexité du problème c'est un travail complexe impliquant des experts dans divers domaines. Interrogé de nos jours sur la lutte contre des objets volants non identifiés, le chef des forces de défense aérienne, le général d'armée I. Tretyak a déclaré :

« Si nous prenons au sérieux l'hypothèse de l'existence d'ovnis en tant que produit d'esprit très organisé, est beaucoup plus avancé que notre civilisation, que chaque lutte avec ces objets et leurs équipages pour déterminer leurs intentions seront inefficaces.

Par ailleurs, peut conduire à une réaction imprévisible. Par conséquent, il serait prématuré d'utiliser les fonds existants ou mettre en place des unités spéciales pour lutter contre les ovnis, avant que la science n'acte le fait de leur origine extra-terrestre intelligente, et ne puisse choisir les mesures imposées par ces menaces », fin de citation.

L'organisation de la recherche en Russie par l'Académie des Sciences de l'URSS porte sur des études de cas d'ovnis au moins depuis 1979 jusqu'en 1990, avec un apriori plutôt négatif sur le sujet est à souligner.

Ses membres n'en vinrent à voir des choses concrètes et positives que fin des années 90 début des années 2000, lorsque l'engouement de l'occident pour ces sujets leur offrait célébrité et notoriété internationale. A cette époque, Vladimir Migouline (Владимир Васильевич Мигулин), nommé directeur de cette académie dès la parution du décret du Présidium de l'URSS № 0172, du 1er Août, 1978, il exprime son opinion sur les observations de phénomènes lumineux et d'objets insolites faites en Union Soviétique :

« Ces observations correspondent dans leur immense majorité à des phénomènes réels à peu près semblables à ceux que l'on observe dans d'autres pays. Mais il n'y a pas de preuve indiscutable que certaines d'entre elles concernent des manifestations technologiques d'une civilisation très développée. Aussi faut-il tenter de les relier à des phénomènes atmosphériques », fin de citation[44].

De 1986 à 2001, Vladimir Vasilevitch Migouline a été président du Conseil scientifique de l'Académie des sciences de l'URSS.

Miguilin et Ajaja, les deux scientifiques qui tentèrent durant des années de démentirent toutes les versions d'observations d'ovnis, sont ceux-là même qui vingt ans plus tard déclarent dans des livres et des conférences publiques que les extra-terrestres et les ovnis existent.

L'ingénieur Migilin décède le 20 septembre 2002, un article complet sur ses états de service est sur ce site Mémorial du Kosmos (Космический Мемориал), rédigé par Eugene Rumyantsev (Евгений Румянцев). Son adjoint Youri Victorovitch Platov (Юлий Викторович Платов) publie un ouvrage en 1992, Les ovnis et la science moderne.

A cette époque, Migilin et Platov sont responsables du groupe d'expertise des phénomènes anormaux SETKA AN, dépendant de l'Académie des Sciences, ont proposé au SEPRA en France, l'organisme officiel situé à Toulouse qui dépendait du centre national d'études spatiales (CNES), une coopération scientifique et technique, mais la direction du CNES n'y a pas donné de suite.

---

[44] http://sm.evg-rumjantsev.ru/astro3/migulin-vladimir-vasiljevich.html

Le SEPRA est créé en 1988, succédant au Groupe d'étude des phénomènes aérospatiaux non-identifiés le GEPAN, sous la direction de Jean-Jacques Velasco qui sera le seul responsable SEPRA durant 17 ans, un audit lancé par le CNES avec près de 33 personnalités scientifiques, politiques et militaires permet au SEPRA de subsister encore de 2001 à 2002, puis il est dissous en 2004, selon la version reproduite par plusieurs sources sur le net en raison de la remise en question par le directeur du SEPRA des affaires anciennes d'identification des ovnis sous le fonctionnement du Groupe d'étude des phénomènes aérospatiaux non identifiés (GEPAN)[45].

L'Académie des sciences russe n'écarte pas l'hypothèse extraterrestre bien que sur l'aspect pratique du travail tout comme le SEPRA en France, ils finissent malheureusement par être seul juge et parti, les ufologues amateurs se demandent sur le net à quoi sert de créer des centres et payer des scientifiques si leur seul travail consiste à prouver que les ovnis n'existent pas, et ce même quand ils n'arrivent pas à prouver le contraire. Décidons alors que les ovnis n'existent pas et économisons l'argent des impôts de la population afin que les scientifiques se consacrent enfin à des taches utiles à la communauté. Tant et si bien, que c'est curieusement le KGB et non le SETKA qui définit certains cas comme imputables indiscutablement à des ovnis, il en fait part au public en 1991 déclassifiant 124 pages de documents de cas d'observation d'événements anormaux sur le territoire de l'URSS, entre 1982-1990, couvrant un total de 17 régions, impliquant les civils et les forces armées conjointement. En 1993-1994, le colonel Boris Sokolov a vendu des documents qui aboutiront dans les mains de la chaine ABC News, il s'agit d'une collection d'enquêtes effectuées par les militaires de 1978 à 1988 au sein de l'organisation Setka, certaines sources prétendent que les documents parmi les plus spectaculaires, seraient au nombre de 400 dossiers vendus pour le prix de 500 deuches marks à un journal allemand en 1991. Migilin et Ajaja et leur staff scientifique ont durant des années perçu des millions de roubles d'argent public dont ils se sont servi pour enquêter et prouver la non existence des ovnis, puis une fois l'Union Soviétique dissoute, ils ont vendu les documents appartenant à l'Académie des Sciences, s'en sont servi à des fins mercantiles, les ont insérés dans leurs ouvrages, attestant que les documents apportaient la preuve de faits tangibles de l'existence d'évènements anormaux imputables aux ovnis. Nous ne devons pas oublier les réputations d'ufologues convaincus qu'ils ont détruites publiquement, pour vingt ans plus tard devenir eux-mêmes des partisans ufologistes célèbres.

---

[45] http://enioway.ru/sut/151-proyekt-setka-chast-1.html

# L'ARMEE DE L'AIR DE L'URSS
# ET LES OVNIS

Des avions militaires à réaction tentèrent des collisions avec un disque en forme, sphérique et un objet en forme de cigare, beaucoup de chasseurs-intercepteurs s'écrasèrent au sol suite à ces tentatives. Les militaires furent longtemps réduits au silence.

Heureusement dans toutes ces tentatives et la plupart des cas ont fini sans faire de victimes et les ovnis ont disparu paisiblement ?

Les hauts commandants de l'Etat Major de l'aviation soviétique savaient que cela existait, mais ne pouvaient rien dire en public, toutefois à plusieurs reprises des officiers de l'armée de l'air tentèrent d'influer sur les médias et le gouvernement pour leur faire conserver un éprit d'ouverture vis-à-vis de ces phénomènes inexpliqués auxquels les pilotes avaient été soumis au cours de leur service actif.

Ainsi, par exemple, il est arrivé sur l'un des polygones secrets, où les tests ont été effectués sur les derniers modèles de missiles anti-aériens, une sphère d'un demi-kilomètre apparaisse à haute altitude. On parle ici d'une sphère de cinq cents mètres de diamètre. Le général commandant la base décide de tester une expérience et donne des instructions appropriées pour le lancement d'un missile sol air, celui-ci explose au contact de l'objet, qui a ensuite disparu immédiatement et tranquillement comme si l'impact ne lui avait rien fait. De tels tirs furent aussi effectués sur des soucoupes qui apparaissaient souvent au-dessus du lac Ladoga au large de la ville de Saint Petersburg, les missiles ont été distancés par les ovnis à très grande vitesse.

Le lac Ladoga est le lac le plus étendu d'Europe, le deuxième de Russie et le 15e dans le monde par sa superficie de 17 700 kilomètres carrés, il est près de la capitale de Pierre le Grand, la ville et la région est très peuplée, les observations d'ovnis sont nombreuses.

Les incidents tragiques se produisent à l'identique de celui de 1948 durant plus de quarante ans.

En été 1981 sur un terrain d'un régiment d'aviation dans le district militaire du Turkestan, à une altitude de 7000 mètres un cigare planant et mesurant 100 ou 200 mètres fut attaqué par un MIG.

Selon N. Posysaev, l'été 1981 au district militaire du Turkestan, un rapport de combat du commandant de la défense aérienne signale que sur le plateau de l'aérodrome à une hauteur de plus de 7 km une forme de cigare inconnu, avec des dimensions d'environ 100-200 m, a échappé aux avions de chasse.

Le MIG qui a obtenu l'ordre d'abattre l'engin a tiré deux missiles et presque au même moment, les marques d'avions et de missiles ont disparu de l'écran de suivi du contrôle radar. Un autre pilote d'interception qui a assisté visuellement à la disparition de l'ovni et du Mig partis à grande vitesse vers le haut du ciel, le pilote survivant revient à la base et atterri en toute sécurité, plus aucune trace de la chute ou l'épave de l'avion et des missiles n'ont été trouvés.

Le commandant du régiment dans son rapport justifie la décision de tir dans le contexte d'une situation difficile dans les zones de déploiement où se situe le régiment très retiré vers les frontières de l'Iran à seulement 100 km, littéralement une minute de vol, et l'Iran est alors en guerre avec l'Irak soutenu par les américains. Non loin de là, en Afghanistan, la 40° armée du district militaire du Turkestan a mené des combats intenses, la zone était en guerre. Néanmoins, le commandant du régiment, qui a donné l'ordre d'ouvrir le feu, l'a fait de sa propre initiative car sa demande d'autorisation auprès de l'Etat Major a été rejetée par ordre du commandant des forces de défense aériennes, qui a confirmé à nouveau l'interdiction de toute action militaire contre les objets volants non identifiés.

L'officier passa outre, et perdit un avion de chasse et son pilote à bord. Le commandant du régiment a ordonné :

« Feu ! »

Le pilote a tiré deux missiles sur la cible et presque au même moment la détection radar du chasseur et des deux missiles tirés ont disparu de l'écran du moniteur et les militaires au sol ont vu le MIG intercepteur disparaître avec leurs propres yeux, comme aspiré dans l'ovni, qui a immédiatement accéléré à une vitesse estimée de 5000 km / h soit presque trois fois la vitesse du MIG intercepteur. La recherche minutieuse d'un lieu d'accident et des missiles, ou tout au moins leurs fragments sur la surface de la terre n'a donné aucun résultat, le capitaine pilotant le MIG n'a jamais été retrouvé. Les missiles et l'avion ne sont jamais retombés au sol, ils ne sont jamais ressortis du cigare volant qui les a aspirés. Voilà ce que le rapport qui partit au haut commandement contenait.

# LES OVNIS
# EN FORME DE SPHERE
# DEPUIS LES ANNEES 90

En 1994, en Octobre à Jdanovka (Ждановка), un petit village à 90 km au Sud-Est de Saratov, auraient été vues deux boules reliées par des fils entrelacés incandescentes. De cet ensemble d'objets volants, est tombée une boule incandescente de 2 mètres provoquant un incendie qui ravagea des centaines de tonnes de paille. Assimilé à un objet volant non identifié, cet ovni a été observé non seulement les habitants des villages de la steppe, mais aussi par beaucoup de citoyens de Saratov, dans un rayon allant à cent kilomètres autour du lieu de l'observation. Le service de police régional a reçu un rapport :

« A une hauteur d'un kilomètres et demi, un avion en flammes mais aucun des deux radars ni de l'aéroport ni de l'aérodrome militaire Engels n'a pas enregistré de détection »[46], fin de citation.

Ne pas confondre le nom du village avec la célèbre rivière Jdanovka (Ждановка Река) de saint Petersburg, le village en question Jdanovka (Ждановка) sous les coordonnées 51.062718, 47.151247.

Le village est à moins de cent kilomètres au Nord de la base d'expérimentation d'engins volants de Volsk. Si on observe les cartes émises par les ufologues russes contemporains de l'association ufologique Kosmopoisk concernant des observations récentes multiples, c'est un peu le triangle des ovnis entre Volsk au-dessus de Saratov à l'Est, Voronej à l'Ouest et la pointe du triangle Volgograd au Sud, une zone de 103 000 km/2, qui concentre à elle seule d'innombrables observations d'objets volants non identifiés avec parfois des traces au sol en plus. L'association d'ufologues Kosmopoïsk (Космопо́иск) dispose de plus de 2 500 membres actifs avec plus de 100 groupes différents dans 25 pays, elle a organisé plus de 250 expéditions vers des sites susceptibles d'avoir abrité des activités extraterrestres. Une carte en temps réel des observations d'ovnis a été mise sur le web par l'ufologue enthousiaste et déterminé, Vadim Alexandrovich Tchernobrov (Вадим Александрович Чернобров).

Il est le fondateur et directeur de Kosmopoisk, né en 1965 à Volgograd cet ufologue, chasseur de mystères et de météorites mort le 18 mai 1917 à

---

46 Voir : ovni feu dans la paille article de la Rossiyskaya Gazeta, 13 octobre1994, №197 (1054).

Moscou, ce décès mystérieux s'ajoute au décès de l'ufologue Britannique bien connu Max Spiers âgé de 39 ans (22 décembre 1976 -16 juillet 2016) à Varsovie en Pologne.

Un autre ufologue et blogueur témoigne sur  SF Gate :

« Les personnes en bonne santé ne tombent pas malades et ne meurent pas comme ça, sauf s'ils sont empoisonnés », fin de citation.

Selon le Telegraph, Spiers avait été invité en Pologne pour parler de ses théories à une conférence, il fut retrouvé sans vie assis sur le canapé.

Les deux ufologues étaient des grands théoriciens de la conspiration des Etats, qui occulte la vérité ufologique[47].

Vadim Alexandrovich Tchernobrov a réalisé des conférences au sujet de test de machines temporelles testées en 2001, réalisé des conférences depuis 1995 à 2017, il est un des premiers à parler des chinois impliqués eux aussi dans les recherches d'ovnis et bien sûr de son sujet fétiche, son rapport sur la machine temporelle, sur la conception et les résultats expérimentaux d'une sphère avec un système d'électro aimants complexe.

D'un diamètre d'environ un mètre à deux mètres qu'il affirmait avoir vue de ses propres yeux, la machine est un système complexe de nombreux électro-aimants et son diamètre est d'environ un à deux mètres. Ce type de d'appareil test pourrait être en liaison avec les sphères ou boules ovnis observées en Russie. Selon lui des expériences sur la décélération et l'accélération d'un temps physique dans un petit volume fermé sont réalisées depuis 1988, c'est le programme des champs de torsion, l'expérience déroulée en 2001 à Volgograd aurait duré cinq puis dix, puis vingt et enfin dans son maximum, trente minutes. L'ufologue est décédé mystérieusement à l'âge de 52 ans, emportant avec lui une part de ses mystères en ce mois de mai 2017.

Le domaine des champs de torsion est une théorie scientifique dérivée des théories d'Albert Einstein, mise en avant pour la première fois par un scientifique ayant travaillé à ses côtés le docteur Eli Cartan[48].

---

[47] http://chernobrov.narod.ru/
https://en.wikipedia.org/wiki/Death_of_Max_Spiers

[48] http://www.rexresearch.com/chernobrov/chernobrov.htm
https://ru.wikipedia.org/wiki/ Космопоиск

# LES DEBRIS D'OVNIS

En Mars 1999, dans la ville Nartay en Kabardino-Balkarie, à une altitude de 500 mètres au-dessus du sol planait rougeoyante une sphère d'un diamètre d'environ trois mètres. Un hélicoptère de reconnaissance a rapidement décollé. Le navigateur de vol dira plus tard :

« Nous sommes sortis assez rapidement à la poursuite de notre objectif, une boule en argent de trois mètres de diamètre. Au début, elle était à une hauteur de cinq cents mètres, mais quand elle nous a vus, elle est passée à une altitude de huit cents mètres, et a rapidement commencé à partir. Nous avons décidé de la poursuivre. Puis quelques instants plus tard, l'objet se tourna brusquement et rapidement vint droit sur nous, sa taille grandissait au four et à mesure de son approche. Le commandant de l'hélicoptère a commencé à se détourner par un virage à angle de 90 degrés, nous sommes allés atterrir immédiatement », fin de citation.

Remarquant cela, l'ovni s'est arrêté puis est revenu à sa position initiale, durant la manœuvre les verres de l'habitacle de l'hélicoptère avaient été transpercés comme par des billes qui semblaient avoir fait fondre à plusieurs endroits de multiples orifices, l'observation dura environ 23 minutes.

Que dire sur cette base aérienne de Vladimirosvska au sud de Kapustin Yar et Nord d'Akhtoubinsk, où Sergey Andreevich Apraksin ouvrit le feu sur un cigare métallique argenté volant à plus de 10 000 mètres d'altitude ?

Akhtoubinsk (Ахтубинск) est une ville de l'oblast d'Astrakhan, en Russie, et le centre administratif régional Akhtoubinski. Sa population s'élevait à 39 386 habitants en 2013 dont la base aérienne militaire attenante, Vladimirovka Base Aérienne (владимировка авиа база) fait vivre toute la region.

Elle est devenue célèbre lorsque le général de l'armée de l'air Vasily Yeremenko (Василий Еременко), aujourd'hui général en retraite du FSB, qui travailla au sein de l'appareil central du KGB a déclaré à la journaliste Marina Krugliakova (Марина Круглякова) que le KGB développait des activités secrètes dans la base en relation avec les ovnis.

Certains ufologues modernes se penchent sur l'avion à réaction allemand Horten H.IX, un chasseur à réaction prototype d'aile volante bi moteurs à réaction destiné aussi à ouvrir la voie de projets de bombardiers initialement conçus par Reimar et Walter Horten et dont trois exemplaires furent construits par Gothaer Waggonfabrik en 1945, son premier vol eut lieu le 1 mars 1944. Il était destiné à répondre aux exigences du Feld Maréchal commandant l'aviation allemande, voler à 1 000 km/h en transportant une charge explosive de 1 000 kg sur une distance de 1 0000 km.

Cette aile volante pouvait voler à plus de 15 000 mètres c'est-à-dire en 1945 à une hauteur impossible à atteindre par n'importe quel avion de chasse dans le monde de l'époque.

Ors cet aéronef était fabriqué à Thuringen qui tomba entre les mains de l'Armée Rouge et demeura en RDA jusqu'à la fin de celle-ci en 1990. L'armée rouge possédait donc bien cette technologie aussi, les plus hasardeux des ufologues formulent l'hypothèse de la poursuite des travaux à Vladimirovka, ainsi que la continuité des travaux de la soucoupe volante allemande V7 à cet endroit bien précis.

La ville d'Akhtoubinsk est le résultat de la fusion, le 18 décembre 1959, du village de Vladimirovka du village d'Akhtouba, l'origine de ces villages remonte au XVIIIe siècle. Suite à un incident impute aux ovnis le 18 août 1959 à Sarybulak au Kazakhstan un fragment de disque fut envoyé à Kapustin Yar, ce qui confirme qu'à cette période un centre technique existait déjà là-bas et qu'il était capable d'analyser des équipements métalliques et techniques complexes dans le domaine aéronautique.

Le 26 septembre 1959 un ovni en forme de disque de métal argenté est trouvé écrasé dans la zone Sarybulak, à l'Est de la région d'Aktobe Kazakhstan. Moscou envoie un Iliouchine 4IL-14 avec un groupe spécial militaire qui trouve un disque ayant « explosé puis brûlé, d'un diamètre original de douze mètres, il y est découvert des débris de celui-ci un gros fragment de six mètres avec des bords irréguliers.

# LES LIENS AVEC KAPUSTIN YAR

La base de Kapustin Yar réalise durant de nombreuses années des tests de missiles balistiques dont le célèbre Topo, la série des missiles R 36 surnommés Satan, les essais partaient du polygone de Kapustin Yar, (полигона Капустин Яр) depuis l'oblast d'Astrakhan, le missile lancé à la verticale atteignait la stratosphère exerçait un vol elliptique pour redescendre sur Sari Shagan et son polygone d'essais au Kazakhstan 2 000 kilomètres plus loin au polygone (полигоне Сары-Шаган) construit en 1950, d'une superficie vertigineuse de 81 200 km², dont 49 200 km² dans la région de Karaganda (Қарағанды)[49].

Le lien entre Kapustin Yar, Aktobe et Sari Shagan est étroitement imbriqué dans ces essais de missiles et de fusées à destination principalement de transport de charges atomiques. Deux affaires intéressantes sont présentées par les ufologues comme des contacts d'ovnis indépendantes des activités techniques militaires du polygone de Shagan, la première affaire d'ovnis (нло Сары-Шаган), remonte à l'automne 1978, les militaires auraient abattu un ovni près de Sary-Chagan, dans le désert Betpak Dala (Бетпак-Дала)[50].

La seconde date du 18 août 1991 quand un cigare volant s'écrase en deux morceaux dans la montagne à très haute altitude, ils sont récupérés par les militaires. Dans le cas du 26 septembre 1959 il est fait état de corps carbonisés retrouvés des humanoïdes qui auraient pu mesurer 80cm, le site a révélé une radioactivité importante et à certains endroits on mesurait jusqu'à 30 sieverts. L'autopsie fut faite dans un institut de recherche biologique, l'Institut des problèmes biomédicaux IMBP (Медико-Биологических проблем ИМБП) à Moscou. Les débris furent transportés de nuit au Polygone N° 8 GNIKI VVS de l'ancienne aire A4 (полигона №8 ГНИКИ ВВС) de Vladimirovka, (Владимировка), en passant par la gare maintenant intégrée à Akhtubinsk (Ахтубинск), subordonnée au contrôle de l'unité в/ч 15650, à environ 17 à 20 km au Nord d'Akhtubinsk plutôt dans la zone d'opérations de Kapustin Yar.

---

[49] https://ru.wikipedia.org/wiki/ Сары-Шаган_(полигон).

[50] http://www.centrasia.ru/newsA.php?st=1115198820

Le gros fragment fut découpé, morcelé en petits débris afin de les envoyer pour être étudiés dans divers instituts de recherche à Moscou, Novossibirsk, Leningrad, Kiev et d'autres villes, des fragments d'alliage furent vendus en 1972 en Syrie et en Egypte. Le disque fut découpé par cinq travailleurs qui moururent d'irradiations.

Sur le site de KapYar-Akhtuba vinrent en visite en Septembre 1960, Khrouchtchev, Brejnev et d'autres fonctionnaires, une autre inspection de hauts dignitaires de l'État. Ce fut à nouveau le cas entre 1971 et 1984 sous Andropov, l'importance de cette zone 51 russe est indéniable. J'ai volontairement conservé les passages traduits des sources russes qui parlent de corps humanoïdes, en lisant les différentes affaires qui en parlent il y en aurait douze ou treize récupérés au sol, certains vivants qui décèderont par la suite, d'autres carbonisés. Je n'ai pas pu vérifier que ces humanoïdes figuraient sur les rapports militaires initiaux et ne sais pas s'ils ont été rajoutés intentionnellement par la suite par des amateurs d'ufologie, ou bien par le KGB lui-même afin de discréditer les rapports et les discréditer aux yeux de l'opinion, une fois devenues légendes urbaines plus personne n'y croira. C'est pourquoi j'ai sélectionné les affaires dans lesquelles fut impliquée l'armée, on peut remettre en cause l'origine de l'objet trouvé, mais on ne peut pas douter d'un rapport de combat aérien, ou d'un incident au sol impliquant des officiers supérieurs commandant des troupes d'élite.

S'il y a eu débris au sol, c'est qu'il y eut chute d'un objet, fusée, missile balistique, avion expérimental, satellite ou météorite, le secret qui lui est donné ensuite par les autorités, détermine la possibilité que nous soyons hypothétiquement en présence d'un artefact inconnu.

L'intoxication peut aussi être plus radicale et mélanger le vrai au faux. Ainsi, le ministère de la défense britannique a inclus, dans ses documents déclassifiés relatifs aux ovnis, un document qu'il avait pourtant antérieurement déclaré comme faux, et le présente sans aucune indication complémentaire, pour ma part si l'on « accepte » l'éventualité de la capture d'ovnis au sol, on ne peut exclure la possibilité de la présence de corps, mais ce domaine peut aussi ouvrir la porte à des fraudes multiples[51]. Ainsi en mai 1989, Bob Lazar révélait au monde entier que le gouvernement américain détenait le secret de la rétro-ingénierie sur des OVNIS cachés dans un lieu secret nommé S4, situé à 20 km au sud de la zone 51, près de Groom Lake dans le Nevada.

---

[51] http://www.mod.uk/linked_files/publications/foi/ufo/ufofilepart3.pdf, p.3.

Il déclara aussi que le fonctionnement de ces engins, était basée sur l'anti gravité, et un mystérieux élément inconnu, nommé élément 115. Il fut discrédité, ridiculisé et attaqué de toutes parts, personne ne l'avait cru à l'époque, puis un rebondissement extraordinaire arriva en 2004, quand une équipe de scientifiques découvre l'existence de l'ununpentium, l'élément 115 du tableau périodique du groupe de l'azote[52].

Le dernier gros fragment de disque partit sur Moscou à Protvino Протвино, une ville de la banlieue Sud de Moscou sur la base expérimentale au sol près de l'IPHE, l'Institut de physique des hautes énergies, (ИФВЭ (институт физики высоких энергий), où il aurait été stocké jusqu'aux années 2000 dans l'un des deux hangars.

En 2011 et en 2017 des travaux de rénovation importants de toute la structure furent entrepris et tout ce qui pouvait s'y trouver fut transféré, les bâtiments principaux furent vidés et l'ensemble enfermé dans une clôture de palplanches métalliques de trois mètres de haut. Le bâtiment principal jusqu'aux sous-sols fut dépouillé, il ne restait plus que les murs porteurs et les ouvertures pour les portes et les fenêtres.

L'Institut de physique des hautes énergies (Институт физики высоких энергий) de Protvino de la région de Moscou fut créé en 1963 se situait n° 1 rue de la Victoire, Ulitsa Pobedy, Protvino, Moskovskaya oblast, Russie, 142280, à la fin de 2011, l'Institut dit Rosatom a été transféré à l'Institut Kourtchatov, aujourd'hui GNTS INFBE est l'un des plus grands centres de sciences naturelles en Russie et se trouve Plochad Nauk Dom 1 Protvino, (площадь Науки, дом 1). La ville est située au sud de la région Moscovite, sur la rive gauche de la rivière Protvy (Протвы), près de sa confluence avec la rivière Oku (Оку), à environ 15 km à l'ouest de Serpukhov et 98 km au sud de Moscou. En 1963 déjà la recherche dans le domaine de la physique des particules élémentaires organisées par Institut de physique des hautes énergies trouvait ici un des centres les plus avancés qui aboutira à la création d'instituts incontournables comme, le Centre de recherches d'État de la Fédération de Russie Institut de physique des hautes énergies (IPHE) et l'institut de recherche en physique P. N. Lebedeva de l'Académie des sciences de Russie FTS FIAN

(Филиал Физико-технический центр Федерального государственного бюджетного учреждения науки Физического института им. П. Н. Лебедева Российской академии наук ФТЦ ФИАН).

http://www.techniques-ingenieur.fr/actualite/articles/lexistence-du-ununpentium-confirmee-27570/
http://www.periodni.com/fr/uup.html

Le 18 août 2008 le décret gouvernemental RF № 624 accordé à Protvino le statut de la Cité des Sciences de la Fédération de Russie[53]

La période de début des années 60 fut aussi fertile en débris.

De nombreux cas furent signalés en Asie et au Kazakhstan qu'il convient d'étudier et de séparer des tests de missiles balistiques longue portée lancés depuis Kapustin Yar justement à destination du Kazakhstan. Feu le Docteur Zigel, ufologue bien connu possédait une collection d'environ deux kilos, soit 1 960g de débris envoyés par des particuliers.

Le plus important dans cette affaire est le fait que des débris soient envoyés à l'Institut de Physique des hautes Energies puis à la suite à la branche atomique de Rossatom et enfin la Cité des Sciences, c'est un parcours peu commun pour des pièces ordinaires issues de la technologie soviétique, la conclusion la plus évidente est que l'engin n'était pas d'origine soviétique.

---

[53] https://ru.wikipedia.org/wiki/
http://www.ihep.ru/Институт_физики_высоких_энергий

## LE KGB A KAPUSTIN YAR
## ET VLADIMIROVKA

Le 2 Septembre, 1958 Nikita Sergueïevitch Khrouchtchev (Никита Сергеевич Хрущёв) premier secrétaire du PCUS et du Conseil des ministres (Первый секретарь ЦК КПСС и Председатель Совета Министров СССР) visite Ahtubinsk en atterrissant à son aérodrome de Vladimirovka (владимировка военный аэродром) au Nord-Est de la ville. Le chef de l'Etat Soviétique rencontre les représentants locaux du KGB. La base recevra un développement intensif à partir de 1959. Nous savons par les témoignages de l'officier supérieur du KGB de la base qu'il y eut approximativement 25 années de « travail dans le KGB local dans le domaine de l'ufologie avec une période de pointe entre 1981 et 1991 ce qui veut dire que le KGB travaillait dans le domaine des ovnis à Vladimirovka dès 1966 approximativement jusqu'en 1991.

Ainsi un général déclare avoir consacré 25 ans de sa carrière dans les domaines spéciaux d'observations inexpliquées et de travail en relation avec l'armée de l'air et le KGB, Vasily Yeremenko était chargé par le KGB de surveiller les scientifiques travaillant sur le programme d'étude consacré aux ovnis en URSS mis en place en 1981 :

« Le Présidium du Conseil des ministres a demandé à l'ancien président de l'Académie des Sciences Académicien Aleksandrov ce qu'il pensait », fin de citation.

Il relate que :

« Ces phénomènes anormaux sont inexplicables, mais ils existent en réalité. Aujourd'hui encore, Il est nécessaire de créer un certain programme et les étudier. Et c'est le premier programme a été adopté en 1981 », fin de citation.

La collecte d'informations sur les rencontres avec les phénomènes anormaux par les témoins oculaires de l'événement n'a pas été facile car les militaires, en particulier les pilotes avaient peur d'en parler de peur d'être radié et de ne plus pouvoir voler non plus. En plus d'espionner les services scientifiques de l'académie des sciences chargée d'enquêter sur les phénomènes ovnis il travailla à la base de Vladimirovka où une expérience qui dura six mois fut menée dans le plus grand secret, de quels progrès parle-t-il ?

L'armée de l'air a augmenté le nombre de vols d'avions, la base de missiles a lancé le maximum de bombes possibles et en présence de scientifiques les ovnis sont apparus sous la forme de boules rougeoyantes ou de soucoupes. Les Russes avaient conclu dans leurs rapports :

« Les ovnis apparaissent dans des endroits où il y a des tensions psychologiques, une concentration d'énergie atomique, la guerre ou tout autre activité violente et intense sur terre », fin de citation.

Le Général affirme qu'il y eut des signaux émis par les expérimentateurs au sol qui reçurent des réponses identiques par les objets volants en fore de boule, exemple signe à gauche, la boule se déplaça à gauche et d'autres qui demeurent confidentiels. Mais qu'il n'y eut pas d'échange, de conversation quelle qu'elle soit, parfois, les objets apparaissaient et disparaissaient à d'autres endroits comme s'il s'était agi d'un jeu pour eux.

Les résultats de l'expérience donnèrent réussite selon les participants :

« Trois conclusions ont été tirées. Tout d'abord, les ovnis peuvent être un produit de l'activité humaine. Autrement dit, nous avons des appareils de renseignement électronique de pays qui ont la technologie de pointe, en particulier dans le domaine de l'électronique, en second, un phénomène inexplicable de la nature. Et la troisième possibilité une civilisation extra-terrestre », fin de citation du général Vasily Yeremenko.

Le Général affirme aussi :

« Nos avions de combat ont essayé de rattraper les ovnis, mais n'y sont jamais arrivés », fin de citation.

Il y a eu d'autres situations troublantes, par exemple les membres de l'Institut Lyubertsy, la plus haute autorité pour enquêter sur les accidents aériens avaient un laboratoire mobile d'enquête monté à bord d'avions Antonov An-12 et Iliouchine IL-18 avec les dernières technologies, microscope électronique etc. Lors d'un cas d'incident ou d'accident grave, le laboratoire se déplace en même temps que les experts qui ont mené des recherches sur place. L'un de ces groupes s'envole pour Novossibirsk en Sibérie, il s'y produit un accident, avec un grand nombre des victimes. Quelque part au milieu de la route de l'avion s'est dangereusement approché un ovni qui les a pris en chasse tout le long du trajet, volant parfois au-dessus de l'AN-12, ou dessous ou à côté, jusqu'à ce qu'un crash se produise :

160

« Les scientifiques réalisèrent des calculs et des dessins, fixèrent des relevés de trajectoire etc.

Il y eut des cas d'observations dans des avions de passagers avec des objets qui volaient à une vitesse cinq fois supérieure à la vitesse d'un avion, des soucoupes ou d'autres formes qui peuvent instantanément changer de trajectoire à 90 degrés ou aller dans la direction opposée. S'il y avait un équipage cette accélération leur serait fatale, c'est impossible humainement, un ovni le fait tranquillement », fin de citation

Les Ovnis à Kapustin Yar, c'est une longue liste déjà, la base fut fondée en tant que site pour le développement du programme spatial de l'Union soviétique après la fin de la Seconde Guerre mondiale, il se trouve plus de 800 km au sud de Moscou et à environ 90 km à l'est de Volgograd, l'ancienne Stalingrad.

De nos jours Kap Yar, se trouve à proximité de la frontière du Kazakhstan, mais à cette époque, la base était profondément à l'intérieur du territoire soviétique entourée de steppes arides, un peu au Nord de la base expérimentale aérienne de Vladimirovka, les deux sites sont très proches et one ne peut s'empêcher de les comparer avec Groom Lake et la zone 51 bien connue, tellement il y a de similitudes.

# LES RAPPORTS ETRANGES
## S'ACCUMULENT
## SUR
## KAPUSTIN YAR

Le célèbre crash du 16 juin 1948, après un combat de trois à cinq minutes un MIG 15 piloté par le Héros de l'Union Soviétique Sergey Andreevich Apraskin est incroyable en soi.

Les opérateurs radar de la base détectent un objet non identifié, en même temps, un pilote de chasse volant près de la base avait une observation visuelle d'un objet argenté en forme de cigare qu'il nommera un concombre volant selon son expression, un missile aurait abattu le cylindre, lancé du MIG ?

C'est peu probable. Le missile fut lancé depuis le sol suite au tir infructueux du pilote sur sa cible, ainsi l'avion espion U2 de Powels en 1962 fut lui abattu en même temps que le MIG de l'aviation soviétique qui le poursuivait, les deux pilotes s'éjectèrent en parachute et furent récupérés. Ces faits démontrent que le commandement militaire était disposé à créer des dommages collatéraux dans ses rangs tant l'importance de ce qu'il pourchassait était haute. Le pilote aurait témoigné avoir vu s'éloigner l'ovni intact mais à l'époque de ce témoignage à bord d'un train, il se battait contre l'administration pour se faire réintégrer, on le voit mal divulguer un secret d'état qui le conduira directement au Goulag et ruinera toute sa carrière de pilote.

La base où se déroulèrent ces faits a été jugé si secrète que la ville voisine de Zhitkur a été vidée de sa population et nivelée, sans doute parce qu'elle était trop proche des zones de tir, en fait sur les vues aériennes de Zhitkur le sol est identique aux cratères lunaires suite à des explosions.

Le mystère s'épaissit lorsque l'on apprend que Zhitkur aurait en fait été évacuée et rasée après l'incident du 16 juin 1948, les dates coïncideraient. La base ne recevra les prototypes de Fusée R1 que début septembre 1948 le 10 octobre 1948 la fusée R1 P1 avait son lancement validé réussi sur le site, mais l'ovni fut abattu en juin 1948 !!![54]

---

[54] http://www.kosmonavtika.com/lanceurs/r1/hist/hist.html

Selon la version officielle peu après le redressement de la fusée sur le pas de tir le 10 octobre 1948, il fut nécessaire d'aller réaliser une manipulation dans le compartiment des instruments. Le technicien en charge de cette opération refuse de monter sur la nouvelle plate-forme, et le capitaine Pavel Efimovitch Kisseliov se porte volontaire pour y aller à sa place, son fils raconte les souvenirs de son père dans deux articles autobiographiques : I. Kiseliov, Mon Père cet Inconnu (Мой незнакомый Отец), Moskovski Zhournal, 01 Février 2000 et le 01 Mars 2000).

Une fois sur la plate-forme, il saute à plusieurs reprises à pieds joints pour tester la solidité. Mais la plate-forme ne résiste pas, et le capitaine Kisselov fait une chute de douze mètres (Boltounov Mikhail55 (Михаил Болтунов) décrit l'incident dans son ouvrage : La recherche de l'œil de Faucon, Le destin du général Youri Nikolaïevitch Mazhorov (Юрий Николаевич Мажоров)

Il est emmené à l'hôpital de Kapustin Yar, et y succombe à ses blessures le lendemain, soit le 14 septembre 1948. Il peut être considéré comme la toute première victime de l'histoire de la conquête spatiale. Sa fille naîtra six jours plus tard, le 22 septembre 1948[56].

Sans vouloir lancer de polémique on peut se demander comment la plateforme de tir ne fut pas assez résistante pour supporter le poids d'un homme de 85 kilos et céda, mais que la même plateforme continua à supporter le poids de la fusée R1 d'une longueur supérieure à 14 m, avec un poids de 12,5 tonnes pouvant emporter une charge explosive de presque une tonne à une distance de 300 kilomètres.

Il y a là un non-sens, ce type d'ambigüité est plus qu'un détail, elle démontre que l'interprétation des rapports soviétiques de l'époque selon les versions officielles ont un langage sujet à controverse, en clair que la vérité n'y est pas retranscrite.

C'est un peu comme le témoignage d'un individu qui dirait être tombé d'un pont car celui-ci s'est écroulé mais que son camion de 13 tonnes était en suspension dans les airs.

Cela rejoint les témoignages oculaires qui attestent avoir vu de loin des corps humanoïdes suite à un crash d'ovni alors qu'ils sont incapables de vous décrire la structure ou débris au sol de l'engin.

---

[55] (Погоня за ястребиным глазом. Судьба генерала Мажорова),
[56] (Tchertok, op. cit., pp. 130-144).

Je fais cet aparté pour bien signifier que nous ne devons pas tout croire tel quel, mais que dans les faits consignés dans les rapports soviétiques le fait d'avoir rédigé un dossier d'incident confirmait bien que quelque chose avait eu lieu même si le contenu du dossier ne relatait pas la vérité sur ce qui s'était produit. L'hypothèse d'un missile tiré depuis le sol en direction du cigare volant ovni reprend, l'incident impacterait collatéralement le MIG, cette version est vraisemblablement plausible, car hormis les mitrailleuses de bord on ne sait pas précisément si les missiles de bord étaient opérationnels en 1948, on peut en douter[57].

Ce n'est qu'en 1953 qu'un avion espion anglais découvre par hasard la base en la survolant à une altitude de 20 000 mètres, la base à été un secret absolu durant sept ans et ses installations continuèrent encore pendant plus de 10 ans à être un mystère profond malgré que les américains finissent par en apprendre un peu sur l'existence de rampes multiples de tests de missiles en URSS. Les occidentaux connaissaient néanmoins l'existence de ces bases secrètes soviétiques selon les allégations des ingénieurs allemands revenus en RDA, on savait que ce polygone ainsi que d'autres étaient opérationnels, seul l'emplacement était demeuré inconnu pendant sept ans.

Un autre ovni se serait écrasé le 3 juin 1960, trois jours avant le 6 juin 1960 où avait lieu le lancement de fusée balistique R 14[58].

Selon des sources ufologiques russes, le 3 Juin 1960, deux vaisseaux extraterrestres se seraient écrasés à Kapustin Yar, créant une boule de feu qui a provoqué l'explosion de fusées à proximité et un incendie pendant plus d'une heure. Ici l'hypothèse des ufologues est que les pas de tir survolés par trois ovnis nécessitent le lancement de roquettes défensives sur ces derniers, dont deux s'écrasèrent sur l'ensemble de la structure de lancement. Un ovni tomba au seul immobile, un autre détruisit trois fusées sur leurs rampes de lancement, tandis que l'autre est rentré dans un dépôt de carburant. Une fois l'incendie éteint, les débris furent récoltés et envoyés vers le Nord de la base, à Zhitkur.

S'il s'agit par contre d'un incident militaire de tir, il fut suffisamment conséquent pour atteindre trois pas de tir éloignés les uns des autres, plus un dépôt de carburant adjacent.

---

[57] https://fr.wikipedia.org/wiki/V2_(missile)

[58] https://ru.wikipedia.org/wiki/ P-14

Selon Zoya Shubenkina, une habitante de Znamensk un ovni s'est écrasé en 1961.

Il s'agissait d'une sphère de 1 à 2 mètres est passée par-dessus sa maison et est venue s'écraser de l'autre côté de la rivière, l'ufologue Vladimir Ajaja confirme aussi cette observation. On peut toutefois aussi supposer aussi qu'il s'agit d'une capsule spatiale de retour de son vol orbital.

Un des ufologues les plus connus de la Russie est Vladimir Ajaja s'est rendu lors d'une visite d'un site près de Kapustin Yar où il a enquêté sur un ovni écrasé. Il a radiesthésie le sol avec des tiges de cuivre, il a trouvé une zone elliptique où il a affirmé qu'un engin extraterrestre était tombé à Terre en 1961. Il a dit que les animaux ont évité la région, le bétail refusait de paître là, et les énergies étranges affectent votre rythme cardiaque et votre respiration. L'enquête est peu poussée.

Un autre témoignage à vérifier et recouper se déroule fin Juin 1961 vers environ cinq heures du matin, le ciel était couvert de stratus bas, les soldats de la base ont vu un engin volant noir en forme de cigare, volant comme s'il flottait à une distance de 1,5 km des observateurs et d'environ 800 mètres, sous les nuages il n'a pas d'ailes, ni de stabilisateurs, ni fenêtres, ni moteur, Il est flottant à une vitesse d'environ 150 km / h (une vitesse d'hélicoptère) sans bruit et d'un diamètre de trois mètres, sur peut être d'une longueur de vingt à trente mètres.

Le soir du 7 Août 1967, Colonel Lev Vyatkin Mikhailovic rencontre soudainement un objet qui projette un faisceau de lumière vers le bas. Il a essayé dégager son MiG loin de la lumière, mais l'aile gauche a été touchée et il a eu du mal à reprendre le contrôle. L'avion a tremblé et ses instruments se sont détraqués. Son technicien s'est exclamé que l'aile du MIG rayonnait après son atterrissage et qu'elle a continué à briller bien plus tard pendant toute une semaine.

De plus en plus de rapports sont venus de toute l'Union soviétique à cette période et le KGB minimisait tout. Au cours d'une mission de formation en 1964, deux jets ont été attaqués par un ovni et ont été contraints à une plongée en spirale. En 1980, le colonel Popovich, la célèbre cosmonaute ufologue soviétique a rencontré plusieurs objets non identifiés lors d'une mission top secret. Elle a dit qu'ils étaient trois lumières comme boule de feu et elle les a regardés pendant qu'elles s'éloignaient.

En 1979 aurait commencé la construction du Bunker sous terrain 754, qui a duré dix ans jusqu'en 1989.

Son but officiel, devenir une zone de stockage et de décharge d'ogives, de missiles et pièces détachées, selon les experts le bunker est devenu le principal dépôt de documents et matériels techniques secrets de la base russe ceci finit par englober tout ce qui est relatif à l'activité extra-terrestre auprès des ufologues pendant plus de vingt ans.

Le Bunker avait deux accès, un routier et un ferroviaire avec plusieurs niveaux de sous-sol et ses propres voies de chemin de fer souterraines.

En 1980 un commando spécial fut mis sur pied, une force d'intervention rapide chargée d'aller sur les sites d'atterrissage ovni récupérer les traces, débris et les objets capturés au sol un Tupolev Tu-134 similaire au DC 9 américain, un modèle d'avion qui en 1995 enregistrera un nombre de 360 millions de passagers civils pour la compagnie Aeroflot fut transformé en laboratoire volant équipé pour contenir des fragments irradiants de petite et moyenne taille ainsi que l'équipe technique chargée de la mission, l'unité militaire affectée à ce fonctionnement était la numéro в/ч 67947 basée à Mytishchi (Мытищи) à 19 km Nord-Est du centre de Moscou dans l'Oblast de Moscou, ville connue surtout pour l'usine de Wagons de Metro (Metrovagonmach) qui emploie 5700 personnes.

Le contenu du bunker 754 aurait été déménagé dans d'autres centres d'ingénierie et de nombreuses pièces détachées auraient rejoint le site de Mytishchi.

# COMBAT AERIEN DE 1985

Pendant la période du 3 au 15 Mars 1985, toutes les tentatives d'interception de disque volant lumineux non identifié se terminent sans succès. C'est à Poti-Batoumi en République Socialiste de Géorgie, puis le onze Juillet 1985, un ovni est détecté dans le Caucase au Nord de la Géorgie, à 13h50 heure de Moscou, le radar le situe à une altitude de 8-9 km, azimut de 120 degrés, l'aéroport Minvody dans la zone Pos.Projladny dite Eau Minérale (МинВоды в районе пос.Прохладный) non loin de la ville de Stavropol, a enregistré 7 points anormaux dans un rayon de 90 km. Les codes d'identification militaires sont envoyés, il n'y a pas de réponse en retour, il est décidé dix minutes plus tard à 14h00, d'envoyer des MIGS et d'abattre l'aéronef sans sommations. Deux MiG-25 PDS décollent de l'aérodrome Rostov-Sud avec mission de destruction à vue de l'ennemi. Deux autres MIG décollent de la base d'Amavir, immédiatement, d'autres avions ont également décollé de l'école de défense aérienne sur l'aérodrome de chasse Armavir (ПВО Армавир) et un MiG-25 de Minvod (МинВод) de son aérodrome de Podskoka (подскока). Ils veulent forcer l'ovni à atterrir, évitent la collision frontale avec lui et font feu à 14h20 sont lancées deux roquettes R-40RD (Р-40РД), dont une frappe la cible qui tombe au sol. Les avions ont ordre de tourner en rond autour du lieu de l'impact avant l'arrivée d'une équipe d'intervention au sol[59].

Le missile du Mikoyan-Gourevitch MiG-25 (Микоян и Гуревич МиГ-25) qui touche la cible fait 475 kg a volé entre deux fois et demi à quatre fois et demi la vitesse du son par guidage radar et infra rouge, C'est un missile autonome après lancement c'est-à-dire qu'il piste tout seul sa cible. Les américains nomment ces missiles les Fire and Forget, tire et oublie, ils sont quasiment imparables, les chasseurs les lancent puis décrochent de ce contact soit pour s'en aller soit pour poursuivre une autre cible.

L'arrivée de l'équipe technique MSS enregistre sur capteur SRZO-2, le fort rayonnement électromagnétique à partir du lieu de l'accident affectant les instruments. L'épave de l'ovni a été retrouvée en premier par deux ramasseurs de champignons, les deux sont morts en raison du rayonnement émis, des émissions létales mesurées par les capteurs SRZO 2 (Самолете Срабатывал Датчик СРЗО-2) de l'avion MSS venu récupérer les débris. Sur le lieu du crash est venue l'unité 67947 в/ч 67947 en provenance de Mytischi (Мытищи), elle fait des rapports détaillés, recueille l'épave, photographie le lieu de l'incident.

---

[59] http://www.airwar.ru/weapon/avv/k40d.html

Mytischi qui est une ville de la banlieue Nord Est de Moscou où fut un temps localisée une unité d'intervention rapide uniquement vouée à la récupération de tout ce que l'aviation considère comme anormal, en l'occurrence ovnis, mais ce n'est pas le seul lieu de stockage, il semblerait que différents endroits soient réservés à différents types de débris selon le modèle d'ovni, bien que l'on ne sache pas à l'heure actuelle si c'est pour reconstruire des parties de technologie à partir de débris[60].

Selon eux, dans l'épave furent également trouvés les corps de trois créatures biologiques, dont une était encore en vie, et deux autres étaient mortes. L'objet est tombé au bout d'environ 30 à 40 secondes, après le coup de roquette, dans la crête des montagnes zone d'Arik Арик sur le territoire de la République de Kabardino-Balkarie KBR (Кабардино-Балкарской Республики КБР), entre les villages de Arik (Арик), Nouveau Hamidiye (Новое Хамидие) et Nijnyi Kurp (Нижний Курп). C'est une région au Nord de la crête de montagnes qui fait frontière avec la Géorgie, par de là le Parc Naturel National de Racha-Lechkhum-Kvemo Svaneti Planned qui est un peu au Sud-Ouest à 70-80 km du lieu du crash. Deux hélicoptères MI PSS (8 Ми-8 ПСС) partirent récupérer l'ovni, un hélicoptère partit de Veslan Беслана au Sud-est l'autre de la Station Thermale de Naltchik (Нальчика) plus proche et qui arriva le premier.

L'objet endommagé au sol était un disque froissé de 5,8m couleur argent et de 4,8 m de hauteur, avec un dôme noir qui était détérioré par le choc, le poids du disque était de 1750 kg, y compris le poids du moteur de 350 kg. Selon Brad Steiger et Sherry Hansen, a l'intérieur, ils ont trouvé les corps de trois entités (ТЕЛА ТРЕХ БС), un était vivant mais mourut peu après et deux morts assis face à face, le troisième était assis derrière, selon les témoins, (Все гуманоиды были лысыми), les humanoïdes étaient chauves. Sur le lieu de l'impact travaillèrent 33 personnes aux opérations de récupération, puis l'ovni fut transporté par hélicoptère militaire MI 8 sur la base expérimentale Située dans la ville de Nalchik en Kabardino-Balkarie. Cette base dénommée GLITs MO RF ITs Nalchik (ГЛИЦ МО РФ ИЦ Нальчик), servait à expérimenter les pratiques de combat des avions en zone de montagne, les interventions et vols d'hélicoptères en haute altitude et la phase finale de d'essais de vol complexes pilotés et avions sans pilote en Haute chaîne de montagnes. L'ovni fut conditionné pour améliorer le transport et emmené par hélicoptère sur l'aérodrome de Kapustin Yar, à 545 km, puis entreposé sur le territoire GTSMP №4 (ГЦМП №4).

---

[60] Lire à ce sujet : Brad Steiger et Sherry Hansen. The Rainbow Conspiracy NY, Kensington. Livres, 1994. p.70).

Le MI 8 était l'hélicoptère le plus produit au monde, il avait deux turbomoteurs Klimov de 1950 chevaux, une mitrailleuse de 12,7 mm et missiles antichar AT-2, il avait un pilote, un copilote, un ingénieur de bord, il s'envola à une vitesse de presque 200 km/h vers le nord et se posa sur la piste de Kapustin Yar. L'ovni fut d'abord entreposé dans un des 4 hangars côté Nord-Ouest du terrain d'aviation, puis déplacé à plusieurs reprises, d'abord vers un hangar à 3,5 km Nord-Ouest sur une plateforme d'essais puis à nouveau à 53 km Nord-Est sur une autre aire de lancement à Akhtubinsk à 2 km du lieu-dit Loschina (Лощина), c'est le secteur d'essai des RS-12M  Topol, pour être redescendu ensuite à 8,5 km sud est d'Akhremkin (Ахремкин) au moins pour un essai de nuit au-dessus du lac salé de  Botkul (Озер Боткуль) mais qui n'aurait pas été reconduit car proche de 37 km d'un village du nom de Saikin (Сайкын).

La soucoupe serait revenue pour un temps au Nord de la base. La présence du disque dans la base fut confirmée par le colonel V. Kapasovsky (В.Капасовский), il est l'un des informateurs clés au sujet du bunker souterrain sur le site d'essai au Nord-Ouest de KapYar, il a personnellement vu tester les vols de disques sur la base ce qui ouvre une seconde piste qui pourrait tendre à prouver que cet objet volant non identifié était un prototype russe et que les corps ramassés étaient ceux des pilotes d'essai de l'Aviation Soviétique.

Les corps humanoïdes ont été envoyés par avion spécial à Moscou, à l'Institut des problèmes biomédicaux IMBP (Институт Медико-Биологических Проблем ИМБП).

Ces faits étaient connus du commandant des forces de défense aérienne, Le maréchal A.I. Koldunov (А.И. Колдунов), du major Général S.I. Melnikov (С.И. Мельников), du ministre de la defense, et du maréchal S.L. Sokolov (С.Л. Соколов).

Les corps sont stockés dans un bunker souterrain à l'Institut des problèmes biomédicaux de Moscou selon les dires dans une conversation privée du colonel Yiuri V. Punev (Ю.В.Лунева) du Centre hydrométéorologique, qui l'apprit dans un camp d'entrainement à Odessa en Ukraine, par un colonel diplômé des sciences et techniques de l'Institut de recherche Militaire (кандидата технических наук из военного НИИ) de Voronej (Воронеж).

Lunev refusa de donner le nom du colonel en question mais il est possible de retrouver cela sur les registres de l'Institut Militaire NII (военный НИИ) qui serait depuis 1997 appelé le 5° Pentagone (Пентагон) unité в/ч 33872, de Voronej, (5-й центральный научно-исследовательский испытательный институт в/ч 33872, г. Воронеж) on retrouve également tracé de d'une unité stationnée à Znamensk la ville jouxtant Kapustin Yar et à Moscou, ce ne sont pas que des coïncidences[61].

Le commandant était le major général, docteur des sciences techniques Yuri Sukhorukov (Юрий Сухоруков), le nom du commandant et le numéro de l'unité furent confirmés par un article de la revue Komsomolskaïa Pravda (Комсомольская правда), 10 Décembre 1992, №230.

En 1994 ces faits ont été confirmés à Moscou par un ancien membre du KGB également dans la confidence, V.A. Chernobrov (В.А. Чернобров) :

« Ce disque fait partie d'une gamme complète d'ingénierie hybride dérivée de la capture de débris et soucoupes partiellement en état », fin de citation.

Selon l'article de presse qui relate les dires du lieutenant-colonel V. Kapasovskogo (В. Капасовского) qui vivait dans une garnison militaire près de Moscou Jubilée, (живет в военном гарнизоне Юбилейный под Москвой), il a rendu visite à plusieurs reprises à Kapustin Yar et a assisté à des tests de vols :

« Il est le modèle le plus viable et éprouvé de tous les ovnis capturés. Il utilise une quantité considérable de la technologie terrestre et hybride, il y a un schéma détaillé du disque qui circulait dans les services de l'armée de l'air dédiés à cette technologie » fin de citation.

Les données obtenues à partir des essais en vol selon le lieutenant-colonel V. Kapasovskogo sont les suivantes :

« Premier vol en 1990, un saut à une hauteur de 10 m (первый полет, подскок на высоту до 10 м), en 1993 second vol, hauteur atteinte 500 m dans le premier test (в первом полете) et 700-800m pour le second test (во стором полете), enfin en 1996, quatre vols de 1000 à 3000m », fin de citation.

---

[61] http://orbita-znamensk.ru/image/50-let-vch-33872

Depuis 1996 le disque est considéré comme pleinement opérationnel, il a atteint un plafond de 15 à 20 km, à la vitesse à 2500 km/h mais tout en maintenant une vitesse donnée et limitée dans le temps entre 5-6 minutes, la durée du vol est également très petite et pas plus de 10-15 minutes dans un rayon de 10-15 km maximum et il avait des problèmes à maintenir le mode de vol stable. En mai 1996 le Président de la Fédération de Russie Boris Yeltsin (Б.Н. Ельцину), le sous-ministre de la Défense Aakokoshin (А.А. Кокошину), le commandant de la Force aérienne Deinekin (Дейнекину) et d'autres autorités accompagnantes vinrent visiter Kapustin Yar et Ahtubinsk, y compris bunker du GTSMP 4GPC №4 (Государственный центральный межвидовой полигон) au Nord de la base de Kapustin Yar.

Le disque en état de marche se trouvait là en 1996, il avait été assemblé de 1993 à 1994 dans le bunker sous-terrain.

Les sources ufologiques russes pensent que maintenant vingt ans plus tard il est probable qu'il n'y soit plus.

Un fragment de disque aurait été stocké dans le Hangar 18, une aire de stockage désaffectée datant des premiers tests soviétiques sur les fusées allemandes V2, d'Août-Septembre 1959 à Janvier 1984 proche de l'emplacement du polygone 4A n°8 à environ 17-18 km au Nord-Est d'Akhtubinsk, au polygone de lancement №8, subordonné à l'unité militaire в/ч 15650 dont le commandement est situé dans la ville d'Akhtubinsk (Ахтубинск. Штаб в/ч 15650)[62].

La conservation au point №31 au nord de KapYar de 22 petits fragments et d'autres 48 plus minuscules y demeurèrent, le reste fut envoyé à Moscou.

A l'origine, au point №31 sont stockées les armes de tir classique ainsi que débris et fragments provenant du Kazakhstan, principalement des pièces issues de la fuséologie et de l'aéronautique balistique dans la stratosphère.

---

[62] En 2016.

# SURVOLS D'OVNIS
# A KAPUSTIN YAR

L'un de derniers rapports intéressants du KGB porte sur 1989, lorsque les témoins proches de Kapustin Yar y ont décrit des ovnis dans le ciel pendant plus d'une heure serait-ce le même cas que celui observé le 28 juillet 1989 au même endroit (НЛО НАД КАПУСТИНОМ ЯРОМ 1989 г) Trois soucoupes sont vues par sept militaires, elles passaient brusquement de l'immobilité à une grande vitesse, et inversement, le tout silencieusement en émettant des rayonnements, un militaire témoigne :

« Approché par un avion de chasse soviétique, un objet se dégagea si rapidement qu'il parut laisser le chasseur MIG sur place », fin de citation.

Kapustin Yar selon The Hystory Chanel, diffusion le Dimanche 5 mars 2006 :

« La base de Kapustin Yar (Государственный центральный межвидовой полигон ГЦМП Министерства обороны РФ) est la base aérienne la plus sensible, l'équivalent soviétique de la zone 51 aux USA », fin de citation.

La base étant si secrète que le village de Zhitkur a été vidé de sa population, devenant une ville fantôme, ce village au Nord-Est de la base, est détruit en 1948 un an seulement après l'incident de Roswell, les radars de la base détectent un objet volant non identifié, au même moment un pilote décolle et obtient un contact visuel avec un cigare métallique. Il y a un engagement d'attaque mutuel et après trois minutes un rayon d'énergie lumineuse incapacité le MIG et le pilote qui a tiré une fusée, celle-ci atteint l'ovni. L'ovni tombe au sol, il sera ensuite transféré dans les hangars souterrains de la base sous le village de Zhitkur. Moscou a ordonné des mesures d'attaque contre les objets volants dans son ciel, déterminé à récupérer l'ingénierie des soucoupes volantes que la Russie attribue à une avance technologique des USA. L'ufologue Anton Afalov dit début des années 2000, que les sous terrains sont à 400 mètres sous terre avec des couloirs, des pièces, plusieurs sous-sols, des sections d'études techniques complètes allouées aux ovnis, il est revenu sur ses déclarations à ce sujet dix sept ans plus tard, totalement épuisé par ses détracteurs qui lui demandent sans cesse des preuves factuelles du lieu où se trouvent les ovnis. L'ufologue Vladimir Ajaja déclare qu'un ovni qui s'est écrasé sur la terre en 1961 s'y trouve aussi, il se base sur le témoignage de Zoya Shubenkina, une habitante témoin oculaire du crash d'une sphère rouge tombée dans la vallée après la rivière, affectant la faune et la flore par une énergie étrange.

Un autre crash serait survenu le 3 juin 1960, l'ovni aurait causé une boule de feu qui provoqua des explosions durant une heure dans la base de Kapustin Yar, détruisant au passage trois fusées sur leurs pas de tir respectifs (le 6 juillet 1960 au même endroit la fusée P 14 avait réussi son lancement, peut-on imaginer que pendant la période d'essais un mois plus tôt une autre fusée ait eu un ratage, c'est parfaitement possible, mais les témoignages intriguent car certaines personnes parlent de plusieurs boules de feu et sphères lévitant dans le ciel au-dessus de rampes de lancements nucléaires.

L'engin aurait été conduit à Zhitkur au Nord-Est de la base après sa capture au sol, un témoignage de 1979 ferait état de cinq ovnis dans la base, un autre de 1997, rapporterait qu'un ovni supplémentaire aurait été capturé après sa chute vers la Pologne.

Le Général Gherman K. Calcine relate dans la revue Anomalia en février 1995 une conversation avec le Général Sapkov qui observa un ovni durant 30 minutes au-dessus de Kapustin Yar, ce dernier survolait les rampes de lancement, il revit à nouveau ce type d'ovnis au même endroit 7 ans plus tard. Youri Straganov déclare qu'un laboratoire de recherches sur les ovnis se trouvait à Akhtubinsk (Ахтубинск) ors il existe bien une ville de ce nom au sud de Kapustin Yar et les unités militaires n°67947 et n°62728 étaient bien chargées de récolter les débris d'ovnis.

Cette série de témoignages portent sur un ovni en forme de sphère lumineuse, ou boule de feu qui serait tombée au sol et que plusieurs soucoupes volantes se sont mises à sa recherche avec des projecteurs lumineux qi ne laissaient pas de traces au sol. La sphère aurait tenté à plusieurs reprises de s'élever vers le ciel avant de retomber au sol, cet objet aurait été capturé par les militaires de la base. Un ou des avions auraient décollé de la base de Vladimirovka allant au contact des soucoupes qui auraient esquivé à très grande vitesse mais qui seraient revenues sans cesse en vue peut être de récupérer l'objet. Le 23 février 1988, les opérateurs radar de Kapustin Yar observent sur leurs écrans d'énormes cibles les approcher, l'anxiété grandissait, l'ensemble du système de défense aérienne a été mis en état d'alerte maximale. Cependant, chaque fois, que le pilote était sur le point d'appuyer sur le lancement de missiles, la grande soucoupe clairement visible dans le ciel a disparu et réapparu au loin, l'écho radar faisait de même. Kapustin Yar figure dans le Dossier bleu du KGB, pour des affaires étranges en 1988 et 1989. Igor Sinitsyn (Игорь Синицын), chef adjoint d'Andropov au KGB, déclare dans une interview avec The Observer le journal anglais de la façon dont il a vu le dossier bleu dans le bureau de son de patron sur le phénomène ovni :

« Ce qui est arrivé en 1977 après l'apparition dans le ciel de Petrozavodsk d'un objet énorme était incompréhensible », fin de citation.

Igor Sinitsyn (Игорь Синицын) apporte sa conversation avec Youri Andropov sur l'événement à Petrozavodsk en 1977, il détenait une traduction d'un article du Stern, magazine allemand :

« Le chef du KGB, sortit un dossier bleu de table l'étudia soigneusement puis me montre le matériel à Sinitsyn et me proposé de me familiariser avec son contenu. Le dossier contient des rapports d'agents de contre-espionnage au sujet de rencontres avec des ovnis », fin de citation.

Sinitsyn demande a Andropov de prendre tous ces documents pour les faire lire par A.P. Kirilenko, du comité militaro-industriel de l'URSS, et il emmène les documents à sa maison. Après un court laps de temps suite à cette rencontre, Andropov signe l'ordre Prikaz, exigeant que chaque soldat russe signale tous les cas d'observations d'ovnis, l'idée principale de ce programme est que l'information la plus intéressante vienne aboutir dans le dossier bleu présidentiel, ce programme va durer treize ans et concerne aussi les unités des gardes-frontières du KGB. Voici le contenu de certains documents, qui ont été conservés dans un dossier mystérieux, le 28 juillet 1989, des disques mystérieux sont apparus sur l'entrepôt de missiles, situé au Nord-Est de la ville de Kapustin Yar dans la région d'Astrakhan. Les agents de sécurité militaires ont laissé des notes dans des documents maculés d'encre noire, qui rendent compte de la situation. Les soldats du centre de transmission ont principalement observé trois objets, d'autres personnes seulement un.

28 июля 1989 года загадочные диски появились над складами ракетного вооружения, находившимися северо-восточнее города Капустин Яр Астраханской области. Номера воинских частей в документах замазаны черной тушью, но оставлены пометки чекиста, который докладывал о данной ситуации. Военнослужащие передающего центра наблюдали три объекта, а военнослужащие базы ликвидации - один.

Un schéma daté du 31 mai 1989 montre un OVNI assez rond avec un grand dôme et en dessous une proéminence circulaire d'où sortait un rayon lumineux vertical étroit plutôt de la forme d'un rayon laser car non évasé sur le bas. Le dessin est l'œuvre de l'enseigne Voloshin, l'ovni vu à Kapustin Yar est dessiné de sa main.

Les ovnis étaient des disques d'un diamètre de 4-5 mètres de haut qui volaient en silence en planant au-dessus du sol, les avions envoyés de la base aérienne de Vladimirovka, ne pouvaient pas voler à proximité de l'un des objets, ils se sont constamment déplacés loin des avions. Les rapports du capitaine Chernikov, de l'enseigne Voloshin, de Tishaev et d'autres disent que l'objet émet des signaux qui ressemblent à des flashes. D'autres documents du dossier bleu, décrivent un contact avec les ovnis, qui eut lieu en 1984 sur le Turkménistan, le dispositif de défense aérienne a vu un objet sphérique voler le long de la côte de la Mer Caspienne à 2000 mètres d'altitude, se dirigeant vers la frontière de l'Etat. L'objet poursuivi changeait de trajectoire, augmentait au diminuait sa vitesse, et pouvait faire du sur place, en lévitation immobile. Sur demande d'identification par radio, il n'a pas répondu, deux chasseurs de combat MIG se sont envolés à sa rencontre, mais toutes les tentatives pour abattre l'ovni UFO ont échoué. En outre, lorsque les avions ont commencé à tirer, il a fortement diminué son altitude à 100 mètres au-dessus du sol, cette hauteur ne permettait pas aux MIG de faire feu sur lui.

Другие документы «Синей папки» описывают контакт с НЛО, произошедший в 1984 году над Туркменией. Системой ПВО был замечен сферический объект, летевший вдоль побережья Каспийского моря на высоте 2000 метров и направлявшийся к госгранице. На запросы он не отвечал. В воздух были подняты два истребителя, но все попытки сбить НЛО провалились. Более того, когда по объекту начали стрелять, он резко снизился до 100 метров над землей - на высоту, не позволявшую истребителям вести по нему огонь.

De tels cas dans le dossier bleu, soulignent deux faits incontestables, tout d'abord, les ovnis existaient, d'autre part, et en second qu'en dépit de son démenti officiel, que le KGB a été activement engagé dans la collecte et la systématisation des informations relatives à des objets volants non identifiés. G.S. Vasiliev raconte la plus étrange histoire ferroviaire de la Russie et de l'URSS, qui a eu lieu le 4 Juin (3 Juin, heure de Moscou) en 1989 dans le district de Iglinsky Bashkir à 11 km de la ville d'Asha région de Tcheliabinsk, sur le tronçon Asha.

Le district d'Iglinsky (Иглинский район) est un petit district administratif, l'un des cinquante-quatre, existant dans la République de Bashkortostan, en Russie. Il est situé à l'est de la république et se côtoie avec le district de Nurimanovsky au Nord, l'oblast de Chelyabinsk à l'Est, et le district d'Arkhangelsk vers le Sud.

Un témoin oculaire Ulu Telyak qui a travaillé comme conducteur de locomotives se souvient :

« Environ une semaine avant la catastrophe, lui et son assistant, en suivant les stations passées Ulu Telyak, a reçu un avertissement de la station d'où on observait un phénomène inhabituel près de la gare.

Immédiatement après le passage de la station ils ont vu à leur tour à une distance d'environ 500 mètres, parallèle à la voie et à basse altitude au-dessus du sol un objet en mouvement émettant une lumière non naturelle blanche. En même temps qu'ils observaient cette boule léviter dans le ciel les deux employés présents dans la cabine de train éprouvent de la peur, il leur semblait que quelqu'un les observe », fin de citation.

Quelques minutes plus tard, les lumières se sont éteintes.

Le même phénomène est vu après leur passage, à un kilomètre de l'observation précédente.

# L'OVNI DU  28 AU 29 JUILLET 1989

L'observation la plus fantastique a eu lieu sur le site du Raketodrome, la partie du polygone destinée aux tests de missiles disséminés en différents pas de tirs de Kapustin Yar dans la Basse-Volga, l'armée fit une enquête et le KGB aussi, au point où cette affaire figura dans le dossier bleu qui fut remis entre les mains du président directeur du KGB, puis du président de la Russie sur sa demande officielle en 1991, un témoin militaire décrit :

« Je l'ai signalé dans mon rapport, à 22 heures 12 minutes le 28 Juillet 1989 et à 1 heure 30 minutes le 29 Juillet 1989, les soldats observèrent des objets volants non identifiés à proximité du centre de transmission de la base de lancement missiles », fin de citation.

Selon le rapport d'agent de sécurité, ces pièces de tir de fusées sont dans le désert, loin de la ville de Kapustin Yar Nord-Est à 45 km et 30 km respectivement, dans des emplacements sans vis-à-vis ni habitations, les survols aériens y sont interdits.

Avant d'entamer la lexture des rapports de l'époque, faisons un parallèle avec une affaire similaire au Viet Nam, un autre incident survenu en 1967, en pleine guerre froide durant la guerre du Vietnam, sur la base de Malmstrom au Montana elle abrite le 341st Missile Wing du Global Strike Command.

Le 16 mars, aux premières heures de la journée, un ovni rougeoyant, en forme de soucoupe, s'approche du site de contrôle des missiles nucléaires intercontinentaux Minuteman de la base Oscar. Huit des dix missiles sur le site, se retrouvent alors désactivés.

À une centaine de kilomètres de là, Echo, un ovni est aperçu par les commandos à la verticale des silos de missiles dont la totalité tombe alors hors service. Il faudra une journée complète pour remettre les missiles en service tandis que la cause de leur déréglement demeure officiellement inexpliquée[63].

L'un des deux officiers de tir des missiles intercontinentaux de la base Echo, le lieutenant Robert L. Salas, a quitté l'armée en 1971 et depuis la vie civile il a confirmé à plusieurs reprises cet épisode en précisant qu'il estimait être aujourd'hui délivré du secret auquel il était alors soumis.

---

[63] https://fr.wikipedia.org/wiki/Malmstrom_Air_Force_Base

Le lieutenant Robert L. Salas dit n'avoir jamais été débriefé ou interrogé à ce sujet et que personne ne lui a jamais demandé de conserver le silence à ce sujet. Il a également confié son interprétation de l'incident :

« C'était une démonstration de force, sans nul doute pour nous montrer que nous sommes observés de près », fin de citation.

Interview réalisée avec le concours de James L. Klotz (CUFON) et Thierry Wathelet UFOCOM, VSD hors-série, n° 3, juillet 2001, pp. 26-27.

A cette date et en raison du conflit au Viet Nam ainsi que la crise des missiles nucléaires basés à Cuba du 16 au 28 octobre 1962, l'affaire qui faillit déclencher un troisième conflit mondial Est-Ouest, les autorités nord-américaines imputaient cet incident à un survol par des engins soviétiques sophistiqués en forme de disques volants.

Cette affaire parut à la télévision couverte par les journalistes de la chaine CNN suite aux déclarations de vétérans de la base en retraite, qui le 27 septembre 2010 participant à une conférence de presse organisée par le National Press Club avec des officiers retraités de l'USAF, faisant état de témoignages conjoints au sujet des OVNI qui avaient survolé des silos de lancement et désactivé des Minuteman en 1967 au Montana[64].

Revenons à Kapustin Yar douze ans plus tard, situation presque similaire, emplacements de tir regroupant plusieurs missiles chargés, les unités sont au repos, seules les permanences de prévôté et de garde sont en place. Le soldat en service de quart au centre de transmission observe un ovni à 22 heures et 12 minutes et à 23 heures et 55 minutes 28 Juillet 1989. De plus, d'autres témoins oculaires ont vu trois objets à une distance de 3-5 km. Le soldat en faction armée à une distance du PDRTS d'environ 15 km a vu un ovni lui aussi vers 23h30 le 28 Juillet et à 1h30 le 29 Juillet 1989 sur une distance de 300 mètres s'éloignant a une distance de plusieurs kilomètres et 300 mètres. Dans une étude comparée des témoignages ces soirs-là, selon les signes extérieurs décrits par les observateurs militaires de la base, cette soucoupe volante vue par tous, est un disque de 4-5 mètres de diamètre avec une demi-sphère au sommet, qui brille, tombant parfois et planant sans bruit au-dessus du sol à une altitude de 20-60 mètres.

---

[64]https://fr.wikipedia.org/wiki/Crise_des_missiles_de_Cuba

Un appel d'urgence fut lancé à la base aérienne du Site d'essai de l'armée de l'Air Air à Akhtubinsk, à 23h20 le 28 Juillet Valery Voloshin reçoit la communication :

« L'unité militaire (numéro …secret non dévoilé) a vu pendant plus d'une heure un objet étrange, qu'ils ont appelé une soucoupe volante » fin de citation.

Kap Yar lui demande s'il s'agit d'un survol fait par un prototype de l'armée de l'air soviétique, on leur répond que non, il n'en est rien. Dans la zone de lancement numéro un, à 23,30, un flash lumineux apparait dans la nuit au-dessus de l'antenne de six mètres de haut du poste de liaison radio. A environ 5 km du lieu d'observation l'ovni est allé vers les entrepôts de missiles En approchant des entrepôts l'objet a plané sur eux à environ 300 mètres, puis a chuté à environ la hauteur d'environ 20 mètres, sa silhouette était visible par une nuit claire et un ciel dégagé, tout le corps de la soucoupe dégageait un feu vert terne, semblable à lueur de phosphore dans l'obscurité.

Le sujet lui-même est présenté comme un disque avec un hémisphère en haut d'un diamètre du disque est d'environ 4-5 mètres.

Un témoin raconte :

« Une fois l'objet vers le bas sur les entrepôts PB, a flashé un faisceau de lumière brillant dans un cercle mettant en lumière le bord d'un des bâtiments. J'ai regardé deux ou trois tours du faisceau, qui était clairement visible depuis le ciel émis par la soucoupe, mais la tâche lumineuse sur les bâtiments et sur le terrain, je ne l'ai pas vue bien que pour le moment le point culminant était un faisceau comme un spot sortant de la soucoupe. Le mouvement du faisceau a duré quelques secondes, après quoi le faisceau a disparu, et sous la soucoupe continuait à clignoter comme un flash, elle s'est dirigée vers la zone de vie habitée. Après cela, je regardé comment l'objet est resté suspendu au-dessus des cultures vivrières. Ensuite, l'objet est retourné aux installations de stockage de RV et a plané sur eux à haute altitude, environ 60 à 70 mètres », fin de citation.

A partir de ce moment-là l'objet semblait observer le changement de la garde et le chef de poste. Vers 01.30 l'objet a volé vers la ville d'Akhtubinsk au Sud et a disparu de la vue des militaires. Le flash était intermittent, comme pour des photographies.

Le mouvement de l'objet a été inégal, parfois rapide, latéral ou vertical, parfois lisse et fluide, parfois brutal et à angle droit. Tout cela exactement durant 2 heures de 23h30 à 01h30 selon Dmitry Tischaev qui confirme qu'il l'a vu aussi, un autre témoigne :

« Au début, on ne voyait rien, nous étions sur le point de partir vers la caserne, mais dans le ciel, quelque chose nous a survolé en clignotant », fin de citation.

Dmitri rapporté aussi dans sa note explicative :

« Je pensais que peut-être c'était un hélicoptère, mais l'hélicoptère est entendu de loin, et cet objet volait proche et bas et ne faisait aucun bruit, pas de bruit du tout. Puis il a même accroché au sol près des entrepôts de RV et a commencé à fouiller dans la terre, quelque part pendant 5-7 minutes, et a plané au-dessus du sol à une hauteur de 50 mètres, il était en mouvement constant parfois rapide et tout à angle droit. Lorsqu'il a allumé un entrepôt avec un rayon, une fois éclairé, c'était quelque chose comme une lampe, convexe avec de petites lumières autour et de côté », fin de citation.

Selon Kulik un autre militaire :

« A partir du sol le dessous pouvait être pris pour une boule de feu, qui était encore difficile à regarder, puis il s'est posé, s'est élevé ers le haut, a commencé à se déplacer lentement vers le Sud-Ouest, clignotant de différentes couleurs, Il a éclairé d'une grande variété de couleurs, j'ai cligné des yeux », fin de citation.

Ce qui est le plus intéressant est que son approche a été ressentie en quelque sorte, même physiquement, parce que sa vitesse était énorme, puis elle a cessé brusquement et a volé au sud de nouveau à nouveau, et la soucoupe a poursuivi vers le Sud au Sud-Ouest pendant longtemps, cet arrêt brutal, fut suivi d'un effet de souffle comme si l'air était poussé par l'ovni au-devant de lui au moment de l'arrêt avec quelque chose d'incompréhensible comme de l'électricité statique  ou une ionisation de l'air ambiant, palpable à fleur de peu humaine.

Un soldat raconte :

« Puis nous avons entendu le bruit d'un avion, qui a volé presque sur la soucoupe volante, puis il a volé en parallèle au sud, au début, ils volent à la même vitesse, mais l'objet a accéléré immédiatement s'est envolé laissant l'avion sur place.

Cet objet retourna à nouveau au même endroit et se dirigea le long de sa trajectoire. Puis un autre objet similaire au premier est apparu, les deux objets volaient vers l'autre vers le Sud, on a vu plus tard une boule de feu qui essayait de remonter à partir du sol, mais il ne se leva pas. Tous ses efforts ont été vains. Plus tard, ces objets sont allés au-delà de l'horizon », fin de citation.

Le militaire de service Bashev a vu un ovni sous la forme de points :

« Quand je suis arrivé devant le chef de quart, il a dit que cela n'existe pas, qu'un escadron de chasseurs a décollé dans le ciel pour intercepter ce qui s'y trouve. Quelques minutes plus tard, nous avons entendu un avion volant au loin, puis il a volé sur nous en passant sur notre gauche. Ensuite, nous avons vu que l'avion se tourna légèrement vers la gauche et au-dessus de ce point, il volait, comme en observant l'ovni, mais tout à coup se mit à tourner, et à le prendre chasse au début, ils volaient à la même vitesse, mais, par un mouvement rapide l'ovni était déjà une distance considérable de l'avion, il a changé de cap et a volé au loin. Peu à peu tout était calme à nouveau. Après l'avion continué à voler dans le secteur, et trente minutes plus tard il avait tout à fait disparu », fin de citation.

Le sergent Klemchuk a écrit dans son explication :

« L'objet volant était comme un œuf, mais légèrement aplati. Il brillait de couleurs très vives, parfois chatoyantes, puis les feux furent verts, puis rouges et ainsi de suite. Cet objet a gagné plus de vitesse puis aussi rapidement a accéléré et il s'est brusquement stoppé net et a fait de grands sauts de haut en bas. Puis vint la seconde soucoupe, puis la troisième soucoupe.

Un objet est passé à une petite hauteur et s'est arrêté, Il est donc resté en un seul endroit. Je le regardais, puis le second objet a disparu, il n'y avait plus qu'un seul objet qui s'est constamment déplacé le long de l'horizon. Parfois, est tombé au sol puis remontait se déplaçant à nouveau. Puis l'avion est arrivé, j'ai déterminé cela au bruit. L'avion a approché l'objet mais il était immobile, l'avion l'a survolé puis est parti vers le haut. L'objet a commencé à se déplacer à nouveau le long de l'horizon, je ne l'ai plus vu et je suis entré dans la salle d'équipement », fin de citation.

Le lieutenant-chef Klimenko a rapporté qu'il a vu un objet volant dans la zone PDRTS :

« L'objet se déplaçait à basse altitude, environ 20 à 30 mètres du sol après un certain temps, l'objet brusquement gagné hauteur, 200 à 300 mètres en fonction de l'emplacement qu'il survolait L'objet flashait, comme un flash photographique ou une soudure, sans changer la hauteur il est parti, en direction du village Zaïmichtche, puis est revenu. Ceci est arrivé à plusieurs reprises. À un moment donné l'objet a plané dans un seul endroit et a commencé à clignoter rapidement. A ce moment le sol a commencé réfléchir les mêmes signaux et L'objet s'est envolé et est retourné à sa place dans le ciel. A ce moment du sol a commencé à monter une boule blanche éblouissante, elle se tenait ensuite à la même hauteur que l'ovni initial et se sont comme accrochés. J'ai remarqué un autre point clignotant il était proche des deux premiers. La sphère s'est soulevée du sol, il a progressivement commencé à faire sombre et elle a disparu. Deux soucoupes volantes ont eu un parcours parallèle avec cet objet puis se sont envolées avec dans le ciel. À ce moment-là, nous avons entendu et vu les feux clignotants de l'avion qui volait au-dessus de l'objet. Pendant ce temps, l'objet fait des vols en forme de S. A faible profondeur à un endroit le sol a augmenté de volume et un troisième objet en est sorti. Il y avait un second objet sphérique au-dessus, il a d'abord volé en parallèle avec les autres objets, a ajouté un peu de hauteur et a fait une course soudaine et vers le bas. L'avion était loin derrière.

Après cela, l'objet a volé, semble-t-il au plus vite. Aune distance d'environ 3-5 km, l'objet s'est approché de nous Il a cessé de clignoter et s'est éclairé de l'intérieur. Il était possible de voir sa forme. Il ressemblait à une ellipse.

Sur la circonférence des feux clignotants. Après cela, l'objet a plané pendant quelques secondes, a gagné rapidement de l'altitude et a volé vers le second objet. Ensemble, ils ont volé pendant un certain temps », fin de citation.

Le caporal Levin a souligné que le vol des ovnis était clairement gérable maitrisé, contrôlé. Bientôt l'histoire de l'affaire à fuite dans un journal local de la jeunesse Komsomolets de la Mer Caspienne qui titre :

« De la zone d'Achtubinsk nous avons reçu des informations sur un incident au cours duquel une rencontre un ovni », fin de citation.

Trop de militaires avaient été impliqués dans l'observation, aucune confidentialité ne fut tenue, l'affaire se relayait dans les baraquements et jusqu'aux maisons où habitaient les familles des militaires de carrière où les civils furent à leur tour mis au courant.

Selon l'article :

« Si vous croyez cette histoire, la sphère lumineuse mesurait 20 mètres de diamètre est apparue dans le ciel en fin de l'après-midi. En sortant de la caserne, l'officier le remarqua et appela les soldats qui furent témoins eux aussi. Ils l'ont observée pendant dix minutes, puis l'officier a couru jusqu'à une colline voisine et a commencé à agiter ses bras de haut en bas. Et ce qui est surprenant c'est que la sphère aurait fait de même en bas à droite sur cette colline.

Les soldats ont été surpris d'abord, puis se sont enfuis dans des directions différentes, comme libérant la zone d'atterrissage. Personne ne sait comment les événements se sont déroulés.

A continuation des avions sont apparus soudainement dans le ciel nocturne se dirigeant droit vers la boule.

Elle a commencé à s'éloigner, un avion s'est approché en la poursuivant alors elle a ralenti et les avions l'ont dépassée. La sphère a soudainement cessé de bouger, stoppant net instantanément, au mépris de toutes les lois de l'inertie, seul un grand professionnalisme des pilotes à éviter une collision. En se retournant, l'avion a volé à nouveau sur la balle, et de nouveau elle commencé à fuir.

La situation était répétée, cela fut vu également par des habitants du village voisin avant de partir au loin, puis elle a disparu de la vue des radars aéroportés », fin de citation.

 Le lendemain, le village parlait des événements de la veille soutenant une hallucination collective.

L'Etat Major interrogé, se refuse à tout commentaire à ce sujet et déclare qu'il n'autorise aucune publication à ce sujet sans son contentement.

Le général Savin confirme ces faits dans les années 1995 – 2018 autour de conférences ou articles dans les médias, de plus il rajoute qu'il était capable de reproduire ces faits en compagnie d'un groupe de personnes engagées par lui pour leurs capacités extra-sensorielles, les membres de l'unité 10 003, à l'origine dix personnes à quinze personnes constituant le noyau de l'unité mais dont le nombre monta à quarante employés au total.

# UN FAISCEAU D'EVENEMENTS
# EN RELATION AVEC KAPYAR

L'ovni de Kapustin Yar en 1948, était un artéfact inconnu abattu par un MIG, qui s'est posé en catastrophe au sol suite à la destruction de ses défenses périphériques par l'explosion d'un missile et qui aurait été conservé dans la base un certain temps, de quelques mois à quelques années, mais ceci est invérifiable, un hangar aurait même été construit autour de l'objet intransportable pour des raisons d'émission de rayonnements dangereux. Cette théorie sur Zhitkur 1948 est très largement affirmée par les ufologues occidentaux et l'on trouve une somme considérable de reportages sur YouTube à ce sujet précis, mais elle n'est pas un cas unique en URSS, pour mémoire l'affaire de Roswell date d'à peine un an plus tôt.

L'ovni capturé en Avril 1980 à Verkhoturye, un disque complet intact fut trouvé en Octobre 1981, juste au nord du lac Balkhach au Kazakhstan, ainsi que l'ovni de Perm le 2 octobre 1989, (Пермь. 2 октября 1989 года в 8 часов вечера), les corps de deux humanoïdes trouvés en 1998. Enfin, en 1992 dans les montagnes Tien-Shan au Kirghizistan, une prise énorme cylindre en deux fragments d'une longueur totale de 120 mètres et une largeur 15 à 20 mètres, en deux parties d'une longueur de 40 et 80 mètres se sont écrasés près des Shaitan Mazar le 28 Août 1991.

Dans certains articles on trouve un rapport qui serait rédigé par la première expédition civile qui s'était rendue sur place et les mensurations décrites sont différentes, longueur 600 mètres, hauteur 120 mètres, c'est du gigantisme, les témoignages donnant des mesures sont toujours une interprétation subjective personnelle et on ne peut ni les confirmer ni les infirmer totalement.

Des sources sérieuses ont signalé fin des années 90 jusqu'au milieu des années 2000 à Moscou, un laboratoire bunker spécial sous le bâtiment de l'Institut des Problèmes Biomédicaux IBMP (ИБМП) se trouvent d'autres ovnis en forme de morceaux suite à des crashs et des ovnis complets intacts à fin d'étude, voire des corps humanoïdes conservés afin d'analyses médicales ultérieures.

Dans la première moitié des années quatre-vingt-dix a été temporairement capturé et stocké un autre ovni, dans un hangar bunker à partir du 3 Novembre 1983, suite à sa capture à Kohtla-Jarve en Estonie. Elle est la quatrième plus grande ville d'Estonie, elle forme la commune urbaine de Kohtla-Järve.

La ville est située au Nord-Est du pays, dans la région administrative du Virumaa oriental. Un ovni en forme de dauphin d'environ six mètres de long, il a été emmené dans un nouveau hangar souterrain à dénommé Nouvelle Terre entre Kapustin Yar et Vladimirovka, toutefois l'emplacement et l'existence de ce bunker tout comme celui nommé 754 a été démentie par la suite par de très nombreux ufologues qui ont enquêté sur ce sujet. Cette opinion n'est pas partagée par les ufologues américains qui disent qu'un technicien qui y travaillait aurait vendu des informations à une revue italienne Ufo Magasine en été 1999, et que suite à la publication d'un article à ce sujet il n'aurait plus donné signe de vie[65].

En 1995 dans le bunker 754 il y aurait eu cinq trophées d'ovnis, trois disques don deux du même modèle, un cylindre coupé en deux et un aéronef dauphin. Il est à signaler qu'il est possible que dans le bunker dit de réserve l'ovni en forme de dauphin puisse être un prototype de la série BOR, il faut garder la tête froide et cette seconde possibilité à l'esprit. Ce qui expliquerait que ce hangar ne soit qu'une réserve de divers appareils prototypes expérimentaux aérospatiaux soviétiques.

Suite à la tentative de vendre un film concernant le crash d'un ovni à Sverdlovsk en Russie, le discrédit retombe sur les affaires d'ovnis en Russie, en premier sur la véritable affaire de l'ovni de Sverdlovsk ensuite sur tout le reste y compris le bunker 754de KapYar comme la nomment les habitants. Le 13 septembre 1998 est diffusée pour la 1ère fois sur la chaîne TNT a une émission sur les dossiers secrets ovnis du KGB, produite par Associated Télévision International ATI, elle est présentée par Roger Moore en trench coat. Durant environ 90 minutes de reportage, plusieurs experts russes et américains sont interrogés, dont Antonio Huneeus, et un certain V. G. Vereschagin, en fait Benyamin (Вениамин Верещагин), présenté comme auteur d'un livre sur les ovnis en URSS.

Vladimir Ajaja l'ufologue russe relate la supercherie ainsi que les origines du vrai crash de Sverdlovsk, dans le n° 2 d'Oracle (№ 2 Оракул) en 1999 :

« J'ai fu le film sur la catastrophe d'un ovni dans l'Oural », fin de citation[66].

---

[65] https://www.rdrusia.com/kapustin-yar/

[66] http://urbibl.ru/Stat/NLO_nad_Uralom/katastr_nlo_na_urale.htm

Au début du film, un message apparaît : Ce que vous allez voire pourrait être vrai ou non[67].

L'affaire montée de toutes pièces, révélée au public en mars 1998 par les membres d'une équipe de producteurs de télévision américaine qui déclarent :

« Avoir réalisé le film en question par appât du gain », fin de citation.

Ils auraient engagé des comédiens à Moscou, acheté des uniformes de 1968, fabriqué une soucoupe en mousse plastique et monté quelques prises de vue dans la forêt. Si on observe bien le film, l'insigne du KGB n'est pas bon, c'est une triste copie produite aux USA comme souvenir dans les magasins pour trois dollars, et à un moment on distingue sur la droite du disque l'armature en bois et le disque plastique posé dessus[68].

---

[67] http://www.sciences-fictions-histoires.com/blog/ovni-ufo/ovnis-le-faux-crash-russe-de-sverdlovsky.html#fytj0Y3Zs2PgarPM.99

[68] http://www.sciences-fictions-histoires.com/blog/ovni-ufo/ovnis-le-faux-crash-russe-de-sverdlovsky.html#fytj0Y3Zs2PgarPM.99

# LA TECHNOLOGIE EXTRA TERRESTRE ETUDIEE SUR TERRE

Situé dans la ville de Akhtubinsk, région d'Astrakhan, dans le secteur des hangars A-10 et A-15 renferme une zone nommée la Nouvelle Terre, un labo a été le théâtre de la recherche et le développement top secret R & D sous les noms codés de Atlas et Orion, dont le but était la compréhension et l'utilisation de technologie d'origine extra-terrestre capturée par l'armée. Ces deux dernières informations sont sujettes à vérification, il y eut un projet Orion aussi aux USA qui finit mal puisque des chercheurs du centre furent même menacés de mort par la CIA une fois le projet abandonné.

Selon le sergent Clifford Stone, le gouvernement américain aurait tenté de détruire les preuves de l'écrasement d'un vaisseau extraterrestre contenant des extra-terrestres le 9 décembre 1965 en Pennsylvanie et aurait menacé de procès tous ceux susceptibles de parler de cet événement, dont ils auraient été témoin, notamment les futurs membres du projet Disclosure, Steven Macon Greer, un médecin, ufologue, essayiste et théoricien de la conspiration explorant les thèmes de l'ufologie et de la théorie du complot a également enquêté sur le projet Orion dans le dossier plasma et propulsion nucléaire associée[69].

Les chercheurs russes font souvent référence à un incident qui a eu lieu pendant la guerre au Vietnam à la même époque en 1965, la capitale communiste subissait des raids aériens américains et était défendue par le corps de la défense aérienne soviétique composé de neuf équipages antiaériens. Les escadrilles sont situées à une distance de 25-30 km de la ville. Un soir, en Juillet en 1965 sur la position de l'un des équipages, il accroche un énorme objet sous la forme d'un disque avec un diamètre de plusieurs centaines de mètres (300 m). Son apparence était soudaine et silencieuse.

À la demande du système radio l'objet ne répond pas, un ordre d'atterrir immédiatement lui est envoyé et l'ovni ne réagit pas, quelques minutes plus tard l'ordre d'ouvrir le feu est donné, neuf missiles air-air sont tirés sur la cible par trois MIGS, ils explosent sans causer aucun dommage sur l'objet gigantesque en forme de disque.

---

[69] http://www.disclosureproject.org/
https://ru.wikipedia.org/wiki/ Грир,_Стивен_Макон

Après cela un faisceau lumineux bleu sort du disque et transforme les trois Migs en un tas de métal fondu, à la suite plusieurs projections au sol sur la base vont tuer environ 200 personnes au sol. Cette affaire a été à plusieurs reprises démentie par les médias officiels soviétiques, cela n'a pas encore été confirmé, et des discussions directes avec les participants de la guerre ne sont que des témoignages non officiels. Cette homonymie d'appellation entre projet russe et Américain est singulière puisque la technologie hybride la plus avancée dans la recherche spatiale en relation avec des prototypes se rapprochant de soucoupes volantes ou d'engins circulaires est dans le domaine de la propulsion à plasma associée à l'énergie atomique, ou à la thermodynamique magnétique ou encore à l'élément 115 le Moscovium ou le moteur ionique au mercure très toxique[70].

A Sverdlovsk 2 200 tests ont été effectués et réussis sur 306 protocoles de recherche secrets, à Vladimirovka de 1920 à l'heure actuelle, le centre d'essais testé plus de 390 modèles d'avions, tous des prototypes d'essai secrets à l'origine, dont 280 modèles ont été mis en service et parmi les cent derniers plus de 80 % demeurent encore secrets. Furent aussi testés, tous les missiles air-air (воздух-воздух), crées en URSS et par la suite la Fédération de Russie y furent expérimentés. Les systèmes de recherches et les organismes d'expérimentation scientifique, les institutions du ministère russe de la défense occupent les lieux de la plus ancienne base de l'aviation russe. Il a été testé ici tous les avions et hélicoptères possibles, y compris l'armement des avions et les équipements, les systèmes connexes de communication et de contrôle, qui sont en service actuellement dans les forces armées russes, les radars aériens, les radars de guidage des missiles balistiques, les fusées spatiales et occasionnellement des satellites. Ici furent testés tous les nouveaux échantillons de l'aviation nationale, pour être un bouclier fiable aux frontières aériennes de la Russie. Le GLITs 929 le centre d'essais en vol, Centre de Recherche Aéronautique du Ministère de la Défense nommé Tchkalov (Государственный летно-испытательный центр имени Валерия Чкалова 929 ГЛИЦ ВВС) a été chargé d'expérimenter de nouveaux prototypes d'aéronefs de modèle aérodynamique inhabituel, un monument aux morts rend hommage aux héroïques pilotes qui donnèrent leur vie au cours de ces tests, seulement certains d'entre eux ont le nom de l'avion associé, on ne sait pas ce que pilotaient les autres malgré de nombreuses années écoulées depuis[71].

---

[70] https://fr.wikipedia.org/wiki/Moteur_ionique
http://basile.haugazeau.free.fr/fonctionnement.htm

[71] https://ru.wikipedia.org/wiki/Государственный_лётно-испытательный_центр_Министерства_обороны_имени_В._П._Чкалова

Des essais furent conduits avec l'engin spatial le mieux conservé à Akhtubinsk, un disque utilisant comme carburant le mercure, sur d'autres prototypes d'essais les scientifiques russes développèrent la magnétohydrodynamique MHD en rendant l'air ambiant de l'aéronef conducteur de l'électricité, par une ionisation qui le transforme en plasma, l'aéronef testé avait un « carburant plasma propre » en quantité limitée, avec un réservoir spécifique, l'objet s'éleva dans les airs piloté par des pilotes d'essai russes de l'Institut de la force aérienne (maintenant GLITs d'Ahtubinsk, GLITs ou 929e Centre d'état d'essais en vol du ministère de la défense, le disque fit au moins deux à trois élévations du sol réussies.

Ce centre d'essais était particulièrement adapté pour des tests d'appareillages prototypes hors standards et hybrides entre les vaisseaux destinés à des vols hors stratosphère et des vols classiques entre 10 000 et 30 000 mètres à grande vitesse. L'équivalent des Black Manta 3 R 3 D, américains, ces avions triangulaires dits anti gravité volant à mach 9-10 y fut testé pendant un temps, ces engins de type triangulaire furent longtemps pris pour des ovnis tant en Russie qu'en Europe[72].

В 2007 году разработанный Американцами по технологии инопланетян летательный треугольный аппарат Астра 3R-3B способный летать бесшумно в 10 быстрее чем скорость звука !!!

Faisant explicitement référence à l'antigravitation, Pierre Guérin constate que la physique actuelle ignore l'antigravitation, et affirme qu'il est impossible de mettre au point un système de propulsion anti-gravitique sans que l'on en découvre, au préalable, les fondements théoriques de celle-ci.

La construction d'engins volants anti-gravitiques révolutionnaires irait à l'encontre de la façon dont notre science terrestre fondamentale a toujours progressé depuis qu'elle existe. Un tel résultat impliquerait que l'Armée de l'Air Américaine et son homologue Soviétique aient pu brûler les étapes en ayant accès à d'autres informations théoriques que celles fournies par la physique fondamentale terrestre connue.

Ces informations auraient donc eu nécessairement une origine non terrestre. L'autre possibilité avancée par Pierre Guérin est celle de la désinformation pour lancer les analystes sur une fausse piste. En fait, il est possible que les ovnis utilisent différents modes de propulsion, et qu'il n'existe donc pas une voie royale ni unique de recherche.

---

[72] http://ovni007.tripod.com/id119.html

La MHD n'exclut pas l'antigravitation même si elle est plus accessible, nous savons que les russes ont utilisé des moteurs à propulsion atomique pour alimenter leurs satellites dans l'espace comme Cosmos 964 en 1978 et que des tests pour des moteurs de fusées du même type furent étudiés mais que suite à des retours sur terre non contrôlés de satellites le programme fut officiellement abandonné suite aux implications internationales[73], en raison des irradiations atomiques lors de la destruction au sol

Après l'abandon du projet de navette Bourane en 1993 par les Russes pour des raisons diverses, ces projets d'aéronefs triangulaires ou des variantes circulaires devinrent l'un des projets stratégiques les plus secrets et les plus avancés de l'aérospatiale moderne russe et aussi américain, le secret de cet aéronef en triangle dure depuis dix ans, de 2007 à 2017 et passe pour un ovni à part entière à lui tout seul, malheureusement d'origine terrestre[74].

La base d'Akhtubinsk dispose d'un laboratoire unique et d'équipements, complexes comme le mystérieux barokamernye БАРОКАМЕРНЫЕ, qui est un centre avec un protocole de formation psychophysiologique des pilotes à une situation stressante, c'est un centre qui permet  la formation des équipages spatiaux, avec divers types d'appareillages de simulation de vol, de cabines spatiales sans apesanteur et d'autres moins conventionnels, comme des équipes de psychologues testant les capacités d'analyse et de perception humains, qui furent conduites pendant des années depuis 1989 par une équipe du KGB nommée unité 10003, dissoute en 2003.

Savin et ses employés pratiquèrent des tests psychotechniques classiques mais aussi paranormaux, ce qui devrait faire sourire certains sceptiques si on ne savait pas que l'équipe avait un budget de cinq millions de roubles et travailla pendant 15 ans sur le site, la section paranormale fut créé par le Major Général  Mikhail Aleksevitch Moiseyev (Михаил Алексеевич Моисеев) chef d'Etat Major des Armées et conduite par le colonel Alexey Yurevich Savin (Алексей Юрьевич Савин) qui fut récompensé pour ses travaux en étant nommé général. L'équipe centrale comportait quinze hommes et trois femmes, qui ont ouvert depuis un institut privé, qui loue ses services aux particuliers ou aux forces gouvernementales dans certains cas où des pratiques non conventionnelles sont nécessaires.

---

[73] https://fr.wikipedia.org/wiki/Cosmos_954
https://www.hc-sc.gc.ca/hc-ps/ed-ud/fedplan/cosmos_954-fra.php

[74] http://www.laboiteverte.fr/les-navettes-russes-abandonnees-a-baikonour/
https://fr.wikipedia.org/wiki/Bourane

Mais revenons à l'étude des incidents pendant la dépressurisation de la cabine de l'avion à l'altitude supérieure à 12 km, afin d'améliorer la formation psychophysiologique pour les vols stratosphériques et d'accroître leur sécurité.

Il y a des caissons cabines dits chambre altitude familiarisant le personnel au vol en altitude de 13,5 km, imitant la situation de stress pendant la dépressurisation de la cabine et permettant de former le comportement des pilotes dans ces conditions de stress.

Des volumes de tests psycho techniques avec des mesures de l'électricité cérébrale par électrodes sont moins évidents scientifiquement parlant.

La seule base connue sur laquelle au moins un général russe ayant appartenu au KGB a publiquement divulgué les expérimentations ufologiques est Vladimirovka[75], une base aérienne ayant disposé de tous les appareils classiques et expérimentaux que l'on peut trouver dans toute la Fédération de Russie et qui jouxte Akhtubinsk.

Deux ensembles de pistes d'atterrissage d'une longueur supérieure à quatre kilomètres y sont implantées, des centres de tests sont éparpillés tout autour en direction de l'Est à 18, 37, 48 km de la piste Sud Est disposant de leurs commodités, et de leurs propres hangars de stockage.

Avec deux installations radars et une piste immense, la base aérienne de Vladimirovka (Владимировка) est située, 48 ° 18'22 "N 46 ° 13'53" E et à 48 ° 18'58 "N 46 ° 13'14" E, au sud est du polygone de Kapustin Yar, elle fait partie de ce que les occidentaux nomment La Zone 51 Russe. Kapustin Yar est distante d'environ 40 km d'Akhtoubinsk et Vladimirovka, avec le temps une autre base relativement lointaine, puisque située à plus de 870 km à l'Est au Kazakhstan, eut ses installations et son personnel rapatrié et rattaché aux deux complexes de la Zone 51 Russe, il s'agit de la base Polygone Emba, qui englobait un territoire d'essai immense.

---

[75] (ГЛИЦ 929-й Государственный лётно-испытательный центр Министерства обороны Государственный лётно-испытательный центр Министерства обороны имени В. П. Чкалова)

# EXTRASENS ET SERVICES SECRETS

Pour ceux qui trouveraient étrange cette activité extra-sensorielle, il faut se souvenir que le projet MK-Ultra dévoilé en 1975, est le nom de code d'un projet secret illégal de la CIA dans les années 1950 à 1970 visant à développer les techniques de manipulation mentale et du paranormal, l'occident a lui aussi participé à l'expérimentation non conventionnelle de la science. Un arrangement secret réservait au projet un pourcentage du budget de la CIA. Le directeur du projet MK-Ultra, reçut 6 % du budget de l'agence en 1953, en dehors de tout contrôle budgétaire. De 1953 à 1963, le projet et ses satellites dépensèrent 25 millions de dollars. En 1972, Richard Helms, directeur de la CIA ordonna la destruction des archives du projet. Il est donc difficile d'avoir une compréhension complète de MK-Ultra étant donné que plus de 150 sous-projets différents ont été financés dans le cadre de ce programme. Cependant des milliers de documents furent découverts en 1977. Le projet fut définitivement officiellement abandonné officiellement en 1988[76].

Sur 35 ans d'existence le service du paranormal de la CIA dépensa de 1955 à 1988 environ 80 millions de dollars.

Chez les russes un tel programme existait aussi, les sources d'inspiration sur le magnétisme et l'être humain remontent à Vladimir Ivanovitch Vernadski (Владимир Иванович Вернадский), né le 12 mars 1863 à Saint-Pétersbourg et mort le 6 janvier 1945 à Moscou, fut avec le Suisse Victor Goldschmidt l'un des fondateurs de la géochimie moderne. Vernadski a travaillé sur les effets des radiations et surtout les effets des champs électromagnétiques sur l'ensemble des organismes vivants.

Alexander Gurwitsch est un des premiers à démontrer systématiquement que la biologie est influencée par la captation de quantités d'énergie provenant des rayonnements électromagnétiques. G. M. Franck, élève de Gurwitsch et fondateur de l'Institut de Biologie Physique à Pushchino est le grand spécialiste des effets des impulsions électromagnétiques sur le vivant. Les professeurs Vlail Kaznacheev, chef de la division médicale de l'Académie Soviétique des Sciences à Novosibirsk et le biophysicien Inyushin sont aussi impliqués dans ces recherches.

---

[76] Opération Mind Control Walter H. Bowart
https://fr.wikipedia.org/wiki/Projet_MK-Ultra

L'ufologue A. Kuzovkin a noté à l'examen des rapports d'ovnis en 2000, que dans 141 cas, jusqu'à sept pour cent :

« Il y a des indications que les témoins sentent un sentiment de peur, parfois très forte, et ce n'est pas seulement la peur du phénomène inconnu, les gens sont dans un terrible sentiment accablant, devant lequel l'esprit est impuissant », fin de citation.

Les scientifiques théorisent que cela peut être une conséquence d'ultrasons » fin de citation.

Au début de Juillet 1975 quatre jeunes hommes, Shavkat Uteshev Svetlana Kalinchuk, Natalya Grigoryeva et Alexandre Shapovalov, ont également rencontré une boule volante ovni. Ils ont survécu, mais les souvenirs du contact se sont gravés dans leur mémoire pour le reste de leur vie.

Le groupe d'amis se reposait près du village de Yusuphona sur la rive du réservoir Charvak en Ouzbékistan, ils ont passé la nuit sur la plage. A environ 3 heures du matin, tous les quatre se réveillent sentant une peur irrationnelle. La première chose qu'ils voient est une boule lumineuse, lentement et progressivement, à une distance de 700-800m. Elle dégageait une lumière blanche froide et morte qui ressemble à une lumière fluorescente, mais des centaines de fois plus lumineuse.

Autour, il est devenu aussi brillant qu'en plein jour, chaque brin d'herbe était visible :

« Un tel spectacle était incroyable, nous avons regardé dans un silence absolu pendant 6-7 minutes et il y avait toujours un sentiment de peur animale », fin de citation.

Selon Alexandre Shapovalov :

« Il était un sentiment étrange peut être comparé avec ce que l'on ressent durant les tremblements de terre. Nous avons vécu exactement une peur animale, parce que aucun autre mot ne peut exprimer les sentiments et le choc physique ressenti durant tout ce temps », fin de citation.

Les scientifiques modernes actuels étudient la possibilité de l'expérimentation d'armement à neutrons ou ultrasons à l'époque ce qui expliquerait le mal être physique mais ne permet pas d'expliquer les rayons lumineux associés au phénomène.

200

# LA PRAVDA ET l'UNITE 10 003

Article de la Komsomolnaya Pravda paru le 6 Février 2016 :

« Médiums militaires étrangers se sont réunis sur les ordres de Gorbatchev », fin de citation.

Dans cet article Savin dément les sources financières que l'on trouve sur internet et prétend que ce n'est pas 40 millions de roubles par an mais 100 millions de roubles de budget de fonctionnement que l'unité aurait reçu. Voici quelques extraits choisis, de l'interview d'Alexei Savin :

« Je suis diplômé de l'Ecole Supérieure Navale de la Mer Noire PS Nakhimov, spécialité ingénieur Electronique », fin de citation.

Savin a travaillé après le collège pendant seize ans dans l'un des meilleurs instituts soviétiques de recherche scientifique, l'Institut de Cybernétique Théorique top objet secret de l'industrie de la défense, devenu l'Institut de Recherche en Systèmes Aéronautiques maintenant. Les mêmes missiles de croisière, si à la mode aujourd'hui, ont été inventés et conçus dans l'institut de recherche dans les années 60, bien avant les américains. En 1986 on lui à offert le poste d'officier supérieur de l'Office des Armes Ministère de la Défense de l'URSS, où il a pu travailler avec un groupe qui a étudié principes du mouvement dans le temps et l'espace, y compris les champs de torsion, il témoigne sur cet étrange sujet dans la Komsomolnaya Pravda :

« Je me souviens, je me souviens du battage médiatique autour de ces inconnus à la science des champs qui peuvent censément faire tourner la machine à mouvement perpétuel, en fait, sur la base de ces idées, beaucoup ont essayé de construire une soucoupe volante, des générateurs, mais les effets spéciaux ne sont pas atteints. Plus tard, je faisais partie d'un groupe spécial d'analystes à la tête des armes », fin de citation.

A la fin des années 80 un groupe de médiums est recruté par le Ministère e la Défense pour rechercher les navires disparus ou les sous-marins ennemis, pour établir le sort des personnes, diagnostiquer, traiter :

« Le chef de projet du groupe analytique de médiums chargé de rédiger un rapport de la direction du ministère de la défense. Je mis en place une commission de médecins, physiciens, militaires et scientifiques civils. Nous avons commencé à étudier la capacité de ces médiums », fin de citation.

Parmi eux il y eut l'Académicien Yuri Gulyaev et le professeur Edward Godik de l'Institut de Radio Ingénierie et Electronique spécialement créé pour vérifier ces phénomènes, ainsi que l'académicien Nikolai Devyatkov, héros du travail socialiste, lauréat du prix Lénine, qui a fait une grande contribution à l'électronique militaire et médicale. Savin évalue les médiums par des expériences, les auteurs de capacités soigneusement examinés de la lettre et signale au Ministère que 80% des prétentions de certains n'ont pas été confirmées Mais vingt pour cent sont avérées, un petit groupe de personnes est exceptionnellement doué, le chef d'état-major général, le général d'armée Mikhail Moiseyev est très intéressé. Le colonel Savin lui donne les noms de dix personnes, le bureau du général Moiseyev crée l'unité 10003 au sein de l'Etat Major Général, dans la région métropolitaine de Kropotkine. Puis vint un certain nombre d'autres lieux de travail au sein de divers quartiers généraux, des instituts de recherche, institutions militaires et civiles pour poursuivre des études dans les domaines non conventionnels, Savin précise :

« Plus tard, j'ai appris que dans le même temps l'état-major avait fait appel au président général du KGB le général Nikolai Sham (Николай Шам) sur une proposition visant à organiser le travail avec des médiums et d'autres phénomènes », fin de citation.

La science informelle rejoint la science traditionnelle, Savin recrute une équipe de médecins experts référents, des physiciens, des militaires, l'académicien Youry Guliaev (Юрий Гуляев), Edouard Godik de l'Institut de Radiotechnologie et d'Electronique (Эдуард Годик Института радиотехники и электроники), ainsi qu'un neuroscientifique de renommée mondiale Natalia Bextereva (Наталья Бехтерева, нейрофизиолог с мировым именем) directeur de l'institut du cerveau, memebre de l'Académie des Sciences d'URSS, ldocteur en médecine, professeur et petite fille d'un psychiatre russe éminent, l'académicien Vladimir Bechterew (Владимира Бехтерева), et Natalia Petrova (Наталья Петровна) de Leningrad :

« Et il est arrivé de l'argent avec l'aide du ministre des finances Valentin Pavlov, le futur premier ministre de l'URSS, il a placé le coût d'une unité militaire secrète dans un budget spécial, environ 100 millions de roubles par an », fin de citation.

Soit un milliard trois cents millions de budget englouti en treize ans, si l'on extrapole, ce financement a été intégralement reconduit après l'effondrement de l'Union Soviétique, jusqu'à la fermeture de l'unité parapsychologique 10 0003.

Savin se remémore :

« Pavlov était très intéressé par les progrès de notre travail. Toutes les deux semaines, je le rencontrais avec le Premier ministre à la maison en toute sécurité pour lui rapporter en détail les progrès de la recherche, des expériences et des développements pratiques » fin de citation. « En un an et demi depuis le début des opérations, nous avons été en mesure de former des personnes avec de telles capacités phénoménales que nos adversaires ne rêvent », fin de citation.

Les parapsychologues sont engagés dans des travaux d'étude de documents classifiés, la lecture des informations de cerveau humain ; connaître le contenu des livres sans ouvrir leurs couvertures et documents sans les lire, évaluer les idées et les plans de l'ennemi, prédire l'évolution des opérations de combat, identifier les faits les activités de renseignement de l'ennemi, déterminer les coordonnées des cachettes et beaucoup d'autres sujets. Ils étaient à la recherche de la fréquence à laquelle il est nécessaire d'ajuster le cerveau sans douleur, sans médicaments, l'hypnose :

« Après un an et demi, nous avons appris à faire un réglage fin du cerveau, ensuite, nous sommes allés à la formation des opérateurs » fin de citation. Il a été décidé de créer un département de formation des agents pour obtenir des informations à une manière phénoménale à l'Académie des Forces Aériennes Yuri Gagarin de Monino, à 30 km au Nord-Est de Moscou. Les techniciens parapsychologues de l'équipe au colonel Savin se réunissent sur ordre de Gorbatchev dans le désert de l'Ouzbékistan afin de tenter un contact physique avec des extra-terrestres, le ministre de la défense Yazov Milhikera accepte la demande du chef de l'état et envoie l'équipe avec Savin, ils passèrent une nuit au coin du feu mais la rencontre ne se produisit pas, Savin rendit compte de l'échec au gouvernement, on suppose que le choix du lieu fut en adéquation  avec des observations d'ovnis signalées, mais le travail psychologique des médiums n'aboutit pas :

« Les lecteurs de Komsomolskaïa Pravda attendent des preuves concrètes de vos activités », dit le journaliste.

Le principal domaine d'activité était de ce côté de l'océan :

« Nous avons préparé pour la Marine quelques groupes qui travaillent toujours là. Les pilotes d'avions de combat préparés par nous avec 80-85 pour cent de précision de cibles terrestres trouvés à la fois sur la carte et sur le terrain pendant le vol », fin de citation.

En Tchétchénie l'équipe paranormale évolue sur la recherche de mines dans le sol et dans les mers à la recherche de sous-marins américains en temps réel, déterminer l'état de santé de personnes, d'objectifs sur des cartes ou des photos.

Au début des années 2000, la situation a changé dans le ministère de la Défense, à la fin de 2003, le Président a publié un décret sur la liquidation de l'unité 10003, il est difficile de dire pourquoi la direction a décidé ainsi, le département de la formation des officiers-médiums fut liquidé en 2011 par le ministre de la Défense Serdioukov de l'Académie de l'Air. Après la liquidation de l'unité 10003 Savin commence à accumuler les méthodes, puis de les mettre en œuvre largement au public au sein d'une structure privée :

« L'étroitesse de la structure militaire entravait considérablement nos activités sur l'apprentissage des personnes. Je voudrais donner à notre peuple tout ce qui pourrait gagner sur le développement des capacités extraordinaires », fin de citation.

Savin précise :

« Nous travaillons dans différentes institutions. Moscou au Centre de l'Institut des stratégies économiques et de l'Université Plekhanov, Krasnoyarsk, Stavropol, Saint Pétersbourg, Ekaterinbourg et d'autres villes de Russie », fin de citation.

Selon la Komsomolnaya Pravda :

« L'unité militaire 10003 a existé et a obtenu un succès impressionnant. Son équipe a ouvert un grand nombre de phénomènes et processus dans le domaine extrasensoriel, beaucoup d'entre eux se sont mis au service de la cause qu'ils servaient », fin de citation.

Le centre extrasensoriel de Savin dispense aujourd'hui des cours à des particuliers afin de leur permettre de trouver en eux les ressources et l'énergie nécessaires pour accomplir des réussites personnelles et professionnelles. Savin précise les termes de son mandat militaire pour le journal MK.RU le 20 Mars 2018 :

« Notre unité militaire 10 003 a initialement fourni un effectif de 10 personnes, au fil des années cinq fois plus grande, une unité en lien avec le gouvernement, afin que je puisse contacter directement les dirigeants du pays.

Notre première tâche consistait à analyser les travaux menés sur le programme de guerre psi aux États-Unis et dans les pays occidentaux membres de l'OTAN. D'autres tâches couvraient de nombreux sujets similaires à ceux des nord-américains, liés à la perception hypersensible, à la clairvoyance, à son étude et à son application ».

- Les physiciens de l'Institut d'ingénierie radio et électronique de l'IRE de l'Académie des sciences de l'URSS ont, si je me souviens bien, ont appelé leur programme national : Les champs physiques des objets biologiques, ils ont vu chez des personnes psychiques une sensibilité extrême à la chaleur, aux rayons infrarouges et à d'autres domaines connus. Quel était le nom de votre programme? En quoi cela diffère-t-il de celui dans lequel des physiciens étaient engagés?

— Физики института радиотехники и электроники ИРЭ АН СССР, как я помню, назвали свою государственную программу «Физические поля биологических объектов», видели в экстрасенсах людей, отличавшихся сверхчувствительностью к теплу, инфракрасному излучению и другим известным полям. Как называлась ваша программа? Чем она отличалась от той, которой занимались физики?

« J'ai argumenté comme suit: « S'il existe un spectre de phénomènes aux capacités extraordinaires, il existe un mécanisme pour leur formation cohérente », ce que nous avons fait.

- Outre le lieutenant-colonel Vishnevetsky, vous n'avez pas nommé un seul nom de vos employés. Ils ne parlent pas à la télévision et ne donnent pas d'interviews, de quel genre de personnes s'agit-il?

« Je ne peux toujours pas parler des hommes, car leurs activités sont soumises à des restrictions. Je parlerai des femmes avec plaisir.

La première s'appelle Elena Oleinik (Елена Олейник), selon une carte détaillée de Moscou, disponible à l'état-major, elle a déterminé qu'il existe dans la région de Koptev un refuge sûr où un résident français fournissait des armes, des munitions, de l'argent et de la drogue à destination de notre pays. Elena a aidé les dépisteurs à révéler les itinéraires de livraison de contrebande, déterminé la maison, l'entrée de la cachette au sol où se cachait le résident.

Elena nous a tous convaincus que le moyen de découvrir des capacités uniques consiste à se dépasser soi-même, à surmonter les circonstances et à se méfier de ceux qui nous entourent. Elle appartient à juste titre à la priorité bien méritée de nos recherches. Elle a piloté plus de vingt fois pour des missions dans le cadre de groupes de reconnaissance, a révélé des objets occultés, ouvert des passages dans des champs de mines, découvert des dépôts d'armes et de munitions dissimulées.

Pendant la guerre en Tchétchénie, elle a aidé des civils à la recherche de parents disparus et de biens volés par des maraudeurs.

Elena Mikhailovna (Елена Михайловна), a été décorée de nombreuses médailles, dont celle pour services à la patrie (За заслуги перед Отечеством), pour la coopération militaire (За боевое содружество), pour la valeur militaire (За воинскую доблесть) de 1° et 2° classe et d'autres décorations militaires (I и II степеней и другими боевыми наградами).

Le colonel Larisa Osipova (Лариса Осипова) est diplômée de l'état-major de l'académie militaire, docteur de profession. Elle a suivi un cours de formation auprès de notre administration et du centre de formation au combat de Krasnodar, A.A. Kadochnikov. Elle a découvert les objets masqués, et plans de l'ennemi dans la dynamique de la bataille et des opérations. En tant que médecin, elle a soigné la population et participé à la réadaptation psychologique des enfants et des adultes.

Une fois avec Osipova, je me suis envolé pour me rendre à un endroit en hélicoptère. Lorsqu'ils ont commencé à lui tirer dessus, elle n'a pas perdu son calme, a ouvert l'écoutille et, en regardant à travers, a commencé à tracer des zones de tir sur la carte. A la fin de la guerre en Tchétchénie elle avait été décorée avec 12 médailles et insignes.

Le même nombre de récompenses de combat d'Elena Klimova. Elle a suivi un entraînement à la montagne, à la mer, au fusil et avec divers types d'armes, elle a une bonne maîtrise du combat au corps à corps. Sur la photo du journal MK, les lecteurs l'ont vue au périscope du sous-marin, où elle travaillait avec des sous-mariniers. Avant de rejoindre notre équipe, Elena a été enseignante dans une école primaire. Et à l'état-major, elle dirigeait le centre de formation spéciale, où nos états-majors, officiers du renseignement et agents de sécurité étaient formés selon nos méthodes. En tant que membre des forces spéciales, elle a volé plus de 40 heures pour reconnaître les formations ennemies depuis les airs.

Au début de notre conversation, j'ai dit que notre personnel avait évité un accident à Glasgow, cela a été fait par Elena Klimova (Елена Климова) et Margarita Mishkina (Маргарита Мишкина).

Margarita Evgenievna Mishkina est une opératrice spéciale très talentueuse. Elle a fourni un soutien psychologique aux généraux supérieurs des forces armées. A été admise aux rapports au chef d'état-major général.

Elle a fondé et dirigé l'institut de recherche sur les problèmes des sciences naturelles, composé exclusivement de candidats et de docteurs en sciences.

Comme Osipova, elle tire bien avec de nombreux types d'armes, fait plus de vingt sauts en parachute et possède des techniques de combat en corps à corps.

Quand à Moscou, près de chez elle, deux voleurs l'ont attaquée et tentée de saisir son sac, je peux dire une chose les gars furent malchanceux. Elle était capable d'établir des listes de noms des gangsters en Tchétchénie et indiquaient avec exactitude l'endroit où ils vivaient.

Mishkina (Мишкина) a reçu des photos de délinquants criminels et elle a fait ce que les détectives ne pourraient pas, travail pour lequel elle a remporté de nombreux prix du ministère de l'Intérieur de Russie et de pays étrangers ».

Elle a reçu 23 ordres et médailles russes et étrangers, vous pouvez les voir sur la photo du journal MK.

- Alexey Yuryevich  Savin, pour quoi vous avez reçu l'Ordre du Courage?

« J'ai reçu l'Ordre du courage pour avoir mené à bien des tâches comportant un risque de mort, lors de l'une des opérations spéciales antiterroristes, j'ai subi une commotion cérébrale, mais la tâche a été menée à terme ».

- Que faites-vous et vos anciens subordonnés de nos jours?

« Un grand nombre de nos employés continuent à travailler dans des organismes chargés de l'application de la loi, des centres de recherche et des administrations fédérales et régionales.

La colonne vertébrale de notre équipe donne des cours non seulement aux militaires, mais également aux étudiants civils. Nous préparons un cours de conférences, des cours pratiques.

Nous avons de grands projets, alors il y aura quelque chose à retenir et à dire à nos petits-enfants », fin de citation[77].

---

[77] О предыстории создания в/ч 100003 читайте в материале «В черта поверишь»: генерал раскрыл секреты советской «фабрики экстрасенсов»

https://www.mk.ru/social/2018/03/20/tayny-boevykh-ekstrasensov-v-chechne-supersposobnosti-protiv-dudaeva.html

20.03.2018 в 17:56, просмотров: 34809  MK RU

# LA REUNION DES POYGONES
## EMBA ET KAPUSTIN YAR

Selon des sources russes, un ovni en forme de disque fut aussi enfoui au lieu dénommé site d'enfouissement du polygone Emba (Полигон Эмба). Situé à 10 kilomètres au sud de la ville Emba district Mugalzharsky de la région Aktobe, à 200 kilomètres au sud d'Aktobe, cette base porte le nom officiel le 11° GNIIP (11 Государственный Научно-Исследовательский Испытательный Полигон МО РФ 11° ГНИИП), la surface du polygone est énorme près de 2 96 0144,6 hectares, il fut fondé le 7 mai 1960, date de la création de la station et de la voie de chemin de fer de Emba, région de Aktobe. L'objet gardé un temps là-bas aurait été rapatrié sur Kapustin Yar par la suite. Les spécialistes font état de plusieurs de ces cas d'enfouissement d'ovnis ou de construction de bâtiments autour, étroitement liés à l'impossibilité de déplacer ces deniers pour les étudier en raison d'émanations d'ondes nocives durant le début des années 50. Les mesures faites sur les lieux d'atterrissage accidentel d'ovnis démontrant que le magnétisme, la radioactivité et les autres formes d'émissions nocives, décroissent avec le temps.

Précisons que le site d'Emba et ses trois millions de kilomètres carrés était plus judicieux pour occulter des choses que l'on souhaite soustraire au regard des citoyens que Kapustin Yar, à seulement cent kilomètres au Sud d'une grande ville Volgograd. C'est sur cette réflexion de stockage indispensable pour traitement, neutralisation des effets nocifs que l'idée du lieu de stockage unique creusa son chemin chez les ufologues, sans doute aboutit-elle à l'idéalisation du bunker 754, qui pour autant qu'elle soit séduisante peut ne pas être le reflet de la réalité.

De nombreux ufologues russes finirent même par renoncer et penser qu'il n'existe pas, pourtant au nord de Zihtkur la ville détruite, se trouve bien un ensemble top secret destiné à des lancements de type TOPOL, SS 18 Satan, R-36. Le site touche la ville mais est complètement à l'extrême Nord, un rectangle caractéristique avec des baraquements, des hangars, un bunker souterrain, un bunker rond pour lancement de missiles, une antenne sphérique.

En remontant la route direction Nord-Est on tombe sur une forêt ovale, plus loin un hangar très éloigné de tout avec un bunker, un peu plus loin un site de crash avec une trainée au sol longue de 170 m orientée Sud-Est au Nord-Est et large d'environ 16 mètres, avec une autre trace au sol de forme sphérique de soixante-quatree mètres de diamètre qui peut être une aire d'atterrissage.

En un lieu plus excentré de la route d'accès, un autre bunker est presque imperceptible, puis sur la même route encore un autre carré à la toiture compartimentée en quatre, il s'agit de la dernière très grosse structure. Cette route de Zithkur va sur 25,3 km jusqu'au village de Krasnaya Derevnya (Красная Деревня), ensuite c'est le lac Elton (Озер Эльтон). Dans cet espace des cas de survols ovnis, ainsi que plus loin vers le site A4 vers le sud et ses socles en béton pour des lancements balistiques verticaux.

Le second emplacement où des débris et soucoupes auraient été stockées est donc plus au sud, passons sur le bunker sur la route de Terexov 1 (Терехоб 1 й, direction Akhremkin Ахремкин). Au Nord ce village est très intéressant car il comprend une caserne, des baraquements, un stade de sport ovale, une grande zone de bâtisses.

Après le village la route n'est pas droite, il faut descendre au sud, tourner à droite, à gauche sur une carte routière en venant par le Nord, il faut descendre en oblique Sud-Ouest puis se rabattre plein Sud-Ouest pour arriver sur une zone de patrouilles en raison de grandes aires d'entreposage de missiles de toutes tailles, on y trouve les quatre plus belles aires de lancement  rectangulaires bordées d'arbres pour les extraire des regards, puis une voie ferrée qui fait une immense boucle en demi-cercle, revient en arc pour redescendre vers l'ouest et la gare de Tovarnaya (Станиция товарная капустин яр). Pour se rendre compte de l'immensité, les trains qui y transitent sont en attente de chargement ou déchargement sur trois vois de garage où patientent des trains de 30, 42, 48 wagons pouvant aller à 60 wagons parfois.


Selon les récits des témoins des débris d'ovnis seraient partis d'Aktobe pour parvenir à Kapustin Yar à plusieurs reprises, mais là aussi il faudrait pouvoir étudier les cas et dissocier les artéfacts inexpliqués des débris de fusées expérimentales ou prototypes d'avions.

Pour revenir à Aktobe, colline blanche ou Aktioubinsk, la base du Kazakhstan comprenait l'aérodrome militaire de Karas, (Карась военный аэродром), situé dans le quartier Mugalzhar au Sud-Ouest d'Aktobe au Kazakhstan à 2 km au sud de la ville de Gemme (жем) et à environ 12 km de la ville d'Emba, l'ancien camp militaire Emba-5.

L'aérodrome fut construit au milieu des années 60 avant d'être délocalisé en 1999. En 2010, la majorité des bâtiments sur l'aérodrome et la piste furent démantelés ou endommagés par les eaux en crue. Les dommages irrémédiables rendirent impossible la poursuite de l'exploitation de l'aérodrome, cela faisait déjà plus de dix ans que tout ce qui avait été abandonné était régulièrement pillé par des récupérateurs de métal car l'état n'entretenait plus les lieux.

En 1980, la base a reçu l'Ordre de l'Etoile Rouge de l'URSS. Le 5 Novembre 1998, le 11 GNIIP fut inclus dans la zone de responsabilité du polygone polyvalent numéro 4 GTSMP, (4 ГЦМП) Kapustin Yar unissant les activités respectives conférant une fois de plus une dimension mythique à cet endroit.

De juin à décembre 1999 la base Emba fut démantelée et les troupes redéployées sur le polygone 4 GTSMP de Kapustin Yar, région d'Astrakhan, sous le nom de 788° Centre de recherches et d'essai d'armes et d'équipements militaires Forces terrestres.

В 1999 году полигон был расформирован, в период с июня по декабрь российские войска передислоцированы на полигон Капустин Я 4 ГЦМП Россия, Астраханская область, где на его базе создан 788 Научно-Испытательный Центр Вооружения и Военной Техники Сухопутных Войск.

En 2000 la base Emba est devenue partie intégrante de la base de Kapustin Yar 4 (ГЦМП Капустин Яр) avec la référence de base numéro 5580, pour devenir le 788 e Centre Scientifique d'Armement et d'essais d'équipements militaires des forces terrestres unite 21065[78].

C'est sur cette base de Emba que des essais furent entrepris avec une soucoupe volante qui réussit à se soulever dans l'air à basse altitude seulement deux fois, plus une troisième partielle totalement ratée, à la fin de 1992 et 1993, puis son développement n'a pas progressé en raison du manque de carburant et en l'absence d'une propulsion puissante. Cette similitude d'essai de soucoupes à ces deux endroits est singulière si elle est avérée car de nombreux cas de retours de matériel d'Emba vers KapYar sont recensés concernant un matériel bien sûr secret mais, il pourrait s'agir aussi de missiles balistiques nucléaires.

---

[78] 788-й научно-испытательный центр вооружения и военной техники Сухопутных войск (788-й НИЦ СВ) (в/ч 21065)
ref https://rvsn.info/test_range/nic_k_788.html

Tout est à éclaircir dans ce domaine qui lie les deux bases avec des essais de vol qui auraient dû être imputés à d'autres bases expérimentales dépendant de l'armée de l'air. Produire le matériau combustible extra-terrestre que les scientifiques nommeraient non conventionnel ne fut pas possible avec la technologie actuelle, en raison d'une trop grande différence dans la composition des alliages.

En parallèle à la conception du projet de navette spatiale Bourane tempête de neige entre 1980-1988, fut conduit le projet Ajax avec la technologie extra-terrestre stockée dans les labos, pour les plus sceptiques, avec de l'ingénierie magnétohydrodynamique volant à plus de mach 10.

Des moteurs de fusées dits ioniques exerçant leur force de propulsion en accélérant des ions à très haute vitesse furent testés, le carburant n'était pas brûlé mais ionisé en passant au travers d'un champ électrique de haute intensité[79]. Le gaz xénon fut est utilisé comme carburant, mais aussi l'énergie nucléaire, le césium, le sodium et le mercure, l'élément 115. La Nasa expérimenta aussi ce type de moteurs spatiaux à partir de 1998.

Un autre troisième bunker souterrain serait encore opérationnel, et où sont stockés des ovnis capturés durant l'ère soviétique au Kazakhstan, au sud de la ville de Stepnogorsk, près de l'ancien magasin d'armes nucléaires n°12 du ministère de la défense object S-K-138.

On y étudie au fond les matériaux en alliage des ovnis, bien que les ingénieurs s'y cassent les dents depuis 50 ans sans pouvoir reproduire un alliage à l'identique. Stepnogorsk (Степногорск) ou Stepnogor en kazakh (Степногор) est une ville de la région d'Aqmola, dans le Nord-Est du Kazakhstan. Là aussi dans les domaines de la propulsion par anti gravité divers tests furent réalisés. Doit-on pour autant rejeter tout en bloc et considérer qu'il n'y a rien de sérieux dans ces histoires qui mêlent ovni et antigravitation ? Certes pas, le major Donald Edward Keyhoe faisait déjà état dans les années 60 de recherches de l'Air Force autour des ovnis pour trouver le principe de l'antigravitation que ceux-ci semblaient maîtriser.

Il cite l'existence de programmes de recherche anti-g, liant des entreprises du complexe militaro-industriel à l'armée de l'air, et écrit qu'il n'y avait pas moins de 46 groupes d'études en 1965.

---

[79] https://fr.wikipedia.org/wiki/Arme_volante_non_identifi%C3%A9e
https://fr.wikipedia.org/wiki/Magn%C3%A9toa%C3%A9rodynamique

En 1956, Donald Edward Keyhoe a cofondé le Comité national des enquêtes sur les phénomènes aériens NICAP[80]. Il se trouve qu'un document déclassifié par l'USAF, en 1995, fait état de l'existence, en 1956, d'un groupe intitulé Gravity Research Group et de recherches menées au sein de la plupart des firmes aéronautiques sur l'électro gravité[81].

Les recherches sur l'antigravitation se poursuivent aujourd'hui encore, et parfois même au grand jour. La firme américaine Boeing a ainsi fait savoir qu'elle lançait un programme de recherche antigravitation baptisé Gravity Research for Advanced Space Propulsion (GRASP), la société Boeing développe les travaux sur l'anti-gravité de Yevgeny Podkletnov.

Selon la chaine BBC News :

« Le projet est exécuté par les Phantom Works les plus secrets de Seattle, la partie de la société qui gère les programmes les plus sensibles de Boeing. Le chef de Phantom Works, George Muellner, a déclaré au journal d'analyse de sécurité Jane's Defense Weekly que la science semblait être valide et plausible », fin de citation[82].

Actuellement trois centres suscitent beaucoup d'intérêt, l'un au Sud-Ouest de Moscou à 15 Km de Serpukhov, le centre de la cité des sciences travaillant sur la propulsion et un autre au nord vers Mititsy (Мытици) et où sont maintenant entreposés divers aéronefs non identifiables, puis un peu plus loin à l'Est la base expérimentale d'essais aériens située dans l'aérodrome de Tchkalovski (Чкаловский), près de Moscou à 16 km au Nord est d'Izmaïlovo dans la banlieue moscovite, la base est une filiale du Ministère de la Défense de la Fédération de Russie branche filiale GLITs RF MO RF  (Ц Чкаловский Филиал ГЛИЦ МО РФ).

Le centre de test effectue des essais ainsi que l'évaluation des systèmes d'aviation d'hélicoptères, la formation initiale de pilotes sur des nouveaux appareils, leur équipement et les armes.

---

[80] https://en.wikipedia.org/wiki/Donald_Keyhoe

[81] https://en.wikipedia.org/wiki/United_States_gravity_control_propulsion_research

[82] http://news.bbc.co.uk/2/hi/science/nature/2157975.stm

Il est également testé les moteurs d'avions et de fusées, et des engins spatiaux habités, d'évaluer la possibilité de techniques d'atterrissage pour le transport de troupes au sol ou de fret, la mise sur pied de soutien aérien et d'équipes de sauvetage aérotransportables, divers en relation avec le support des troupes aéroportées et aussi expérimentations d'engins aériens non conventionnels au sens où l'aéronautique l'entend actuellement.

La base dispose d'un équipement de laboratoire unique et un banc d'essais pour tous types de monteurs propulseurs, et des appareillages complexes, permettent la formation opérationnelle des équipages spatiaux[83].

---

[83] http://actualitedelhistoire.over-blog.com/article-s-56929387.html

## LES USA ACCENTUENT
## L'ESPIONNAGE SUR
## KAP YAR EN 2017

Tout comme dans la zone 51 nord-américaine en plus de missiles balistiques atomiques, de fusées et roquettes aériennes, terrestres et sous-marines allant jusqu'au tout puissant Topol ainsi que des fusées spatiales et des capsules ou encore la navette spatiale soviétique la Bourane, toute une série de d'aéronefs spéciaux furent mis au point à Kapustin Yar. Et quasiment tous les prototypes normaux ou exotiques d'avions ou de fusées furent testes entre Kapustin Yar et Vladimirovka transformant ce secteur en cible prioritaire pour l'espionnage nord-américain pendant plus de 70 ans, une véritable obsession pour la CIA comme on peut s'en rendre compte en consultant les archives déclassifiées en ligne sur leur site se rapportant à ce lieu. Et en 2017 l'intérêt de l'agence de renseignement nord-américaine redouble en raison des progrès réalisés par les laboratoires de recherche et développement de la Fédération de Russie.

Selon une dépêche de l'AFP reprise par les journaux le 1° Mai 2017 :

« Une fusée Falcon 9 a décollé du Cap Canaveral, en Floride, transportant à son bord une cargaison de l'agence de renseignement américaine NRO, spécialisée dans les satellites espions », fin de citation.

La société aérospatiale américaine SpaceX, Space Exploration Technologies Corporation, employant 4 000 personnes, il s'agit de l'un des deux prestataires privés de la NASA, et a lancé le lundi 1er mai, un satellite espion destiné à la Fédération de Russie entre autres, pour le compte du gouvernement américain connu sous l'appellation NROL-76[84].

La société SpaceX est fondée en 2002 par un multimillionnaire qui avait revendu sa société PayPal pour se lancer dans la conception spatiale[85]. Une fusée type Falcon 9 pouvant placer en orbite basse une charge utile de 13,15 tonnes a décollé du cap Canaveral, en Floride, à 13 h 15, transportant à son bord cette cargaison du National Reconnaissance Office (NRO), une agence de renseignement américaine spécialisée dans les satellites espions.

---

[84] https://ru.wikipedia.org/wiki/NROL-76

[85] http://spaceflight101.com/falcon-9-nrol-76/nrol-76-satellite/

Si cet espionnage perdure encore de nos jours, et se concentre sur ces lieux mythiques formant la zone 51 russe après 70 ans d'espionnage intensif, c'est parce qu'un concentré de technologie massif s'y trouve ou y transite à un moment ou à un autre pour y être testé et évalué en situation réelle. Pour mémoire trois bases aériennes expérimentales intéressent les programmes de ce satellite, une dans le Caucase, l'autre au Nord-Est de Moscou, l'autre au sud de Kapustin Yar, le fait qu'elles soient programmées comme cibles principales par le satellite américain n'est qu'une coïncidence fortuite. On ne peut pas parler du sujet ovni sans aborder la recherche et développement spatiale, avionique militaire, fuséologie et astronautique car les recherches dans ces domaines ont permis de créer toutes sortes d'engins, ils virent le jour et furent testés en secret.

Certains vols expérimentaux réussirent, d'autres ne furent pas un succès et les prototypes furent détruits au sol ou en altitude, le secret entourant de ces essais expérimentaux les fit associer à l'ufologie, et c'est encore le cas de nos jours. Le secret qui entoure la naissance de la CIA annonce celui de la création de la National Security Agency la NSA. Elle est créée secrètement par Truman le 24 octobre 1952, mais son existence ne sera révélée qu'en 1957. Entre-temps, on put quand même ériger ses bâtiments, à Fort Meade au Maryland, une véritable ville surnommée Crypto City où travaillent aujourd'hui 38 000 employés, et disposant d'un budget dépassant les 7 milliards de dollars en 2001.

Le secret y est tel qu'on l'appelle la No Such Agency, l'agence qui n'existe pas. Le secret qui entoure le National Reconnaissance Office (NRO), en charge des satellites espions, est tel que son existence, pourtant accidentellement révélée en 1973, est niée jusqu'en 1992, et que son nom n'a jamais cité au Congrès ni écrit sur des documents autres que secrets. Avec 2 700 employés et un budget annuel de l'ordre de 6 milliards de dollars, la NSA cible la Russie et la Chine qui sont sous le point de vue des américains des pays dont les intérêts stratégiques sont de plus en plus opposés aux leurs. Cette confirmation de recherches autour d'un principe en apparence étroitement lié au phénomène des ovni, et relevant pour l'opinion publique de la science-fiction, pose la question des acquis technologiques obtenus par l'armée de l'air. Ces programmes de recherches menés par le complexe militaro-industriel ont-ils abouti à quelque chose ? Les forces aériennes nord-américaines posséderaient-elles quelques-uns des secrets technologiques que les rumeurs et la désinformation lui prêtent ?

# LES PROTOTYPES EXPERIMENTAUX
## OU LES OVNIS TERRESTRES

Un livre très intéressant relate l'historique de certains de ces Kosmoplans secrets de l'union Soviétique (Космопланы Советского Союза). En effet la course à la conception d'avions espions puis de fusées, de navettes, d'aéronefs expérimentaux puis de satellites fut initiée à des fins militaires d'espionnage et renseignement ou de transport d'ogives explosives. Un nombre inconnu de spécimens expérimentaux fut étudié à la fois par les américains et les Russes. L'ensemble de ces spécimens volants expérimentaux, constitue une grande partie des ovnis observés dans la période de 1945 à 1995, tant par leur forme que par leurs caractéristiques techniques. Il y eut aussi des essais malheureux et des engins furent détruits en vol ou au sol, occasionnant là aussi panique et curiosité chez les civils. Je vais divulguer quelques Kosmoplans secrets à l'époque du passé de l'Union Soviétique, (космопланы советского союза).

Nous devons absolument prendre en compte ces aéronefs qu'ils soient à 100 % d'origine technologique terrestre ou qu'ils aient pu évoluer par la suite grâce à une technologie hybride après récupération d'aéronefs extraterrestres, si cette possibilité finit par être avérée dans les années qui viennent.

Avionefs Snariadi TU 121 aéronefs à voilure sur le plan est de forme triangulaire, avec un angle de flèche du bord d'attaque 67 °, 121 D, 121 C (Самолеты-Снаряды) Ту-121 médium C (Средний) et Ту-123 - Д - crée par la division K de l'OKB 156 Tupolev en 1958- 1959[86].

Avionefs TU 123 Faucon (Yastreb Разведывательный Самолет) Ту-123 (Ястреб), projet décidé le 16 août 1960 et construit le troisième trimestre de 1960, au bout d'un an l'usine n° 64 de Voronej produit déjà seize aéronefs et est en mesure d'en construire dix-huit machines en série, ainsi qu'un engin spécial dénommé nouvel avion sans pilote DBR 1.

---

[86] https://ru.wikipedia.org/wiki/Ty-121

https://www.e-reading.club/chapter.php/85671/44/Pervushin_-_Bitva_za_zvezdy-2._Kosmicheskoe_protivostoyanie_%28chast%27_I%29.html

L'aéronef DP Самолет (ДП), était sur une base de fusée modèle missile balistique modifiée automatisée sans pilote de type R5 et R 12 (Р-5 и Р-12)[87].

Aéronef Kosmoplan Piloté TU 136 Etoile (Пилотируемый космоплан) Ту-136 (Звезда), c'est un hypersonique dans la lignée du X15 américain. Les travaux sur la maquette du projet Etoile du bureau d'ingénierie OKB-156 de Tupolev, ont continué jusqu'en 1963, mais il n'a pas dépassé l'étude de conception de la recherche et des modèles conceptuels, car Tupolev n'a pas obtenu un ordre d'état pour créer un avion de type spatial pouvant aller en très haute altitude jusqu'à l'orbite spatiale[88].

Appareil cosmique planeur Tsibyna Lapotok (Планирующий космический аппарат Цыбина Лапоток), initié dès 1957 par les ingénieurs du bureau du constructeur d'avions Pavel Tsybine (Павел Цыбин) responsable de l'OKB 256 équipementier aéronautique OKB-256 du Comité d'Etat du Conseil des ministres de l'URSS. Le projet aboutit en 1957 sous le nom d'appareil cosmique PKA le 17 mai 1959, il était projeté en orbite à 300 km d'altitude avant de redescendre sur terre pour sa mission. L'appareil cosmique PKA (Космического Аппарата ПКА) est constitué d'un alliage composite et d'une cabine spéciale pour le vol des cosmonautes et équipement nécessaire pour effectuer un vol orbital et descente 17 mai 1959 (Эскизный проект ПКА был подписан Цыбиным 17 мая 1959 года).

Les avions sans pilote de la série SNARIAD type M 44 (Самолет-Снаряд М-44), développé par l'OKB 23 de Vladimir Miasitcheva (ОКБ-23 Владимира Мясищева).

Le projet débuta en 1958, les travaux se poursuivirent sur des prototypes qui aboutirent aux séries M 44, M 46, M 52, M 56 et 3 M. Le Kosmoplan M 48 de 1959 avait déjà tout d'une navette spatiale miniature, et le M-48 créée en collaboration avec l'OKB-1 (ОКБ-1) puis le NII-1 (НИИ-1), qui a dirigé respectivement par Sergey Korolev (Сергей Королев) et Mstislav Keldysh (Мстислав Келдыш).

---

[87] http://www.airwar.ru/enc/bpla/tu130.html

[88] https://www.e-reading.club/chapter.php/85671/47/Pervushin_-_Bitva_za_zvezdy-2._Kosmicheskoe_protivostoyanie_%28chast%27_I%29.html

Une variante du M48 nommée VKA 23 est expérimentée en 1960, elle améliorait le prototype de navette classique triangulaire avec des ailerons à la verticale sur les ailes. Le décret n ° 715-296 du 23 Juin de 1960, précise la production de véhicules de lancement de satellites, engins spatiaux pour les forces spatiales militaires en 1960-1967, par l'OKB 52 de Vladimir Chelomeya (Влади́мир Никола́евич Челоме́й) a été prié de préparer la conception préliminaire de l'engin spatial à des fins militaires. Cette recherche scientifique aboutit au rocket plan MP 1 et R (Ракетопланы МП-1 и Р) avec un équipage de deux pilotes, paré pour le vol orbital, les premiers lancements expérimentaux eurent lieu en 1961.

Le 21 mars 1963 le premier grand vol d'essai expérimental eut lieu depuis Baïkonour avec un engin lanceur de type Cyclone (Циклон). Il s'endommagea lors du retour sur terre malgré l'amorti par des parachutes, aussi en 1965 un nouveau prototype amélioré de stabilisateurs fut lancé, c'était une forme de cône qui ressemble à la cabine spatiale des fusées Apollo nord- américaines.

En 1963 la fusée SD 500 Proton, sortait du bureau d'études de Vladimir Chelomei et les projets d'avion fusée sans pilote se poursuivirent jusqu'en 1964 sur les bases des projets R et R2 suivi par le prototype d'avion cosmique Spirale (Авиационно-космическая система Спираль).

Depuis 1962, l'OKB-155 Artem Mikoyan prend l'initiative de recherches sur les systèmes aériens et spatiaux combinés. Le 17 octobre 1964, un jour après le départ de Nikita Krutchev, une commission fut créée pour enquêter sur l'activité de l'OKB-52.

Le 19 Octobre Vladimir Chelomei est appelé par le commandant des forces aériennes Konstantin Vershinin et obéissant à l'ordre, il est forcé de remettre tous les matériaux kosmoplan à l'OKB dirigé par Mikoyan.

Le prototype spiral sera rebaptisé dans ce nouveau centre technique et prendra le nom de Thème 50 puis les modèles 105-205, pour parvenir en 1965 au système VOS, d'avions à accélérateur hypersonique (GSR) et de plan orbital (OS) développés notamment dans l'OKB-1 dirigé par Sergey Korolev

A la fin de 1965, un décret du Comité central du PCUS et du Conseil des ministres URSS parait, sur la mise en place d'un système d'air-orbital (VOS) d'avion spatial habité complexe expérimental Spiral. Le concurrent du projet développé par Sukhoi, va être un jet d'air porteur T-4 et T 100.

En 1967 un groupe d'astronautes est sélectionné pour réaliser les vols orbitaux avec le projet Spiral : Gherman Titov (Герман Титов), Anatoli Filipchenko (Анатолий Филипченко) et Anatoli Kuklin (Анатолий Куклин). Le projet 105-11 Izdelie Lapot (Изделие 105.11 Лапоть), volant à Mach 6 à 8 vers une hauteur de 120 km, il était prévu de produire et de lancer des versions quatre avions sans pilote en 1969 et habités en 1970.

Parallèlement aux travaux sur le plan orbital était censé créer et tester un avion hypersonique entre 1970 et 1972 débouchant sur des prototypes air-espace évoluant au-dessus et en dessous de la stratosphère, prototypes 105-11, 105-12, 105-13.

En plus de tester un appareil subsonique type 105-11, analogue, dans le cadre de la création d'un vaisseau spatial Bourane, ont été utilisées des machines type BOR au nez rappelant celui d'un dauphin qui n'est pas sans rappeler l'engin assimilé à un ovni vu dans le hangar 754 de Kapustin Yar fin des années 90 et dont les ufologues russes parlaient début des années 2000 (entre 2001 et 2005). Ceci poursuivit l'étude des avions fusées orbitales sans pilote BOR (БОР), ont été créés afin de clarifier les résultats de la recherche aérodynamique, les caractéristiques de stabilité et de contrôlabilité du plan orbital VKS Spiral sur différentes phases de vol et l'étude des propriétés des nouveaux matériaux de protection à la chaleur. Il y eut les prototypes BOR1, BOR 2, BOR 3, BOR 4, et pendant la période 1982-1984, ont été produits six véhicules de lancement suborbital et orbital BOR-4.

Le modèle BOR 5 vit le jour à partir de juin 1983, il est l'exacte réplique géométrique de la navette spatiale soviétique Bouranne à l'échelle 1/8, le 27 Juillet 1988 furent effectués cinq lancements de dispositifs du projet BOR-5.

Il y eut un modèle BOR 6, mais il fut le dernier car ces prototypes avaient donné naissance au dernier projet de navette spatiale Bourane (Буран) qui en russe veut dire tempête de neige. La construction de la navette débute en 1980 et, en 1984, le seul et unique vol orbital en mode automatique de la navette eut lieu le 15 novembre 1988 à 3 h 00 dans des conditions météo défavorables. L'orbiteur a été mis en orbite par une fusée Energia, le système de support de vie n'était pas installé et il n'y avait aucun logiciel d'interface homme-machine. Le projet fut finalement abandonné après son premier vol faute d'argent et du fait de la situation politique en URSS. Les deux autres navettes qui devaient être livrées en 1990 et 1992 n'ont jamais été achevées et le projet a officiellement pris fin en 1993.

Les deux navettes assemblées 1.01 Bourane et 1.02 Ptichka et tout le reste du projet sont désormais la propriété de la république du Kazakhstan. Le 12 mai 2002, le toit du hangar abritant la navette 1.01, la seule ayant fait un vol orbital, et le lanceur Energia sur lequel elle était montée s'est effondré par suite d'un mauvais entretien. L'accident a totalement détruit l'engin et tué sept ouvriers[89].

En Mars 1990 près de Nartkala en Kabardino-Balkarie pendant 23 minutes sur les écrans radar un ovni est repéré, N. Bortichuk navigateur d'un équipage d'hélicoptère, lancé l'identification de l'objet, et décrit ainsi plus tard, les événements :

« Le temps ce jour-là était ensoleillé, l'objectif est un bol d'argent de trois mètres avec des cercles concentriques, on l'a immédiatement trouvé, Il était à une altitude d'environ cinq cent mètres mètres, mais à notre vue il est passé à notre hauteur à huit cent mètres, puis a commencé à s'éloigner, quelques instants plus tard, l'objet a soudainement tourné et s'est précipité vers nous à un rythme effréné, ce qui augmente la taille, peu avant il a viré à 90°, l'objet a répété sa manœuvre. En sortant la tête par la porte, nous avons vu l'ovni arrêté face à nous, puis il est revenu à sa position initiale au loin. Pour être honnête, nous étions probablement chanceux que la cible n'a pas répondu à nous agressivement », fin de citation.

Auparavant, en 1990, le journal Rabochaya Tribuna, la Tribune du Travail, avait publié un article du général d'aviation Maltsev, commandant la défense aérienne du territoire, concernant un cas radar optique bien documenté aux témoins multiples vers Pereslav-Zalesski, dans la nuit du 21 mars 1990, où un objet discoïdal, silencieux, passait de l'immobilité à une vitesse double ou triple de celle d'un chasseur à réaction moderne en Russie.

Ce cas s'est produit de nuit dans la région de Pereslavl-Zalesski, à l'est de Moscou.

Il a été rapporté par un article du général d'aviation Igor Maltsev, commandant les forces de défense aérienne, paru dans le journal Rabochaya Tribuna (Tribune du Travail) le 19 avril 1990 en des termes assez conceptuels :

« Des ovnis sur des radars de défense aérienne », fin de citation.

---

[89] http://www.xliby.ru/istorija/bitva_za_zvezdy_2_kosmicheskoe_protivostojanie_chast_i/p4.php

On y mentionnait l'envoi d'avions de combat en mission d'interception des ovnis détectés. Le général Maltsev, qui a fait la synthèse de plus de cent observations visuelles, collectées par des commandants d'unité, déclare dans le journal :

« Je ne suis pas un spécialiste des ovnis, et donc je ne peux que relier entre elles les données et donner ma propre hypothèse. Selon les données rassemblées par ces témoins, l'ovni était un disque d'un diamètre de 1 00 à 200 mètres. Deux lumières clignotaient sur ses côtés. De plus, l'objet tournait autour de son axe et effectuait une évolution en forme de S à la fois dans les plans vertical et horizontal Ensuite l'ovni restait stationnaire au-dessus du sol, puis volait à une vitesse à trois fois supérieure à celle des avions de combat modernes... Les objets volaient à des altitudes allant de 100 à 7 000 m. Le mouvement des ovnis n'était accompagné par aucune espèce de bruit et se caractérisait par une stupéfiante manœuvrabilité. Les ovnis paraissaient complètement dépourvus d'inertie » fin de citation. En d'autres termes, ils avaient d'une façon ou d'une autre maîtrisé la gravité. A l'heure actuelle, des machines terrestres ne pourraient guère présenter de telles caractéristiques », fin de citation.

Par facilité, les centres qui auraient pu s'occuper de ces engins volants émettant des rayonnements nocifs ne peuvent être que ceux se trouvant dans les enceintes fortifiées des villes fermées russes travaillant pour le département militaire en rapport avec la radioactivité, c'est plus qu'une supposition, c'est une évidence puisque les noms de certaines de ces villes ressortent dans de nombreux cas en lien avec les ovnis.

# LES VILLES FERMEES
## OU LIEUX INTERDITS

La Russie fermé les accès à un grand nombre de villes associées aux activités stratégiques, pour rappel deux passeports existaient en URSS, un pour l'étranger, un pour voyager à l'intérieur du pays sous réserve d'autorisation ainsi que des Propusk, des laisser passer adaptés aux entreprises, services et villes que les autorités décernaient après avoir étudié les raisons et déterminé s'il vous était légitime ou pas de vous trouver là-bas, avoir de la famille qui y habitait ne suffisait pas pour simplement formuler une demande afin de s'y rendre.

Les plus emblématiques des villes fermées ont été les Atomgrad (Атомград), dédiées à la recherche et aux développements nucléaires militaires.

Pendant la Guerre froide, au moins dix villes de ce type ont été créées. Après la dislocation de l'Union Soviétique, elles ont toutes changé de nom.

Toutes demeurent fermées, même si certaines parties d'entre elles comme Sarov, Snejinsk et Jeleznogorsk, sont accessibles à des visiteurs munis de permis spéciaux.

D'autres villes fermées étaient par contre très connues, à l'instar de Vladivostok, dont le rôle et l'importance étaient connus de tous. Dans ce contexte, fermer la ville n'améliorait que la protection des installations stratégiques vis-à-vis de l'espionnage ou d'éventuels sabotages.

Il existe aujourd'hui officiellement 42 Zato en Russie, dont le statut de ville fermée est défini par un décret gouvernemental et rassemblant une population de 1,5 million d'habitants.

Soixante-quinze pour cent de ces territoires sont administrés par le ministère de la défense, tandis que les autres sont gérées par l'agence fédérale de l'énergie atomique, autrefois ministère pour l'énergie atomique Minatom.

Les villes fermées soviétiques dédiées à l'armement atomique les Atomgrads étaient les suivantes, en premier lieu est indiqué leur nom de code de ville, puis son vrai nom, la région et la date de construction de la ville interdite.

Arzamas-16
    Sarov
    Oblast de Nijni Novgorod
    Conception et développement d'armements, assemblage d'ogives.

Sverdlovsk-44
    Novoouralsk
    Oblast de Sverdlovsk
    Enrichissement d'uranium.

Tcheliabinsk-40
    (par la suite Tcheliabinsk -65)    Oziorsk
    Oblast de Tcheliabinsk
    Production de plutonium,
    et fabrication de composants.


Sverdlovsk-45
    Lesnoï
    Oblast de Sverdlovsk
    Enrichissement d'uranium, assemblage d'ogives.

Tomsk-7
    Seversk
    Oblast de Tomsk
    Enrichissement d'uranium, fabrication de composants.

Krasnoïarsk-26
    Jeleznogorsk
    Kraï de Krasnoïarsk
    Production de plutonium.


Zlatooust-36
    Triokhgorny
    Oblast de Tcheliabinsk
    Assemblage d'ogives.

Penza-19
    Zaretchny
    Oblast de Sverdlovsk
    Assemblage d'ogives.

Krasnoïarsk-45
    Zelenogorsk
    Kraï de Krasnoïarsk
    Enrichissement d'uranium.

Tcheliabinsk-70
    Snejinsk
    Oblast de Tcheliabinsk
    Conception et développement d'armements.

Les villes fermées sont officiellement aujourd'hui (2018) les suivantes :

Oblast d'Arkhangelsk : Mirny

République de Bachkirie : Mejgorié

Oblast de Tcheliabinsk : Oziorsk, Snejinsk, Triokhgorny

Kraï du Kamtchatka : Vilioutchinsk

Kraï de Krasnoïarsk : Jeleznogorsk, Norilsk, Zelenogorsk

Oblast de Moscou : Krasnoznamensk

Oblast de Mourmansk : Gadjievo, Ostrovnoï, Poliarny, Severomorsk, Snejnogorsk, Zaoziorsk

Oblast de Nijni Novgorod : Sarov

Oblast de Penza : Zaretchny

Kraï du Primorie : Bolchoï Kamen, Fokino

Oblast de Saratov : Chikhany

Oblast de Sverdlovsk : Lesnoï, Novoouralsk

Oblast de Tomsk : Seversk

Oblast de Vladimir : Radoujny

ainsi que la zone 51 Russe classée aussi ville interdite :
Oblast d'Astrakhan : Znamensk

# LES PARAPSYCHOLOGUES
# DU KGB A VLADIMIROVKA

La source de cette histoire est un major général du FSB, le Service de Renseignement Russe issu de l'ancien KGB, le général est devenu chercheur à la retraite, mince, les cheveux blancs, apparu aux journalistes en uniforme officiel modèle de travail journalier.

À l'époque du KGB, Yeremenko était en charge de la division du KGB supervisant les forces de l'Armée de l'Air et la fabrication des avions, c'était sa division à qui il a été confié la tâche de recueillir tous les rapports mais aussi d'espionner les cas intéressants décelés par les SETKA AN et AM, les X-Files du ministère de la Défense soviétique exposés au public le 21 février 2013. À l'époque soviétique, le ministère de la Défense a travaillé sur un projet secret visant à créer un surhomme, en tout cas un homme ordinaire mais avec des capacités paranormales d'analyse technique et d'anticipation psychique, un vieux rêve d'ailleurs des services de renseignement nord-américains, la CIA qui elle aussi dépensa des millions de dollars dans des expérimentations parapsychiques, en cela l'histoire rejoint la science-fiction, quels qu'aient été les résultats de ces recherches.

Les cours comprenaient des tests psychotechniques, logiques, coercitifs, et des tentatives de divination sur des cartographies, sur des objets enterrés au sol, sur des quilles placées derrière vous avec différentes couleurs et tout un arsenal de tests techniques de logique arithmétique et divinatoire. Dans le cadre de ce projet, un groupe de scientifiques a réussi à entrer en contact avec une civilisation étrangère. La commandant en chef de ce projet top-secret a partagé quelques détails avec les journalistes pour la première fois en 2013, ce qui était du jamais vu auparavant en Russie. Le General russe d'où sont sorties ces informations est un vétéran des services d'espionnage et renseignement russes avec près de 25 ans de services dans le domaine lié aux ovnis.

Ce personnage devenu emblématique est Vasily Alekseevitch Eremenko, (Генерал-майор в отставке ФСБ России Василий Алексеевич Еременко более 25 лет своей жизни отдал работе), ses livres sont officiellement publiés et affichés sur le site officiel d'état du service de renseignement du FSB sans complexe pour les thèmes liés aux soucoupes volantes. Il est membre du comité des anciens combattants, membre de l'Union des écrivains de la Russie, général du KGB en retraite, officier supérieur du FSB de réserve active, professeur enseignant, académicien de l'Académie de Sécurité de Défense et de l'application de la loi.

Le Général participe à de très nombreuses conférences publiques sur les ovnis en Russie[90].

Mais nous devons à nouveau souligner que les tout premiers à avoir avoué publiquement des rencontres avec des ovnis furent les cosmonautes soviétiques, Marina et Pavel Popovitch, ou  le général cosmonaute Vladimir Kovalyouk deux fois décoré héros de l'Union Soviétique, et qui observe un ovni le 5 mai 1981 depuis sa cabine orbitale au travers du hublot pendant qu'il réalise une séance de gymnastique, je citerai également le cosmonaute Vladimir Viktorovich Aksyonov, Valery Ryumin, Gennadiy Manakov et Gennadiy Strekalov et bien d'autres ainsi Musa Manarov filme un ovni dans l'espace en mars 1991. Déjà en 1980, le célèbre magazine soviétique Sputnika publié un long rapport intitulé Les ovnis à travers les yeux des cosmonautes. Il se composait des déclarations de dix astronautes soviétiques et de deux astronautes américains, tous deux membres de l'équipage d'Apollo-Soyouz[91].

Et il est totalement extraordinaire d'apprendre que les organes de sécurité de l'état soviétique non seulement croyaient en l'existence des ovnis, mais de plus œuvraient dans des programmes concrets dans ce domaine.

Le KGB eut recours à des parapsychologues, des devins, et des psychocliniciens pour des travaux depuis au moins l'arrivée de Staline jusqu'à la fin de l'ère soviétique en 1991.

L'unité 10 003 ne fut pas la première équipe à participer à des expérimentations du KGB, elle est toutefois la première officiellement qui développa un travail en relation avec l'ufologie, les liens entre la parapsychologie et le pouvoir des soviets ont émergé dès l'arrivée au pouvoir de Staline après la mort de de Lenine le 21 janvier 1924.

Nina Kulagina de son nom complet, Ninel Sergeyevna Kulagina (Нинель Сергеевна Кулагина), alias Nelya Mikhailova est née le 30 Juillet 1926, et décédée en Avril 1990, elle rejoint l'Armée Rouge à l'âge de quatorze ans, dans un régiment de chars pendant la Seconde Guerre Mondiale, et ce n'est que devenue mère au foyer qu'elle exploite son don.

---

[90] http://via-midgard.info/news/in_russia/videomaterialy-s-konferencii-xlii-zigelevskie.htm

http://aeninform.org/konferentsiya/3039-xlii-zigelevskie-chteniya-programma-konferentsii-23-marta-2013-g

[91] http://www.openminds.tv/russian-cosmonauts-ufo-sightings-and-statements/859

Ses capacités psychiques ont été étudiées et mises en pratique, de nombreux films en noir et blanc figurent sur YouTube attestent de ses pouvoirs psycho cinétiques. Selon les rapports de l'Union Soviétique, quarante scientifiques, dont deux étaient des lauréats du prix Nobel, ont étudié Kulagina, durant des séances au cours desquelles des changements physiques ont été enregistrés comme étant accélérés et altérés, les battements cardiaques, les ondes cérébrales et électromagnétiques, déplacement d'objets physiques.

L'une des expériences les plus célèbres de Kulagina eut lieu dans un laboratoire de Leningrad le 10 mars 1970, après avoir étudié d'abord la capacité de déplacer des objets inanimés, Kulagina a utilisé son énergie pour arrêter les battements du cœur d'une grenouille en utilisant sa pensée. Nina Sergeevna Kulagina a montré une impressionnante gamme de capacités paranormales, elle possédait le pouvoir psychokinèse pour déplacer des objets en mouvement sans les toucher. L'authenticité de ses capacités fut testée dans les laboratoires, en utilisant des caméras cachées, et de nombreux scientifiques éminents ont reconnu l'existence de ses pouvoirs.

Lorsque, au cours de la Seconde Guerre Mondiale les nazis ont commencé le siège de Leningrad, Ninel Kulagina avait seulement quatorze ans, avec son père, son frère et sa sœur, elle a rejoint l'Armée Rouge et a commencé à se battre avec l'agresseur. Pendant les neuf cent jours les conditions de vie de siège dans la ville étaient épouvantables. Durant l'hiver, par quarante degrés au-dessous de zéro, de maigres rations de pain, le manque d'eau et d'électricité, la plupart des bâtiments ont été détruits par des bombes et des obus d'artillerie. Ninel fut Grièvement blessée pendant la guerre, elle servit comme opérateur radio dans les chars T-34 et finit son service avec le rang de sergent.

Nina Kulagina a affirmé que pouvait toujours visualiser les choses dans les poches des vêtements d'autres personnes, lors d'une rencontre avec les patients, elle a vu ce dont ils souffrent en direct. En 1964, elle a été hospitalisée avec une dépression nerveuse et a été occupée à de la broderie. Les médecins ont remarqué que quand elle avait besoin d'un fil de couleur différente, elle les récupère dans le panier sans regarder à l'intérieur.

Elle fut très connue hors frontières de l'URSS sous le pseudonyme Nelia Mihailova, lorsqu'en 1968 des histoires à son sujet parviennent en occident. Parfois, la concentration de Kulagina était si intense qu'elle avait des marques brûlures apparaissant sur les mains, et même ses vêtements ont pris feu.

Gennady Sergeev, le célèbre physiologiste du laboratoire militaire de Leningrad, a étudié les potentiels électriques dans le cerveau de Nelia et a enregistré une très forte contrainte électrique et magnétique et d'autres effets inhabituels.

Le président de physique théorique à l'Université de Moscou Ya Terletskii a déclaré en 1968 :

« Mme Kulagina affiche une forme nouvelle et inconnue de l'énergie », fin de citation.

Les critiques ont commencé à attaquer brutalement Kulagina, :

« Il ne peut y avoir de telles capacités », selon le journal la Pravda.

Mais Kulagina Ninel Sergeevna, au cours des essais, a vraiment donné son énergie, après l'un des tests avec le médecin Reidak, ses pouvoirs l'avaient si épuisée qu'elle a failli perdre son pouls, son visage est devenu pâle, elle pouvait à peine bouger, pendant une demi-heure, elle avait perdu près de quatre livres de poids. Selon encore une autre le rapport du Dr Zverev, après le test, les battements de son cœur étaient irréguliers, le sucre a augmenté dans le sang, le système endocrinien a été modifié. Elle a perdu son sens du goût, a ressenti une douleur dans les bras et les jambes, la tête tournait. En raison de ces expériences associées à l'effort physique élevé, cela finit par la conduire à une crise cardiaque fatale.

Beaucoup croient que ces expériences l'ont épuisée, détruit la santé et probablement hâté sa mort. Lors des funérailles, elle a été honorée comme un héros de Leningrad pour son courage pendant le siège. Depuis toujours, le 13e département du NKVD qui devint le KGB, fichait, interpellait et déportait les prêtres, et les devins. Ainsi Lavrenti Beria convoquait Wolf Messing au Kremlin afin qu'il rencontre Joseph Staline pour des séances de voyance divinatoire et en même temps envoyait au goulag d'autres parapsychologues et des prêtres orthodoxes innocents qu'il faisait massivement exécuter, comme on le voit le lien entre la persécution de l'église et de la foi est accompagné par un attrait morbide pour l'occultisme et le diabolique chez Staline et ses amis.

Par la suite Wolf Messing travaillera aussi pour Nikita Serguéïevitch Khrouchtchev. Cet attrait pour le paranormal était aussi fortement enraciné dans l'esprit russe que l'était la ferveur religieuse en l'orthodoxie ou dans le parti soviétique.

Une sorcière du nom de Djouna, Evgenya Youvachena Davitachvili (Евге́ния Юва́шевна Давиташвили) travailla pour Leonid Brejnev et Youri Andropov puis Boris Eltsine. Née en 1949 elle décède en 2015 à l'âge de 65 ans. Elle a écrit un livre en 1987, très populaire elle passera à la télévision postsoviétique et atteint une certaine notoriété qui la poussa même à se présenter à des élections législatives[92]. La belle et séduisante Djouna meurt à la date qu'elle avait prédit des années auparavant[93]

Le Général Vasily Yeremenko, major général en réserve et académicien, a été le premier à parler officiellement à la presse en son nom et au nom du FSB, auquel il est toujours rattaché comme officier supérieur de réserve, et les services de renseignement russes n'ont jamais démenti ses dires, au contraire ils vendent ses ouvrages sur le site du gouvernement.

A l'époque soviétique il a servi dans le KGB et a supervisé le travail et le développement de la technologie expérimentale liée à l'aviation en lien avec l'armée de l'air. Parmi ses missions, était la collecte d'informations par l'armée de l'air des faits d'apparition des objets volants non identifiés, la recherche de toutes technologies liées à cela par tous les moyens disponibles. Selon Vasily Yeremenko, à cette époque il y avait une grande quantité de ces informations. Un second général russe corrobore ses dires, un jour d'hiver à Moscou, dans le confort d'une chambre avec une cheminée, les journalistes ont reçu un senior, fonctionnaire retraité du ministère de la défense, le lieutenant-général en réserve, membre de l'Académie des Sciences Naturelles. Il s'agit d'Alexey Yourevitch Savin (Алексей Юрьевич Савин), le crâne chauve, en tenue d'apparat de général, il déclare que du début à la fin des années 1980, un groupe de chercheurs de l'Unité de Gestion des Experts de l'état-major général a réussi à entrer en contact avec les représentants d'une autre civilisation, fait intéressant, aucun des journalistes n'a été particulièrement surpris, mais ils étaient plutôt soulagés par la confession. Car l'unité В/ч 10003 avait commencé à faire parler d'elle depuis que ses membres constitutifs de l'époque avaient mis sur pied un institut privé dédié à continuer à perpétuer leurs travaux dans la vie civile.

---

[92] https://ru.wikipedia.org/wiki/ Джуна

[93] https://24smi.org/celebrity/496-dzhuna.html

http://www.ntv.ru/novosti/1424516/

https://www.kp.ru/daily/26391.5/3268470/

http://www.chaskor.ru/article/legenda_o_dzhune_sekretnye_materialy_18691

L'unité 10003 débuta avec dix experts puis fonctionna avec 15 membres hommes et trois membres femmes permanents de 1989 à fin 2003, leur nombre atteindra quarante personnes à un moment.

Constituée par le général en chef d'Etat Major de l'Armée Rouge Mixaïl Alekseevitch Monseev (Михаи́л Алексе́евич Моисе́ев) qui lui fit allouer un budget de 5 millions de roubles par an durant quinze ans (selon Savin cent millions de roubles par an). Travaillant pour le ministère de la défense soucieux de tester tout comme les nord-américains les possibilités extrasensorielles au sein de l'armée. Un ensemble de personnes particulièrement douées dans le domaine de l'extrasensorialité (Экстрасенс) furent recrutées. Un article complet est réalisé par Pitichkin : « Le secret de l'unité 10003 », paru dans la Gazette Russe hebdomadaire n° 5078 du 30 décembre 2009[94], suivi par un second article de Chleinov sur les pratiques extra sens au sein de l'armée de l'unité 1003, Nouvelle Gazette N° 23 du 21 mars 2003[95].

Les unités de missiles à Kapustin Yar ont même diffusé une directive en cas de détection d'ovnis, dont le but principal était de ne pas créer des opportunités pour favoriser une agression réciproque. En 1983-1984 sur les terrains d'essais de Vladimirovka au Sud de Kapustin Yar, le ministère de la défense et le KGB organisent une étude à grande échelle des phénomènes paranormaux. Le site d'entraînement militaire n'a pas été un choix aléatoire. Les experts ont longtemps arrivé à la conclusion que les ovnis apparaissent inévitablement dans des endroits où les équipements militaires et les armes sont testées, les experts ont réalisé que les ovnis ont été fréquemment observés dans les zones de tension accrue, par exemple, pas seulement lors des essais d'armes, mais aussi quand il y avait beaucoup de matériel militaire et d'activité intense réunis, condensés dans un seul secteur, lors de conflits comme si les étrangers de l'espace s'interrogeaient sur nos activités belliqueuses. La base de Vladimirovska au sud du Polygone ultra secret de Kapustin Yar servait de centre de recherche et de contact avec des liens extra-terrestres. Tout comme elle préparait les futurs astronautes ou formait des pilotes d'avions de chasse ou expérimentait de prototypes d'avions inconnus dont les noms étaient des numéros.

---

[94] Птичкин С. Тайна под номером 10003. // Российская газета-Неделя, № 5078 (254), 30.12.2009. Проверено 10 апреля 2013.

[95] Шлейнов Р. В/Ч 10003 выходит на внешний рынок ? Спасут ли Саддама от порчи наши военные экстрасенсы. // Новая газета, № 23, 31.03.2003. Проверено 10 апреля 2013. Архивировано 23 марта 2012 года.

Le Général aux cheveux gris raconte :

« Nous pouvons dire que nous avons appris à appeler ovnis dans Vladimirovka. Pour ce faire, nous avons considérablement augmenté le nombre de vols militaires et le mouvement de l'équipement. Lorsque l'intensité de notre activité a augmenté, les ovnis sont apparus avec une probabilité de cent pour cent », fin de citation, a expliqué Yeremenko, « Il y aurait une forte augmentation du nombre de vols effectués par des avions et fusées de combat et beaucoup de mouvement de matériel aérien. Puis les ovnis sont apparus », fin de citation.

Selon lui, la plupart des objets ressemblaient sphères lumineuses. Au fil du temps, tous les participants à l'expérience sont devenus tellement habitués à ces phénomènes qu'ils les ont pris pour acquis. Certains ont même essayé de prendre contact personnellement en direct avec les objets

Selon lui, ils pratiquaient comme ceci :

« Une personne sur le terrain agitait les bras, deux fois à droite et deux fois à gauche, la boule lumineuse dans le ciel semblait réagir en se balançant deux fois à droite, puis deux fois à gauche, nous n'avions aucune idée comment expliquer cela », fin de citation, selon les dires de Yeremenko, confirmés à l'identique par le général Savin presque mot pour mot.

Ce que ne raconte pas dans le détail le général, c'est que des tests de stimulation avec d'infimes émissions électriques de certaines parties du cerveau de médiums auraient permis aux soviétiques de trouver une fréquence intéressante de sollicitation et que les télépathes seraient arrivés à appeler quelque chose que nous qualifierons d'inexpliqué et que des soucoupes volantes vinrent en réponse à cet appel, sans que cela ait constitué un langage de communication, ceci revient dans certaines conférences données par le général Savin.

Après six mois de tests, l'autorité de la commission d'étude secrète est venue à trois conclusions :

« Tout d'abord, la science moderne n'a pas été encore en mesure d'identifier de tels phénomènes. Deuxièmement, ce pourrait être un équipement de reconnaissance des États-Unis ou du Japon. Troisièmement, il pourrait y avoir un impact d'une civilisation extraterrestre », fin de citation

Les généraux de disent pas ce qu'il advint les quatorze années et demi qui suivirent.

« Le sujet ovni est aujourd'hui omniprésent, précisément à cause de sa nature scandaleuse auprès des scientifiques sérieux qui ne sont pas disposés à donner leur position sur cette question. Les pilotes voient souvent ces objets, mais ils ont un droit de veto sur ce sujet, parfois un devoir de réserve et de confidentialité auprès des militaires, alors que les astronautes, peuvent parler dans leurs conversations de leurs expériences et rencontres avec les ovnis, mais eux aussi ont peur de parler publiquement de cette chose », fin de citation, a déclaré Vasily Yeremenko.

Il croit que ce sujet nécessite une approche sérieuse, car il est une question de sécurité. Pourtant, il est encore un sujet clos à la fois aux États-Unis et en Russie. Le lieutenant-général Alexey Savin a révélé certains aspects de l'engagement du ministère de la défense. Il a dirigé l'Unité de Gestion Expert de l'état-major général, dont la tâche était d'examiner sur un aspect pratique expérimental divers phénomènes extrasensoriels. Le projet principal de l'unité 10003 était un programme du gouvernement, sur la découverte des ressources humaines intellectuelles. L'objectif du programme était d'identifier des façons de développer le travail du cerveau humain dans un régime spécial de superpouvoirs, ce qui rend une personne un surhomme dans le sens de pouvoirs télépathiques entre autres.

Le conseil scientifique du programme a été dirigé par un académicien, Natalya Bekhtereva, une survivante du siège de Leningrad, qui jusqu'à sa mort le 22 juin 2008 servi en tant que directeur scientifique de l'Institut du cerveau humain[96]. Plus de deux cents professionnels hautement qualifiés venant de partout dans le pays ont participé au programme qui engloutit près d'un milliard de roubles de l'époque.

« Dans le processus de recherche, nous sommes arrivés à la conclusion que l'homme avait un système d'énergie psychique qui reçoit des informations de l'extérieur. Voilà précisément pourquoi un être humain peut manifester des capacités paranormales », fin de citation, a déclaré Alexey Savin.

Afin d'identifier cette source d'information externe, trois groupes furent créés.

Un groupe a été formé par les scientifiques, une autre par des militaires, et le troisième était composé de femmes. Le groupe de femmes réalise les progrès les plus importants dans la recherche.

[96] https://en.wikipedia.org/wiki/Natalia_Bekhtereva

Savin a expliqué qu'ils voulaient réaliser un contact avec des représentants d'autres civilisations :

« Et nous l'avons fait », fin de citation.

Selon lui, une méthode spéciale a été développée qui a permis au cerveau humain d'accrocher un contact :

« Nous avons dû ajuster l'énergie du cerveau humain sur une onde particulière, comme un réglage d'onde radio », fin de citation, d'Alexey Savin.

# KGB VERSUS MINISTERE DE L'INTERIEUR

L'initiative extrasensorielle de l'équipe du Général Mixail Monseev (Михаил Моисеев) et du colonel Savin avait irrité le KGB qui avait dépêché sa propre équipe à lui sur la même base, pour des travaux dirigés vers les ovnis, nous avons du mal à y croire mais avec cinq millions de roubles soit peut être quatre millions d'euros par an pur une équipe relevant du ministère de la guerre et un budget inconnu pour le KGB mais certainement égal, nous sommes en droit de penser que pour huit millions d'euros par an ces officiers avaient intérêt à faire du bon travail au risque de finir rapidement dans les goulags de Sibérie. Dans les années 2016-2018 de nouvelles allégations portent sur cent millions de roubles par an, les généraux déclarent que dans les rapports initiaux les sommes furent falsifiées et minimisées.

Le budget du KGB était d'environ trois milliards de roubles dans les années 80, il passait en 1990 à 4,9 milliards de roubles. Le salaire moyen d'un officier du KGB était d'environ 300 roubles environ 246 euros d'aujourd'hui en conversion de devises de l'époque. En 1989 le KGB était composé de 490 000 employés dont 220 000 étaient des gardes-frontières, selon Vadim Viktorovitch Vakatin (Вадим Викторович Бакатин), les frais de fonctionnement de l'appareil central et de l'administration du KGB absorbaient la moitié du budget alloué, Vadim Vakatin est né le 6 novembre 1937, il fut le dernier président du KGB en 1991. Son petit-fils Vadim Bakatin (Вадим Бакатин) né le 24 juin 1998, est célèbre en tant que joueur de football international notamment pour l'AS Monaco FC.

On est en droit de s'étonner qu'une personne divulguant des secrets aussi importants ne soit même pas inquiétée ?

Aujourd'hui le directeur de l'unité 10 003 donne des conférences payantes et des cours de parapsychologie dans une académie privée, ses divulgations n'auraient t'elles pas des intérêts afin de donner de l'ampleur et de la propagande à l'institut qu'il a créé ? En tout cas les autorités n'ont pas démenti, elles ont même dit que cela c'était réellement passé ainsi dans ces années-là.

Dans le même contexte, aux USA, des membres des services spéciaux, prétendant être à la retraite et agir à titre privé. Ainsi le colonel John B. Alexander, un spécialiste du contrôle mental, Mind Control, qui a fait toute sa carrière dans les services secrets, il est membre du NIDS, une organisation privée.

Il n'exclut ni l'hypothèse extraterrestre, ni les thèses paranormales et occultistes. Alexander participe à des forums ou il exprime une opinion qui oriente les participants en leur laissant entendre que l'état cautionnerait ses idées, on peut se demander d'ailleurs s'il ne continue pas à travailler dans l'orientation de masse des personnes par des articles retentissants et pour le compte de la CIA.

De la part des américains on s'attendrait à tout, ce genre de désinformation, qui mélange le vrai et le faux, vise à brouiller les pistes et à détourner l'attention des véritables programmes secrets du complexe militaro- industriel.

Mais quels peuvent être les éléments de vérité inclus dans cette désinformation amplifiante ?

Tout d'abord la réalité de bases militaires ultrasecrètes, signe de l'interpénétration entre l'armée et les entreprises d'armement, les programmes les plus secrets les blacks programs ou Black Special Access Programs sont installés dans des complexes du secteur privé car cela offre un meilleur contrôle et plus de souplesse que dans les bases de l'armée, ici dans le cas de l'Académie Privée par Savin travaillant pour l'État Russe sous contrats ponctuels nous rejoignons la façon d'opérer des américains, similaire en tous points.

Les histoires sur les ovnis, qui seraient cachés dans ces bases souterraines où maintenant des compagnies privées travaillent sont tellement nombreuses que l'US Air Force laisse habilement courir ces rumeurs et se contente de reconnaître que l'on y met au point les avions du futur, le mélange des genres civil et militaire, scientifique et ufologique se mélangent sans que l'armée ne semble être perturbée outre mesure.

# SETKA VERSUS UNITE 10 003

L'État allouait au Setka, entité académique d'analyse et de recherches ufologiques 40 millions de roubles durant 13 ans, tandis qu'une unité du portant le nom de l'unité militaire dix mille trois в/ч 10003 reçut 5 millions de roubles pendant quinze ans de la part du comité national de l'URSS pour la science et la technologie (une autre version rapportée par le général Savin entre 2017 et 2018 fait cas de cent millions de roubles par an). Cette unité spéciale du Ministère de la Guerre travailla à des activités secrètes très controversées, médiumnité, parapsychologie, études ufologiques, technologie ovni ainsi que les champs de torsion. Les scientifiques russes auraient écrit près de 10 000 documents sur le sujet dans les seules années 1990[97].

Les recherches de l'unité 10003 dans le domaine des champs de torsion l'opération Vent (МНТЦ Вент), l'étude des possibilités de l'existence de l'espace-temps pour résumer, étaient basées sur les travaux du Dr Kozyrev qui découvrit que les pensées et les sentiments humains pouvaient générer des ondes de torsion, le KGB réussit à entrer en contact psychique avec des ovnis réussissant à les faire revenir à leur rencontre et à faire des mouvements sans pouvoir entrer en communication réelle au sens du terme où nous l'entendons, cela se passait sur les bases de Kapustin Yar et de Vladimirovka, dans la région d'Astrakhan. L'existence de tels programmes secrets suffit à jeter le trouble et à semer le doute, ouvre la porte du discrédit auprès du public.

Le terrain devient favorable à des révélations de l'intérieur, une fois rendus à la vie civile, est-il possible que l'État les laisse dévoiler ces secrets en public sans les arrêter ?

Vadim Viktorovitch Vakatin travailla sur la base de Vladimirovka avec à l'autre général du FSB, le service de contre-espionnage russe, aujourd'hui à la retraite Vasily Yeremenko, responsable à l'époque de la division du KGB supervisant la force aérienne et la fabrication d'avions à qui fut confiée la tache de recueillir la technologie des ovnis pour tenter de l'utiliser et la reproduire à des fins de fabrication.

Selon Vasily Yeremenko, le programme nommé : Technique Ovni, aurait réellement débuté en 1980 à Vladimirovka, ce n'est qu'en 1989, soit huit à neuf ans plus tard que l'unité parapsychologique serait intervenue.

---

[97] http://www.neotrouve.com/?p=2725

Depuis les années 60 le KGB envisageait toutes les possibilités de capture. La volonté de la Russie de maintenir sa prééminence dans le domaine des technologies qui représentent aussi un saut dans notre inconnu scientifique actuel est avérée.

D'après les témoignages d'observateurs très qualifiés dans la base et autour d'elle, défiant les idées que l'on peut normalement se faire de l'évolution naturelle de l'ingénierie aérospatiale.

L'antigravitation étant beaucoup plus improbable que la MHD, on peut s'étonner de sa popularité.

Mais c'est précisément parce que les cadres théoriques de l'antigravitation n'existent pas encore, que la désinformation amplifiante prend. Il est en effet tentant de croire que les éventuels extraterrestres contrôlant les ovnis seraient tellement plus évolués que l'homme qu'il nous serait impossible de les comprendre, et que leur science transcenderait la nôtre.

Le général Yeremenko cite comme exemple le cas où des ovnis semblent disparaître ou apparaître instantanément sur place. Il faut d'abord envisager la possibilité d'accélérations dépassant les 20 G, seuil au-delà duquel l'œil humain ne perçoit plus les mouvements, et à laquelle les pilotes ne peuvent survivre en raison de la pression exercée sur leur corps.

Avant la théorie très spéculative, d'une manipulation de l'espace ou du temps, ce qui est une idée séduisante, imaginer que pourrions être en mesure rationnellement d'interpréter leur technologie par rapport aux connaissances dont on dispose aujourd'hui, plutôt que d'y voir l'expression d'une transcendance des lois physiques que nous connaissons.

# DES SURVOLS DE ZONES HABITEES
# DE PLUS EN PLUS NOMBREUX

Pour beaucoup, un ovni contrôlant ces dimensions reste plus vraisemblable qu'un engin utilisant une technologie terrestre avancée et les travaux russes avancèrent dans les deux directions. L'origine terrestre ou extraterrestre des ovnis n'a jamais été déterminée, mais certains responsables militaires croyaient, qu'ils savaient comment les convoquer, dans la Russie d'aujourd'hui.

Vérité ou intox ?

Nous savons qu'américains et soviétiques ont puisé dans la technologie aéronautique du Reich les outils nécessaires à l'expérimentation de disques volants et autres artéfacts, alors les généraux Savin et Yeremenko ont-ils enjolivé d'un brouillard de mythe des expérimentations bien réelles d'aéronefs soviétiques sous couvert de visiteurs extra-terrestres.

Est-ce pour cela qu'ils ne sont pas poursuivis en faux et diffamation par les instances gouvernementales auxquelles ils appartiennent comme officiers supérieurs de réserve ?

Ce n'est pas aussi simple, dans le ciel de la Volga, le 23 août 2007 une boule en feu survole Volgograd, se divise et disparait au-delà de la Volga. Des photos et des vidéos sont prises, de nombreux témoins oculaires suivent le phénomène aérien. Le mercredi 23 août 2007 vers 22 heures la ville de Volgograd toute entière a observé un étrange phénomène, dans le ciel de la ville se déplaçait une boule de feu qui déclina progressivement, volant trop lentement pour être une météorite. L'hypothèse initiale fut la chute d'un avion ou fusée provenant des sites d'exercices en Astrakhan le polygone d'Ashuluk (астраханского полигона ашулук), situé à l'Est de la gare d'Ashuluk vers la frontière avec le Kazakhstan, à 260 km au Sud de Volgograd. Ashuluk est conçue pour tester les armes anti-missiles, son nom officiel est 42ème Centre de formation de l'entraînement au combat des troupes de missiles anti-aériens, en abrégé : 42 UTSBP SMP (42-й учебный центр боевой подготовки зенитно-ракетных войск сокращённо : 42 УЦБП ЗРВ).

Il est dans la continuité du lit de la Volga au sud des Polygones de Kapustin Yar, dont il est distant de 182 km, puis Akhtubinsk avec sa base aérienne de Vladimirovka d'environ 166 km, tandis qu'au sud Ashuluk on retrouve le delta de la Volga dans la Mer Caspienne avec la grande métropole d'Astrakhan.

Le centre a connu plusieurs incidents mortels par le passé, le 23 Août 2011, il y  a eu une explosion, qui a tué huit personnes en raison d'un départ spontané du moteur principal, le 25 mai 2012, une voiture Kama a pris feu et a fait exploser  plus d'une centaine de boîtes de munitions, il n'y avait pas de victimes, le 14 Août 2013, l'explosion d'un projectile a tué 2 soldats,  une autre fois, le 20 Juin 2016 le moteur d'un missile a provoqué un incendie dans un entrepôt contenant des pièces de rechange pour la technologie des missile occasionnant l'évacuation de 600 personnes dans la zone. Il est très improbable qu'un missile balistique testé soit lancé au-dessus d'une agglomération d'un million d'habitants intra-muros, non comprises les bourgades de la périphérie.

Surtout si l'on connaît les incidents survenus et les précautions que les militaires ont dû prendre ultérieurement pour éviter des pertes humaines :

« L'objet était dans la couche de surface, ni les comètes ni les météorites ne volent aussi bas, par conséquence cela n'en était pas », fin de citation, selon le professeur du planétarium Galina Aksenova (Галина Аксенова).

Un ancien pilote Nikolai Ishachkov (Николай Ишачков), également témoin lui donnerait une vitesse d'environ 200 km par heure à son passage au-dessus de la rivière. Le directeur général de l'aéroport international de Volgograd, Leonid Kiesler (Леонид Кислер), se contente de dire que s'il s'agit des restes d'une fusée :

« Je peux certainement dire que vous avez vu la séparation et la chute des premières étapes du lancement, ceci est un processus normal. Tout le monde sait qu'il y a un terrain militaire à Kapustin Yar », fin de citation.

Il n'en est toutefois pas totalement certain.

Le chef adjoint du quatrième polygone de Kapustin Yar, (четвертого государстренного полигона Министерства обороны РФ), Igor Shevchenko (Игорь Шевченко) témoigne aussi :

« Je l'ai vu depuis le balcon, je ne peux pas supposer que ce soit des étoiles filantes », fin de citation.

L'article de la Komsomolskaïa Pravda, balaye différentes hypothèses qui nous permettent de comprendre entre les lignes, ni l'aéroport, ni la base expérimentale proche, ni les astronomes ont pu expliquer le phénomène, on ne sait pas si des recherches ont été menées pour trouver les débris[98].

Le 11 août 1980 au Nord-Est de la région de Pougatchev (Пугачёв), à 190 km à l'Est de Saratov, coté est de la Volga et à 90 km de la base secrète d'essais aériens de Volsk, fut trouvé un objet ellipsoïdal d'environ 4,5 mètres de longueur, d'une largeur d'environ deux mètres, d'une hauteur d'environ 1,5 m avec deux saillies sur les côtés. Évacué par hélicoptère vers un aérodrome à Sizran à 224,5 km au Nord-Est de Saratov puis par avion de transport militaire de Sizran au centre de recherche AN-12 de Chkalovskaya (Чкаловская), qui est un district du centre de Moscou, la station de métro est à deux kilomètres à l'Est de la station de métro du siège du FSB les anciens bâtiments du KGB place Loubyanka.

Le centre est dans le district de Balashikha connu pour son célèbre Park Lefortovo, selon un témoignage de V.I. Kratohvilya, de Kiev.

Vingt-sept ans plus tard on ne sait pas si c'est un débris de prototype d'avion ou autre chose. L'origine de Pougatchev remonte à Sloboda Metchetnaïa (Мечетная), fondée en 1764 par des vieux-croyants de retour de Pologne. En 1835, elle reçut le statut de ville et fut renommée Nikolaïevsk (Николаевск), en l'honneur du tsar alors sur le trône, Nicolas Ier. Selon les ufologues russes l'engin était piloté et peut être deux corps furent retrouvés.

En raison de la proximité de la base d'essais expérimentaux d'avions aucune hypothèse n'est à exclure y compris celle d'un crash prototype militaire. L'affaire trouve un rebondissement étonnant quand le 22 juillet 2013, un avocat de Saratov, Alexander Moskvitin (Александр Москвитин) prend des photos d'une soucoupe volante en vol et les envoie au rédacteur en chef de la gazette Regard d'Info (Взгляд Инфо), Youri Nabatovim (Юрием Набатовым) le preneur de photos accompagnait Alexander Moskvitin ils prennent des photos d'un champ de tournesol sous la pluie, le ciel à des nuages intéressants, cotonneux avec des percées de rayons de soleil qui donnent un beau rendu, l'appareil photo à son déclencheur en rafale de quatre images par seconde, ils ont arrêté leur véhicule sur un pont à la sortie de la ville peu après une grande usine.

---

[98] http://www.kp.ru/daily/23955.4/72037/

De retour à la maison ils regardent les photos et découvrent un objet étrange en forme de soucoupe volante dans le ciel et faillirent en tomber à la renverse de leur chaise. D'après eux si on se repère par rapport à là, où ils se trouvaient au moment de photographier le champ de tournesol, l'objet se déplaçait très rapidement dans la direction de Volgograd, anciennement Stalingrad et de Kapustin Yar, seulement à 300 km environ au Sud-Ouest du lieu de l'observation de la soucoupe volante, un grand dénominateur commun relie des centaines d'observations d'ovnis, la présence près de la rivière Volga, comme l'attestent les cartes d'observations des associations Kosmopoïk et Rufors[99].

Le 23 août 2013 le président Vladimir Poutine vint à Volgograd inaugurer la fontaine danse des enfants un symbole pour le 70° anniversaire de la victoire dans la bataille de Stalingrad. La date fut choisie délibérément, le 23 août, la Journée de la mémoire des victimes du bombardement massif de Stalingrad. Le déplacement exceptionnel d'un président en exercice pour inaugurer une fontaine publique historique fut suivi d'une visite un peu moins formelle sur le centre d'essais expérimentaux de Kapustin Yar soit un mois seulement après le « vol en ligne droite réussi » de la soucoupe volante entre les bases de Volk et d'Akhtubinsk. Il y fut informé des réussites de lancement des missiles Topol qui continuèrent jusqu'en novembre dans la base et peut être aussi du vol de la soucoupe qui pourrait être un prototype des forces aériennes de la Fédération de Russie tellement la coïncidence est frappante[100].

Le Ministère de la Défense chargea cette unité en 1989 d'explorer les possibilités de l'utilisation militaire du paranormal, à la même époque la CIA faisait de même avec un programme rendu célèbre par la suite par une série télévisée. Le chef de la « Division paranormale du KGB fut le Colonel Alexey Yourevitch Savin (Алексей Юрьевич Савин) qui sera nommé Lieutenant Général en 1997. L'unité paranormale fut fortement critiquée par Edouard Paclovitch Krugliakov, (Эдуа́рд Па́влович Кругляко́в), alors un fisicien président de la commission de lutte contre la pseudo science et la falsification de la recherche scientifique. Ce dernier réussit à faire abandonner ce groupe de travail spécial, unité militaire 10003 par le Ministère de la Défense qui le dissout en 2003. Edouard Pavlovitch décède le 6 novembre 2012 à Novossibirsk, et officiellement l'unité 10003 ne fut plus jamais reformée.

---

99 http://www.vzsar.ru/news/2013/07/22/fotograf-obnaryjil-v-nebe-nad-saratovom-nlo.html

100 https://rg.ru/2013/08/23/reg-ufo/fontan.html

Le responsable militaire de l'unité 10003 fut nommé général en raison des résultats obtenus, cette unité paranormale mise sur pied en 1989 survécut à la chute du KGB et des organes de la Nation Soviétique en 1991, et poursuivit ses travaux mystérieux de 1989 à 2003, c'est-à-dire 15 années, aucune publication de leurs résultats n'a jamais été réalisée, ou rendue publique. Entre 1991 et 1992, 20 officiers du KGB firent défection à l'Ouest, dix d'entre eux partirent aux USA, emportant avec eux des connaissances précieuses sur l'espionnage soviétique, aucun document ou information sur l'unité 10003 n'a filtré.

L'Union Soviétique a pris au sérieux les ovnis, le KGB et le ministère de la défense soviétique avaient chacun des unités spécialisées collecte et l'analyse des informations sur les activités paranormales. Les experts militaires ont même prétendu savoir convoquer un ovni et prendre contact avec lui. Affirmation qui ruinerait la carrière de plus d'un militaire ou homme politique en occident. La source en est un important FSB général à la retraite et chercheur, Vasily Yeremenko. Eremenko, responsable de la division du KGB supervisant la force aérienne et la fabrication d'avions expérimentaux et prototypes inconnus de notre aéronautique moderne.

Ces programmes ont réellement existé et posent inévitablement la question, essentielle, de leur origine ou source d'inspiration puis ensuite la raison de la divulgation de ces travaux secrets. Pourquoi aujourd'hui laisser un vieil extrait parler des projets officiels et secrets de construction de soucoupes volantes réalisées pour le compte de l'armée de l'Air. Dans les années 1970, comme Eremenko a dit à un journaliste de RBTH, il y avait eu une accumulation de rapports sur de nombreux incidents paranormaux, les troupes de missiles ont même été informés sur la façon de se comporter dans le cas où ils ont repéré un ovni :

« La chose principale est de ne pas agir d'une manière qui pourrait créer l'occasion d'une agression de rétorsion », fin de citation.

Toutefois la lecture des combats aériens précédents démontre le contraire et que dans 90 % des rencontres les russes ont fini par prendre la décision d'abattre l'objet volant dans leur ciel national. Au début des années 1980, une expérience de convoquer un ovni a été mis en scène dans un champ de tir militaire dans la région d'Astrakhan, on retrouve aussi dans l'article de presse qui relate les ovnis de 1989 à Kapustin Yar, ainsi qu'une rencontre du troisième type subie par les militaires. D'ici là, les experts ont réalisé que les ovnis venaient fréquemment observer les zones de tension accrue par exemple, lors des essais d'armes, ou quand il y avait beaucoup de matériel militaire réunis dans une région.

La possibilité de l'attraction suscitée par la présence d'énergie nucléaire ou autre était une possibilité, peut être comme source d'alimentation ou autre :

« On pourrait dire que, au cours de cette expérience, nous avons appris à convoquer un ovni. Pour cela, il y aurait une forte augmentation du nombre de vols effectués par des avions de combat et beaucoup de mouvement du matériel », fin de citation, dit Yeremenko.

Selon lui, la plupart des objets ressemblaient à des sphères lumineuses, l'évènement le plus célèbre fut en 1989. Les militaires, ainsi que les scientifiques qui ont participé à l'expérience, en sont venus à trois conclusions principales. Tout d'abord, ceux-ci peuvent être des phénomènes naturels que la science moderne n'est pas encore en mesure d'expliquer. D'autre part, ceux-ci peuvent être le fait des États-Unis ou de l'équipement de reconnaissance japonais. Enfin, ceux-ci peuvent être des objets extra-terrestres.

Mais pourquoi le Japon ? À ce sujet Yeremenko ne dit rien, sur quels faits ils se basent pour impliquer le Japon dans certains survols d'ovnis. Info ou intox ?

A lire, l'interview complète : Un Ancien agent du KGB révèle des études d'Ovnis Soviétiques, du 12 avril 2013 par Svetlana Smetania pour RBTH.

En 1984, le KGB a été impliqué dans une étude ample du phénomène inexpliqué près de la zone de Vladimirovska, un lieu qui n'a pas été choisi au hasard. Le KGB affirme aussi que l'armée a réussi dans ses protocoles :

« Nous pouvons dire que nous avons appris à appeler les ovnis dans Vladimirovska », a déclaré le général Savin dans l'article, « Pour ce faire, nous avons augmenté considérablement le nombre de vols militaires et le mouvement de l'équipement. Si l'intensité de notre côté a augmenté, les ovnis sont apparus avec la probabilité de cent pour cent. Dans son acceptation, le sujet ovni ne doit pas être pris à la légère, car il représente une question de sécurité mondiale », fin de citation.

Une des techniques utilisées par le KGB pour contrôler le cerveau humain se faisait en déclenchant des capacités surhumaines chez des individus.

Ce projet était intitulé DARPA dans le développement de capacitifs intuitives par la réalisation de programmes de formation :

« Dans le processus de recherche, nous sommes arrivés à la conclusion que l'homme était un système d'énergie et d'information qui reçoit des informations de l'extérieur. C'est précisément la raison pour laquelle un être humain peut manifester des capacités paranormales », fin de citation a révélé Savin.

En plus du personnel militaire et de l'équipage scientifique, a été assemblé une équipe de femmes pour mener à bien quelques-unes des tâches cruciales. En outre, Savin a expliqué comment ils avaient obtenu un moyen de communiquer avec les civilisations extra-terrestres en utilisant les fonctions du cerveau humain qui a agi comme une balise radio à travers l'espace, permettant ainsi aux russes de recevoir des visites extra-terrestres :

« Nous voulions faire un contact avec les représentants d'autres civilisations. Et nous l'avons fait », fin de citation.

Il précise à la façon d'une onde radio qui partirait du cerveau humain à la façon d'un radio émetteur. Aucune hypnose, ou médicaments ou d'autres méthodes similaires n'ont été utilisées au cours de l'expérience. Un système spécial de test a également été développé pour séparer les rapports entrants provenant d'hallucinations et issu de cas potentiels de névrose ou de folie éventuelle parmi les participants à l'expérience.

Les résultats expérimentaux ont été impressionnants, six participants ont eu la possibilité d'entrer en contact physique c'est-à-dire à une rencontre visuelle avec une soucoupe volante. Ces données auraient été des perceptions mentales médiumniques ou télépathiques, étaient-elles réelles où induites par l'inconscient des personnes. En tous cas ce thème, majoré de ces précisons a ouvert la voie de la presse et de la télévision à ses auteurs, avec un rayonnement international.

Le site du Général Savin et de ses parapsychologues compte entre 75 000 et 80 000 visiteurs, un nombre d'abonnés conséquents et les séances payantes aux particuliers de l'ordre de 10 000 à 12 000 roubles trouvent preneur. Jusqu'à présent les méthodes qu'ils proposent semblent donner aux participants les résultats attendus. Le fils du général Savin est même devenu vice-président et conférencier formateur de l'académie privée, ses présentations sont consultables sur YouTube.

Le programme de communication avec l'intelligence extraterrestre avait été développé pendant plusieurs années jusqu'à ce que la politique intervienne. A partir de 1993, l'étude a été plus difficile, suspendue dans certains domaines et réduite dans d'autres en raison de la crise de la fin de l'URSS, l'unité 10003 continue malgré tout, avant sa dissolution en 2003. Selon Savin, il a été en mesure de conserver seulement un petit nombre de documents, la plupart d'entre eux, y compris les rapports de photos, sont encore dans les archives du Ministère de la Défense. Par ailleurs, la méthode unique pour le développement des capacités phénoménales d'un individu, jusqu'à récemment, a été utilisée dans l'Académie Gagarine jusqu'à sa dissolution par l'ancien Ministre de la Défense Serdioukov. Le noyau de l'équipe de recherche a été préservé il travaille au sein de l'institut parapsychologique privé de Savin :

« Il y a quatre ans, nous avons essayé de répéter l'expérience, et nous avons réussi », a déclaré Alexey Savin.

Selon lui, aujourd'hui ce travail se poursuit, et les cerveaux et les gens talentueux sont encore présents dans l'industrie de la défense. Répondant à la question des journalistes de Pravda. Ru :

« Pourquoi il a été décidé de l'annoncer aux médias ? ».

Savin a répondu :

« Pourquoi cacher quelque chose aux gens au lieu de les préparer à de nouveaux défis ? », fin de citation.

Il croit qu'il y a deux défis mondiaux aujourd'hui, le changement climatique et la pénurie d'eau potable, et la Russie a un rôle particulier dans ce processus :

« Quand franchirons-nous le point de rencontre avec eux, comment se déroulera pour nous et pour tout le monde cette rencontre finale ? Comment allons-nous les rencontrer, avec des armes ? Bien sûr, nous devrons négocier. Peut-être que tout cela est un casse-tête pour les jeunes civilisations ? Peut-être, les étrangers ont organisé une expérience pour voir comment nous allons nous gérer », fin de citation. A consulter l'article complet, article de Svetlana Smetanina pour le Journal Pravda. Ru.

## LA MARINE SOVIETIQUE
## ET LES OVNIS

Cet aspect de recherche en lien avec les soucoupes volantes et entités extraterrestres n'était pas seulement limité aux services liés à l'Armée de l'Air Soviétique, la Marine Militaire était elle aussi confrontée à des rencontres. Le journal La Presse Libre Svobodnaya Pressa, qui est un site majeur de nouvelles russes, retransmit sur son site internet des informations au sujet de la Marine de Guerre Soviétique qui déclassifie des dossiers secrets et enregistrements de rencontres avec des ovnis qui dépassent technologiquement tout ce qui a été construit jusqu'à présent par l'humanité. Un comité de recherches de la marine a été mis en place et commandé par l'Amiral Nikolay Smirnov, ce dernier collecta tous les dossiers et informations mettant en cause des ovnis et les unités navales militaires que ce soit navires de surface, avions ou sous-marins.

Selon Vladimir Ajaja, un ufologue et ancien officier de la marine militaire les ovnis sont reliés à la présence d'eau :

« Cinquante pour cent des rencontres d'ovnis sont reliés avec les océans. Quinze pour cent- avec des lacs, ainsi, les ovnis ont tendance à coller à l'eau », selon Vladimir Ajaja.

Cela rejoint l'allusion que j'ai faite au sujet de la Rivière Volga où se concentrent d'innombrables apparitions surtout dans sa partie en dessous de Moscou jusqu'à la Mer Caspienne, avec d'énormes vagues ufologique suivies autour de Volgograd et Saratov.

Selon un rapport de haut niveau, un sous-marin nucléaire russe était en mission de combat au moment où il a détecté six objets inconnus, il tente de les poursuivre.

Après avoir failli perdre lamentablement les ovnis poursuivis, le capitaine a alors ordonné le sous-marin de remonter à la surface, les objets sont sortis et volé très loin dans le ciel à des vitesses extrêmement élevées. En 1982 un groupe de formation militaire de plongeurs au lac Baïkal a été témoin de la présence d'un groupe de ce qui semblait être des êtres humanoïdes vêtus de costumes argentés.

Les plongeurs russes tentent de s'en approcher et de les capturer, trois plongeurs sont morts dans cette malheureuse tentative tandis que les quatre autres ont été blessés dans cet incident bizarre.

Tous les ufologues ne sont pas d'accord sur la véracité et l'interprétation des informations, pourtant quel intérêt de les induire en erreur au sujet de cet incident de plongée vérifiable et les autres rencontres des bâtiments de la flotte, décrédibiliser l'armée et les ufologues vis-à-vis de l'opinion publique ?

Selon le capitaine de 1° rang des services de Renseignement de la Marine Militaire Igor Barklayof :

« Les ovnis sont partout où se concentrent les flottes navales de l'OTAN mais aussi nos flottes russes à nous près des Bahamas, les Bermudes, Puerto Rico. Ils sont le plus souvent vus dans la partie la plus profonde de l'Océan Atlantique, dans la partie sud du Triangle des Bermudes, et aussi dans la Mer des Caraïbes », fin de citation.

# LE MYSTERE
## DES HOMMES EN NOIR
### Тайна людей в черном

L'Union Soviétique a pris les ovnis très au sérieux. Le KGB et le ministère de la Défense Soviétique avaient des unités dédiées pour la collecte et l'analyse des informations sur les activités paranormales. Les experts militaires ont même prétendu savoir comment convoquer les ovnis et prendre contact avec eux, un ancien agent du KGB révèle des études d'ovnis soviétiques notamment le 12 avril 2013, selon Svetlana Smetania pour le journal RBTH. De nombreuses années les rapports d'observations d'ovnis ont été traités en URSS comme non-scientifiques auprès des médias. Le premier ministre russe Dimitri Medvedev a récemment reçu une question inhabituelle. Une journaliste correspondante de la chaine de télévision REN lui a demandé, entant qu'ancien président, s'il est vrai que, qu'en même temps que la mallette nucléaire, le chef de l'Etat possède un dossier classé avec des matériaux sur les ovnis (le dossier Bleu).

Dimitri Medvedev a déclaré que cela était vrai. Selon le premier ministre, en plus du dossier, le chef de l'État a possédé avec un dossier des services secrets, dont la tâche était de contrôler les étrangers venus d'une autre planète sur le territoire russe.

Interrogé par un journaliste s'il y avait beaucoup d'étrangers qui vivent parmi nous, Medvedev a refusé de dire combien, afin de ne pas créer une panique. Cependant, il a suggéré que les personnes intéressées par le sujet devaient regarder une chronique documentaire appelée Men in Black (Тайна людей в черном). Bien sûr, cette réponse peut être traitée comme une blague. Sérieusement parlant, cependant, à la fois dans l'Union Soviétique et dans la Russie moderne, le sujet des ovnis et autres phénomènes paranormaux était et reste classé secret défense et aucun des fonctionnaires en connaissance du dossier ne pourra jamais rien dire publiquement, même le fameux programme Setka de l'Académie des Sciences a enterré le thème ovni lorsqu'il devint le programme Galaxy, censé faire toute la lumière sur le sujet, il fit toute l'obscurité la plus opaque possible.

D'autre part, il y a des experts civils qui détiennent des postes supérieurs et ont donc plus de marge de manœuvre risquant parfois de se décrédibiliser auprès du grand public sceptique. Certains anciens responsables militaires, hauts soviétiques ont récemment décidé de lever le voile du secret sur une infime partie du mystère.

Les travaux du professeur Felix Zigel, un astronome soviétique et mathématicien qui est largement reconnu comme étant un des fondateurs de l'ufologie en Russie, sont perpétués depuis vingt ans par des conférences à Moscou, généralement données en Mars chaque année et consultables sur internet. Cet événement bisannuel a été tenu à Moscou depuis 1987 et est entièrement consacré à l'étude des phénomènes paranormaux des ovnis. Zigel laisse un fonds d'archives conséquent, des échantillons de terre, de météorites, d'autres fragments métalliques, une vingtaine de tomes sur le sujet et une manne de notes et de témoignages de particuliers reçus, et de nombreux ouvrages et articles non publiés.

Officiellement, pendant de nombreuses années, les rapports d'observations d'ovnis ont été traités dans l'Union Soviétique en tant que non-science ou fiction et donc pas dignes de l'attention des scientifiques sérieux, à la suite de cet ouvrage vous constaterez que l'organe de l'Académie des Sciences Setka AN a été payé pour chercher des preuves et qu'il n'a fait que contester tout ce qu'il analysait.

Nous savons désormais que des programmes scientifiques d'État travaillaient dessus Setka de 1978 à 1991 puis non officiellement certains chercheurs jusqu'en 1996, KGB 1980 à 1991, Ministère de la Guerre 1998 à 2003, le ministère de la marine et le ministère de l'armée de l'air, enregistrèrent de tous les faits observés depuis et cela est toujours en cours.

Alors que les informations intéressantes et de qualité sont rarement relayées par les médias, et généralement avec retard, celles relevant de la désinformation sont diffusées avec une rapidité qui les rend très efficaces. Sur ce concept la majorité des scientifiques perdirent tout intérêt pour le sujet de 1968 à 1978 puis à nouveau fin des années 80, la presse soviétique ne fut pas tendre avec l'ufologie.

Il est plus aisé de conforter le lecteur dans son scepticisme passif que de diffuser des informations à contre-courant des idées consensuelles au sujet d'un inconnu qui dépasse les hommes de science, en définitive la facilité satisfait tout le monde. Seuls quelques civils passionnés comme Felix Zigel rendu compte que ces faits devaient être étudiés sérieusement et divulgués au grand public.

Dans les années 1960, Zigel prononcé de nombreuses conférences publiques sur le sujet, incitant ainsi les bénévoles à se joindre à la tâche de recueillir des informations sur les objets volants non identifiés.

Felix Yurievich Zigel (Феликс Юрьевич Зигель), est né le 20 Mars, 1920 et décède en Novembre, 1988, il était un chercheur soviétique, docteur ès sciences et docent de Cosmologie à l'Institut d'Aviation de Moscou MAI, auteur de plus de quarante ouvrages de vulgarisation sur l'astronomie et l'exploration de l'espace, il est généralement considéré comme un des fondateurs de l'ufologie en Russie.

Il est aussi le co-fondateur du premier groupe de recherche soviétique civil officiellement approuvé par le gouvernement soviétique, devenant une personnalité médiatique du jour au lendemain quand, le 10 Novembre 1967, parle à la télévision centrale, exposant un rapport détaillé sur les observations d'ovnis en URSS.

Il encouragea les téléspectateurs à lui envoyer des observations de première main, ce qui a entraîné une montagne de lettres et de rapports. L'ufologue est mort en Novembre 1988, laissant 17 volumes de documents de recherche inédits à sa fille qui avec les blocs de notes constituent une œuvre littéraire de près de soixante volumes, ainsi que des comptes-rendus de conférences et les cours universitaires qu'il a également rédigés.

En mai 1967, le premier groupe d'étude officielle des ovnis soviétique a tenu sa réunion au Centre de l'Aviation et de l'Astronautique de Moscou avec le major général Piotr A. Stolyarov comme adjoint. Zigel. En Octobre le DOSAAF, Association de Volontaires pour la Coopération avec l'Armée et l'Aviation invite le groupe ufologique à se joindre à lui et à fonctionner sous ses auspices. A cette période est publié l'article de Zigel dans le magazine Smena, dans lequel il écrit :

« Ces ovnis ont été vus partout dans l'URSS, sous toutes les formes possibles, petite, grande, aplatie, sphérique. Ils sont capables de rester immobiles dans l'atmosphère ou de voler à plus de 100.000 kilomètres par heure. Ils se déplacent sans produire le moindre son, en créant autour d'eux un vide pneumatique qui les protège de la combustion dans notre stratosphère. Ils ont la capacité mystérieuse de disparaître et réapparaître à volonté. De plus, ils sont en mesure d'affecter nos ressources énergétiques, en mettant un coup d'arrêt à nos centrales électriques, nos stations de radio, et nos moteurs, sans toutefois laisser de dommages permanents. Une technologie si raffinée ne peut être le fruit d'une intelligence qui est largement supérieure à la nôtre », fin de citation.

Cet article et les activités de Zigel intéresseront au plus haut point la CIA qui diligentera des rapports d'enquête à son sujet, Rapport Secret de la CIA déclassifié, il date du 17 février 1967 :

Declassified and Approved For Release du 24 juin 2013 CIA-RDP79B00752A000300090001-6. D'autres documents à son sujet datent du 9 avril 1968 et de 1969, cette documentation CIA numérotée secret défense est déclassifiée le 31 janvier 2011, les documents scannés rendus publics le 24 juin 2015. Document Number (FOIA) /ESDN (CREST) : 0005516115[101].

---

[101] https://www.cia.gov/library/readingroom/home

254

## EN 1978 TOUT A BASCULE

L'attitude officielle envers ovnis de la part des autorités russes a littéralement changé de cap lorsqu'en 1978 des   milliers de personnes à Petrozavodsk, une ville de Carélie au nord-est de Saint Pétersbourg ont été témoins d'un étrange objet lumineux dans le ciel pendant plusieurs heures. Les services d'urgences locaux ont été inondés de lettres et appels effrayés du public. Même les pays voisins ont demandé des explications à l'Union soviétique pour qu'elle leur dise à quoi correspondait ce mystérieux l'exercice militaire et dans quelle intention il était programmé. Le dernier brin de paille à la motte commune fut une lettre du père fondateur de centrales nucléaires soviétiques, l'académicien Aleksandrov, il demande aux autorités de lever le voile du secret, prétendant que ce serait une erreur de garder ces affaires confidentielles plus longtemps en faignant d'ignorer ce problème. Selon lui, il était nécessaire de mettre en place des programmes spéciaux pour étudier ces phénomènes.

En 1978, la puissante commission militaro-industrielle alloue des fonds pour la création de deux centres de recherche sur les ovnis, l'un à l'Académie des Sciences d'URSS, l'autre au sein du ministère de la Défense Soviétique. La recherche sur les phénomènes paranormaux à l'Académie des sciences d'URSS fait l'objet d'un programme scientifique spécial désigné sous le nom de Setka-AN, pendant que le ministère soviétique de la défense lancé un programme similaire appelé Setka-MO. Le premier acte de la Setka-AN fut d'user exclusivement du terme phénomènes atmosphériques anormaux, à la place d'ovni, les scientifiques de Setka-AN se sont attelé à vouloir prouver que les ovnis n'existaient pas, et qu'il s'agissait essentiellement de plusieurs erreurs d'interprétations, de lancements de fusées, ou de foudre en boule.

À noter qu'il y a eu des cas de phénomènes aérospatiaux anormaux en même temps que les lancements de missiles mobiles, et à d'autres occasions des apparitions d'ovnis lors d'exercices militaires entraînant des ruptures de communications radio et des défaillances d'équipement, nous sommes en marge d'erreurs multiples d'interprétations hallucinatoires.

Les scientifiques du Setka AN, deviendront fin des années 90 les plus farouches défenseurs de l'ufologie dans un volte-face sans aucune mesure quand on pense à toute l'énergie qu'ils ont dispensé pour nier l'existence des phénomènes inexpliqués par le passé

Nikolay Subbotin Николай Субботин), un ufologue de l'association Rufors, www.rufors.org, s'est penché tout naturellement sur le Setka afin d'obtenir des réponses, et il arrive à sortir au grand jour des dossiers qu'il publie, selon lui :

« L'Académie des sciences a mis l'objectif principal de l'étude de la nature physique des phénomènes anormaux. En fait, toute mention des ovnis dans la presse ou à la télévision dans le cadre de la possibilité de l'existence de formes de vie extraterrestre a été soumis à la censure la plus sévère, et les auteurs de ces matériaux était pratiquement aucune chance de publier ces articles », fin de citation.

En 2006 des sources privées tentent de vendre sur les net 900 documents originaux scannés du Setka AN et Setka MO allant de 1978 à 1996, un certain MJO raconte :

« J'ai plus de 900 pages de ce Documents, (des scans à partir d'originaux) et je voudrais le vendre car nous avons besoin d'argent pour les expéditions », fin de citation.

Les liens renvoient à l'association ufologique Rufors.org dont le président Nikolay Subbotin a déjà publié nombre de cas d'ovnis russes en langue anglaise et russe. On ne sait pas s'il réussit à les vendre mais en tout cas cela prouve que les cas qu'il expose sur le net et dans ses livres proviennent de ce stock acquis par lui voici plus de 10 ans en arrière[102].

Les deux Setaka AN de l'Académie des sciences et le Setka MO du ministère de la défense, ont été fermés immédiatement après le coup d'État avorté du KGB en Août 1991, mais le personnel qui y travaillait conserve les documents et poursuit ses enquêtes sans être payés. En 1993, les documents uniques, recueillis pendant plus de treize ans, ont été vendus par, le colonel Boris Sokolov du Ministère de la Défense, officier de liaison au sein du staff du Steka.

---

[102] http://setka-mo.narod.ru/
http://ufocasebook.conforums.com/index.cgi?board=general&action=display&num=1157510800

Selon les rumeurs, le client officiel est la CIA, un américain soi-disant producteur TV et ufologue inconnu du nom de Knapp Graham, loue un bureau à Moscou et embauche des personnes qui avaient été associés à la Setka, pour les utiliser afin de retrouver les dossiers et se les approprier en les privatisant. Ainsi il obtient 400 les rapports officiels d'Etat sur les événements les plus mystérieux, y compris des affrontements entre les MIGS Soviétiques et les ovnis, pour plusieurs milliers de dollars.

Le reste des documents, le vendeur les a tout simplement brûlés dans sa datcha car sa femme le harcelait sans cesse :

« Ils prennent trop de place… », fin de citation de Nikolay Subbotin.

Cependant, bien avant le début du projet scientifique SETKA certains scientifiques qui l'ont composé ont montré un très vif intérêt pour la question des objets non identifiés malgré son scepticisme. On sait que depuis 1976 l'Académie des sciences de l'URSS commence secrètement, ou pour le moins très discrètement, déployé travaux sur la recherche ovni, ceci est confirmé par deux documents intéressants.

Extrait de la section recherche sous-commission océanographique procès-verbal de la réunion de l'Académie URSS du 17 Novembre 1976. Présents, président P.A. Borovikov, son adjoint, le Président de la Commission océanographique de l'URSS E.M. Cook, secrétaire scientifique de la commission océanographique V.A. Shirey ainsi que vint huit personnes membres du bureau.

« Ordre du jour : aspect sous-marine du problème des ovnis objets volants non identifiés », fin de citation.

Déjà est présent à l'époque l'ufologue V.G. Ajaja comme président adjoint de la section maritime de recherche ufologique, il demande la résolution d'approuver un rapport personnel en son nom propre, inclus dans la partie du plan de travail pour recueillir des informations sur les observations d'ovnis sur les eaux de la mer et à des profondeurs dans l'hydrosphère.

L'ordre du jour est ensuite signé par le président P.A. Boletus, et le secrétaire D.A. Aksenov. Rapport imprimé par la Commission océanographique de l'Académie des Sciences de l'URSS.

Nikolay Subbotin a le mérite de prouver qu'en 1976 existait sous une forme assez construite une commission d'experts scientifiques qui se retrouvent ensuite à la tête du Setka AN de 1978 alors qu'ils se prétendaient sceptiques dans le sujet ufologique, à les croire le gouvernement les aurait presque choisis par hasard, c'est tout juste tout comme à l'insu de leur plein gré, mais contre leur volonté.

Le programme Setka prit fin en 1991, mais un groupe d'experts demeura dans le département de physique et d'astronomie générale de l'Académie des sciences de Russie où ils analysaient les rapports reçus jusqu'en 1996, un passage déplorable de cette affaire est à souligner, qu'un membre de la direction du Setka brûla un nombre de dossiers indéterminés dans sa datcha à la demande de sa femme qui trouvait que les piles de paperasse encombraient leur maison tellement elles étaient volumineuses, version véridique selon l'ufologue Subbotin.

Si cette histoire racontée par les russes est avérée, on peut être en droit de se demander pourquoi le directeur avait ces dossiers chez lui, pourquoi il ne les ramena pas à l'institut puisque des collègues continuèrent à plancher dessus pendant cinq ans de 1991 à 1996 sans être rémunérés, et en dernier s'il est normal de s'arroger le droit de détruire le bien public dans un pays où les archives sont scrupuleusement conservées. Pour mémoire aucune archive de l'époque tsariste ne fut détruite par même les plus fanatiques des gardes révolutionnaires de l'armée rouge et elles survécurent, tout comme l'intégralité des archives des Goulags du KGB.

Les arguments scientifiques concernant la nature des ovnis avaient été mis aux oubliettes par les chercheurs militaires, partant à la recherche d'un ennemi plus terrestre du côté de l'ouest, mais ils portèrent cependant une attention toute particulière à l'hypothèse que les ovnis puissent être des manifestations d'une civilisation extraterrestre, ils étaient préoccupés par le comportement imprévisible des ovnis ainsi que les interactions sur la technologie militaire.

Il y avait donc bien des interférences et des dommages techniques bien réels causés au matériel par des phénomènes aériens inexpliqués.

La censure ne tarda pas à venir, un troisième Ordre Prikaz secret, (Приказ номер Три) interne au Setka AN daté du 11 janvier 1980 ordonne à ses membres :

« Il est interdit de publier des documents sans permission les soi-disant « soucoupes volantes et d'autres objets volants non identifiés ovnis. Cette autorisation ne peut être donnée que V.V. Migulin, et Y. V. Platov », fin de citation.

Dans les faits, après quelques mois à peine d'existence aucun article en faveur de l'existence de preuves d'ovnis ne sera publié sans que cette hypothèse ne soit pas partagée par la direction.

En Mars 1979 la première mouture du protocole des lignes directrices pour l'observation des phénomènes anormaux dans l'atmosphère et l'espace et leur impact sur l'environnement, les organismes vivants et les dispositifs techniques, qui détermine l'attitude à avoir lors d'observations d'ovnis est diffusée par le Setka AN. Une résolution identique de la part du Setaka OM du secteur militaire ne se fera seulement qu'au début de 1980, après la publication de la directive de l'état-major général des forces armées de l'URSS.

Concrètement face à la lecture des évènements de l'époque, les russes s'attardent beaucoup dans leurs articles de presse écrite et aussi sur les blogs sur internet sur l'aspect de formalisation des comités d'enquête et sur qui dirigeait quoi, au détriment de ce qui intéresse les personnes, on ne veut pas savoir qui était le directeur responsable de l'institut tel ou Intel, mais le contenu factuel des dossiers ufologiques.

En compulsant les affaires de moindre importance on découvre une quantité incroyable de rencontres avec des objets ou rayons lumineux sur une grande période au moins de milieu des années 60 au début des années 90.

A propos des ovnis avec des rayons lumineux, de nombreux témoins oculaires ont observé des ovnis en 1967 avec une sorte de lumière ou rayon projeté vers le bas, en 1972 au-dessus de la ville Linz, en 1976, en Géorgie à Tbilissi en 1983, cela fut aussi observé à Vorkouta en 1984. Le magazine Ailes de la Mère Patrie de 1988 N 9, décrit en détail des incidents qui ont eu lieu en 1958 dans la région de Novossibirsk en 1972 en Bulgarie. En 1977, non loin de Tyumen furent observés des objets avec 10 rayons.

En Décembre 1978 à Moscou, près de la station de métro Varsovie, il y avait accroché dans le ciel une boule en argent avec la taille visible légèrement plus petite que le soleil, et tout autour symétriquement huit faisceaux lumineux en longueur égale à son diamètre.

Selon Kistanov, un des membres du navire de recherches Viktor Bugaev, les membres de l'équipage du navire, ont observé dans l'Atlantique, en Novembre 1980 un disque suspendu immobile avec une taille angulaire d'environ 1/3 du disque lunaire et duquel sortaient huit rayons, qui se sont ensuite successivement désactivés, et le disque lumineux disparu. En 1980, il y avait un objet inconnu avec sept puissants rayons de lumière jaune et rouge « à Kondopoga, qui est une ville de la république de Carélie, en Russie, et le centre administratif de Kontupohja. La ville de Kondoroga est à environ 45 km au nord de Petrozavodsk où apparu le célèbre phénomène ovni de type Meduse, en 1978.

En 1984, par la décision du VSNTO, conseil de l'union de toutes les sociétés scientifiques et techniques, une commission centrale sur les phénomènes anormaux dans l'environnement fut créée avec comme président l'académicien soviétique V. Troitsky, avec pour adjoint le général-major de l'aviation, pilote-cosmonaute héros de l'Union Soviétique Pavel Popovich.

La commission a pu voir le jour du fait que les responsables de la recherche universitaire du programme Setka se soient débarrassés des ufologues indépendants. Selon Pavel Popovich, la plupart des informations sur les phénomènes anormaux provenaient de personnes dotées d'une bonne santé mentale, des militaires et des pilotes.

Parmi les rapports, beaucoup étaient absurdes, mais certains demeuraient historiquement importants. Les observations d'ovnis ont commencé à être signalées dans les premiers jours qui ont suivi le début de la Seconde Guerre Mondiale, le phénomène n'était pas récent.

Par exemple, au cours de la bataille de Koursk, des aviateurs et des témoins soviétiques au sol ont observé de mystérieux objets dans le ciel. Le 29 mai 1984, le journal Travail, Trud, publia un article où Popovich évoquait un cas ayant eu lieu le 27 mars 1983, à Gorki (et étudiée par la section Gorki de la Commission). Il s'agissait d'un objet qui volait dans les alentours de l'aéroport de la ville. Les radars de l'aéroport l'ont enregistré sans réussir à l'identifier. Il volait à une altitude de plus d'un kilomètre, et à une vitesse d'environ 180-200 km/h.

Le témoin, le contrôleur de vol A. Shushkin, qui avait observé l'objet déclara que la taille était similaire à celle du fuselage de l'avion Illyouchine IL-14. Il ne comportait pas d'ailes et ressemblait à un cigare.

Sa couleur était gris clair, et sa composition rappelait celle de l'acier. Il se déplaçait lentement à travers le ciel et le phénomène dura une quarantaine de minutes.

À une distance de 30 à 40 km au Nord Est de l'aéroport les radars perdurent l'objet de vue. Shushkin raconta que l'ovni était apparu effectivement sur la ville le 28 mars 1983, à une altitude de 400-600 mètres, avant de disparaitre dix secondes après l'avoir aperçu.

Un autre épisode eu lieu en janvier 1978, Popovich le décrit dans le journal Sotsialisticheskaya Industriya, le 6 août 1984. Pendant le vol d'un YAK-40 sur la zone entre les deux établissements Medvezhye et Nadim, l'équipage remarqua un objet rond dans le ciel, un corps étranger très lumineux qui s'approchait rapidement avant apparaître en face de l'avion.

La taille de cet engin augmentait minute par minute. Lorsque l'accident semblait imminent, l'objet bondit juste devant le nez de l'avion, sans ne causer heureusement de dommages quelconques. Plusieurs cas ont échappé à la destruction des dossiers du Setka AN, délivres furent publiés fin des années 2000, sur des thèmes comme : Setka, Enquêtes sur les ovnis. Plusieurs cas que je dévoile ici ont continué pendant trente ans sous le sceau top secret.

(Проект Сетка - изучение НЛО под грифом Совершенно секретно).

Pratiquement tous les pays du monde ont étudié le phénomène ovni. Mais les résultats de ces études, en règle générale, sont classés comme Top Secret (Совершенно секретно). Et dans la presse, il n'y a que les miettes qui sont tout simplement impossible à cacher. À ce jour, il n'y a pas de secret pour personne que l'URSS ne se départit pas aux États-Unis dans l'étude des phénomènes paranormaux. Le programme de recherche secret a été développé dans les années 1978-1991, il a été appelé Setka, il n'était pas secret au début, il le devint sur sa propre initiative. La raison pour laquelle l'objet de l'étude des phénomènes anormaux a été inclue dans le plan de travaux de recherche sur la défense nationale, est le phénomène de Petrozavodsk, des événements qui ont eu lieu en Septembre 1977. Pour appel, il est apparu dans le ciel un grand objet qui a été observé dans la partie nord de l'Union Soviétique et jusqu'en Finlande. Les observations les plus spectaculaires ont été faites à Petrozavodsk, d'où le nom. L'univers n'aime pas les coïncidences, un 20 septembre 1977 à 4h00 du matin trois phénomènes eurent lieu, est-il possible qu'il y ait eu une quelconque interaction entre eux ?

Une fusée fut lancée et arriva en orbite selon les prévisions, au même moment un objet tombe dans la mer et un aéronef lumineux survient, la fusée aurait-elle percuté un engin en vol, et un vaisseau mère était' il à sa recherche ?

Un objet est tombé du ciel dans à l'emplacement 60°07'48.0"N 25°00'00.0"E Helsinki, Uusimaa, Finlande, à 333 km de Petrozavodsk à l'Ouest, en fait plus proche de St Pétersbourg à 186 km sur son Nord-Ouest, le 20 Septembre 1977 à 04h00, un objet non identifié a été aperçu, mais avec une apparence et un comportement qui auraient probablement une explication conventionnelle.

Un objet a été observé par plus de deux témoins expérimentés masculins pendant plus de quatre minutes.

Le MUFON détient un dossier à ce sujet, un objet est tombé à 152 mètres à l'ouest des côtes de l'île de Pokkisaari et à 80 mètres au sud de la péninsule de Vallisaari, c'est à peine à 4 km au Sud-Est d'Helsinki, la capitale et la plus grande ville de la Finlande avec 602 200 habitants dans la commune et 1 344 757 dans le Grand Helsinki, autant dire que cela n'a pas pu passer inaperçu. Ce fait figure aussi dans le livre de Sue Kovach, Hiden Files, les fichiers cachés 1°édition du 1 septembre 1997 ISBN-10 : 0-8092-3121-2 sur des faits inexpliqués issus des dossiers cachés par les forces e l'ordre.

Une photographie des ovnis de Petrozavodsk, au-dessus du lac Onega, au début du matin du 20 septembre 1977 circule sur le net en noir et blanc avec une énorme méduse lumineuse dans le ciel noir en haut à gauche et une dizaine de sphères lumineuses en contre bas à droite. Cette photo a également été publiée dans le journal Pravda. En 1978, le journal du parti soviétique, Pravda annoncé à la une :

« Une étoile intensément rayonnante qui ressemblait à une méduse brillante, se tenait au-dessus de Petrozavodsk. Elle s'est déplacée lentement vers Petrosavodsk, jetant des rayons lumineux sur la ville. Un peu plus tard, le rayonnement prit fin, et la source de lumière changeait sa luminosité avant de se déplacer vers le lac Onezskoe. À l'horizon, il y avait des nuages gris et quand l'objet est entré, un certain nombre de demi-cercles et de cercles de lumière roses sont apparus. La manifestation a duré de dix à douze minutes », fin de citation.

Et subitement suite à cet évènement de Petrozavodsk toute l'ufologie en URSS démarre, mais en fait non, c'est l'opinion publique et la presse qui s'en emparent, et encore plus hors frontières de l'URSS. Les occidentaux accusent, c'est soit des ovnis, soit une expérience militaire russe, et l'exécutif central du PCUS doit réagir et c'est ce qu'il fait, il officialise et valide la compétence de l'Académie des Sciences pour parvenir à élucider ce phénomène ovni. Les politiques transfèrent la responsabilité aux hommes de science.

# APRES PETROZAVODSK
# LE SOVIET SUPREME VEUT SAVOIR

Il faut dire aussi que le développement du projet Setka avait une base de données très importante. Les scientifiques auparavant n'avaient pas abandonné le problème des phénomènes anormaux. Ainsi, par exemple, en 1976, dans l'académie des sciences, des scientifiques soviétiques commencent à travailler sur la préparation d'une étude secrète des objets non identifiés, dont aucune étude n'a jamais été publiée ce qui est très étonnant. En 1978, se créent deux centres de recherche sur les ovnis, l'un à l'Académie des Sciences d'URSS, l'autre au sein du ministère de la défense soviétique et dès le début les deux ne s'entendant pas, plus tard bien qu'ils fassent des réunions ensemble parfois, et n'échangent rien sur leur travail. La recherche sur les phénomènes paranormaux à l'Académie des Sciences d'URSS a fait l'objet d'un programme scientifique spécial désigné sous le nom de Setka-AN. Le ministère soviétique de la Défense a lancé un programme similaire appelé Setka-MO. Les deux centres ont aidé à la recherche sur les ovnis et n'ont rien échangé des informations réciproques à ce sujet durant des années.

Le programme distingue deux volets, la recherche des phénomènes anormaux et leur impact sur le fonctionnement des équipements et du personnel militaire, la recherche des principes physiques d'origine et le développement des phénomènes anormaux, ces deux différents flux de sources d'information se croisent.

Le premier acte de la Setka-AN fut d'user exclusivement du terme phénomènes atmosphériques anormaux à la place d'ovni. Les scientifiques du Setka-AN, se sont attelés à prouver que les ovnis n'existaient pas, et qu'il s'agissait essentiellement d'erreurs d'interprétations, de lancements de fusées, ou de boules d'énergie, ainsi que toutes sortes d'anomalies atmosphériques qui ne s'étaient jamais produites de mémoire de l'humanité et pour lesquelles il fallait broder une explication scientifique adaptée

En tous cas à analyser les dossiers actuellement sous le regard de la science rationnelle. Si rationnelle qu'ils auraient abouti plus de treize années plus tard en feu de cheminée dans la datcha d'un responsable Setka AN selon les allégations des russes même largement reprises sur le net. À noter qu'il y a eu des cas de phénomènes aérospatiaux anormaux en même temps que les lancements de missiles, et à d'autres occasions des apparitions d'ovnis lors d'exercices militaires entraînant des ruptures de communications radio et des défaillances d'équipement.

Ainsi, le ministère de la défense, a été engagé dans le premier flux des données des différents types de troupes militaires, et l'Académie des Sciences, a supervisé un second flux d'organisations scientifiques et civiles, ainsi que les rédactions des journaux et des magazines.

Il est entendu que les objectifs finaux de recherche étaient complètement différents. Le programme prit fin en 1991, mais un groupe d'experts resta dans le département de physique et d'astronomie générale où ils analysaient les rapports reçus jusqu'en 1996, les derniers dossiers encore disponibles proviennent de cette souche de recherches, et encore une fois j'ai du mal à comprendre pourquoi une partie des archives sut bennée à la poubelle, une autre brûlée dans une cheminée et les 400 dossiers les plus vendables cédés aux étrangers moyennant finances ?

Vingt-cinq ans plus tard les membres de l'Académie des Sciences disent :

« Rassurez-vous il n'y avait pas dans ces 400 dossiers d'affaires importantes ou sensibles ».

Cela veut dire qu'il avait des affaires importantes et sensibles ?

Les arguments scientifiques concernant la nature des ovnis avaient été mis de côté par les chercheurs militaires ; ils portèrent une attention toute particulière à l'hypothèse que les ovnis puissent être des manifestations d'une civilisation extraterrestre. Ils étaient préoccupés par le comportement imprévisible des ovnis ainsi que les interactions sur la technologie militaire qu'ils mettaient hors d'usage. Ils souhaitaient à tout prix récupérer les propriétés technologiques des ovnis à leurs propres fins militaires.

En 1984, par la décision du VSNTO (ВСНТО Всесоюзный совет научно-технических обществ) L'Union de l'Ensemble du Conseil Scientifique des Sociétés Techniques, une commission centrale sur les phénomènes anormaux, fut créée avec comme président l'académicien soviétique V. Troitsky, ainsi que l'un de ses adjoints le général-major de l'aviation, pilote-cosmonaute P. Popovich. La Commission a pu voir le jour du fait que les responsables de la recherche universitaire du programme Setka se sont débarrassés des ufologues indépendants, ils ne les voulaient pas dans leurs pattes, ne laissant que des chercheurs et des spécialistes militaires des instituts de recherches libres et à l'œuvre.

266

Avec le Setka AN, les travaux sur cette question ont été fermés, et dans la presse des informations à leur sujet ne paraissaient presque pas, et tous les matériaux qui touchent les ovnis, il était fortement recommandé d'envoyer un examen préliminaire pour toute URSS au comité de direction, qui répétait :

« Rien avoir avec les ovnis ».

En réalité, la situation était telle que la moindre mention dans les médias ou à la télévision sur la possibilité de l'existence de la vie extraterrestre a été soumise à des critiques acerbes, de sorte que les auteurs de ces matières avaient peu ou aucune chance de publier leurs travaux. Tous les cinq ans, le nom du projet a été changé : au début, il a été appelé Setkas, puis il y avait un programme Galaxy, ou Horizon. Mais l'essence du nom du projet ne change pas, il est toujours tenté de découvrir la nature de l'ovni, le Galaxy a été l'organisme le plus secret parmi tous.

Les deux flux Setkas ont été fermés presque immédiatement après le putsch en URSS en Août 1991. Et deux ans plus tard, tous les documents secrets, qui ont été recueillis en plus de 13 ans d'existence du projet, ont été vendus. Selon certaines sources, les acheteurs étaient des Américains, et le client la CIA via un bureau anonyme loué dans un immeuble de Moscou. Il est intéressant de noter que tous les documents ont été évalués très bon marché, seulement quelques milliers de dollars, et en retour la CIA a reçu la description de 400 des cas les plus mystérieux en Russie, y compris les descriptions des affrontements de combat entre des avions de chasse soviétiques et des ovnis. D'autres documents ont été beaucoup plus volumineux, mais, malheureusement, mais sans valeur marchande au moment de la crise économique post soviétique de 1991-1995, ils n'ont pas survécu. Au cours de l'observation d'un autre objet non identifié.

En Juin 1980, il y avait un objet rond rougeoyant qui a laissé une traînée de fumée de feu, puis un panache bleu pâle sur la partie européenne de la Russie, puis il a acquis la forme des poissons plats. Platov et Sokolov, qui sont les principaux acteurs du projet, ont expliqué que son apparition était liée au lancement du satellite Cosmos 1188 depuis le cosmodrome Plessetsk, même en dépit du fait qu'un phénomène similaire a également été observée en Amérique du Sud. Cependant, ils ont accidentellement oublié de mentionner les faits de l'observation simultanée d'anomalies dans les différentes parties du globe, ainsi que le contact avec un ovni par des témoins oculaires.

Le rapport sur l'accident fournit des informations sur l'observation des phénomènes non identifiés étaient généralisé, ils ont été vus à Moscou, Vladimir, Tula, les régions de Riazan, et même sur le territoire du Tatarstan. Mais le plus grand intérêt pour les scientifiques représentait le district Chkalovsky, où presque en même temps, on a remarqué quelques phénomènes anormaux, caractéristiques de point de vol avec un grand volume, en regardant la formation des nuages encore noirs. Ainsi, en conséquence, les scientifiques ont conclu que tous les objets observés sont anormaux, mais pour étudier leurs caractéristiques ils ne disposaient pas de données suffisantes. Des informations portaient sur un villageois, un étudiant du nom de A. Vostruhin qui avait vu un objet elliptique stationnaire situé au-dessus du village de Solntsevo. Après un certain temps le même objet avait été vu par une autre personne, le colonel V. Karyakin, qui rentrait chez lui. Selon lui, il a entendu un grondement basse fréquence, puis a vu une tache rougeoyante. L'homme a couru vers l'objet, il se sentait une lourdeur dans le corps et la faiblesse dans les jambes. Lorsque Karjakin a approché l'objet, il a lentement commencé à monter jusqu'à une hauteur d'environ 25 mètres, il fit une pause, puis a disparu. Le lieutenant-colonel a immédiatement signalé l'incident à son commandant, afin de clarifier toutes les circonstances du cas, un groupe de scientifiques a été créé, ils ont interrogé, audité et diagnostiqué neurologiquement ce dernier dans une unité médicale. En conséquence, il a été constaté que, à l'époque Karjakin était absolument sain en termes physiques et mentaux, et non pas dans un état de choc ou d'intoxication, en outre, aucun effet néfaste sur son corps pendant l'observation de l'objet détecté[103].

À l'été 1981 en Union Soviétique, il a été enregistré le cas de la disparition au combat d'avions, en essayant d'intercepter un ovni. Sur le terrain d'aviation de chasse du Régiment de défense antiaérienne du District militaire Turkestan, un objet inconnu flottant en forme de cigare a semé la panique. Les dimensions de l'ovni ont impressionné les poursuivants, environ 100 x 200 m, l'un des pilotes libère deux missiles et l'objet s'est soulevé dans l'air. Presque au même moment les deux marques d'avions ont disparu des écrans radar. Aucune trace de l'accident, et des missiles ou leurs fragments n'ont été trouvés.

---

[103] A consulter au sujet des projets SETKA (1978-1991), projet Galaxy" (1981-1985), projet Horizon (1986-1990) :

http://ufology-news.com/dokument-dnya/rassekrechennye/russkij-arxiv-nlo-chast-4-4.html

L'objet inconnu a disparu en ascension rapide vers le haut du ciel au-dessus des nuages, il n'a jamais été trouvé de trace de débris des avions ni des pilotes disparus en plein vol. Dans la revue L'Etoile Rouge, du 4 novembre 1981 et le journal Pravda, également du 8 novembre 1981, des articles décrivent un incident qui a eu lieu dans l'une des unités aériennes de la Flotte de la Baltique le 15 Octobre 1981, dans le district de Kaliningrad, le lieutenant Korotkov, pilote d'avion porte missile, volant à une altitude de 1300 m à une vitesse de 520 km / h, a vu en approche une boule de feu d'un diamètre d'environ 5 m. La boule était d'une couleur rouge pâle avec un noyau en brun avec un diamètre des anneaux d'un mètre. Une seconde boule a volé en direction de l'avion qu'il pilotait puis disparu. Et puis près de la queue de l'avion il y eut une explosion, le moteur de l'avion s'arrêta immédiatement, et aucun autre dispositif ne fonctionnait plus à bord. La vitesse de l'avion a immédiatement chuté, et l'avion est descendu, ce fut seulement lorsque le terrain était déjà à 300 m et qu'il allait s'écraser, que Korotkov a réussi à démarrer le moteur et à repartir vers le ciel. Une étude détaillée de ce type de rencontres entre des avions et des ovnis et la perte de contrôle ayant parfois entraîné à la fois la perte de l'avion et le décès de ou des pilotes a été relaté par A.I. Mordvinov-Shchodro dans la revue Technologie Jeunesse numéro 4, de 1982.

Il fallait faire quelque chose au sujet des ovnis, mais l'occasion de donner une envergure d'importance aux recherches, n'est venue seulement après le 22 Août 1980, avec la décision VPK 255, étendant le travail de recherches ufologiques de l'Académie des Sciences pour la période de 1981 à 1985, l'incluant dans un plan budgétaire quinquennal. Mais quand l'outil Setka MO militaire s'enclenche à la suite, l'épicentre de l'activité des soucoupes volantes se trouvait à Borissoglebsk (Борисоглебск) dans l'oblast de Voronej ou en 1923, une école militaire de l'air fut établie et où de nombreux aviateurs soviétiques apprirent à piloter, ainsi qu'à Kapustin Yar. C'est là l'armée a déployé un programme à grande échelle pour le suivi des objets inconnus, mais Ina Petrovskaya qui travailla longtemps sur la région de Dzerzhinsk continua à susciter la présence régulière d'objets anormaux longtemps puisque l'on inclue un budget spécifique aux enquêtes à cet endroit avant qu'au fil du temps les ovnis disparaissent du secteur.

En 1981, le programme Setka change de nom et devient le programme de recherches Galaktika, il se transforme à nouveau en 1986 dans le programme Horizon, puis selon le Colonel Kolchin il finit en 1990 entre les mains d'un groupe d'experts du département de la physique et de l'astronomie de l'Académie des Sciences de Russie qui analyse les rapports collectés depuis 1986.

Lorsque le président Gorbatchev demande les résultats, les scientifiques ne travaillent plus sur l'ufologie depuis peut être environ un an et demi. L'amiral K Ivanov, directeur du service de l'intelligence navale et amiral en chef de l'Etat-Major de la marine soviétique ordonne aux unités navales de rechercher, collecter et rapporter tout ce qui est en relation avec les ovnis, son ordonnance sera reprise par les armées de terre et de l'air par la suite et étendues. On apprendra grâce à l'armée soviétique qu'il y eu des cas d'observation, de poursuite d'ovnis en mer et dans les airs et des combats aériens avec des MIGS tentant d'abattre les ovnis, nous sommes très loin de la science-fiction, l'armée rouge avait décidé d'abattre par tous les moyens ces dispositifs aériens inexpliqués quels qu'ils soient. De leur côté les membres du Setka AN ayant suivi leur programme demeurent fidèles à eux-mêmes :

« Les ovnis sont des anomalies atmosphériques », fin de citation.

Selon Youri Striganov, un mémo de l'état-major de la marine russe daté du 7 mars 1980, signé par le vice-amiral Saakyan commandant du quartier général de la marine est envoyé à l'ufologue Valdimir Ajaja pour lui fournir du matériel, il était semblé t'il écarté à l'époque des dossiers instruits par la « communauté scientifique » des académiciens du Setka AN. Y. Platov et B. Sokolov conservèrent leurs programmes de recherché ufologiques secrets ce qui est un non-sens puisque le soviet suprême avait mis en œuvre le programme afin d'informer la population sur du factuel, sur des bases scientifiques. A leur défense les scientifiques placent en avant l'origine militaire terrestre de la majorité des observations d'ovnis qui même si c'était vrai pour 90% des cas aurait mérité que sur les 10% des cas inexpliqués les scientifiques fassent preuve de clairvoyance. Vu de l'extérieur on pourrait penser que pendant 13 ans ils ont voyagé partout, encaissé 40 millions de roubles, vécu confortablement dans une Russie Soviétique où les salaires étaient de 50 à 80 dollars par mois, afin de remplir des rapports de non existence d'ovnis, qui si cela s'était avéré aurait dû suffire à dissoudre le Setka AN au bout d'une année d'existence, pourquoi travailler 13 ans sur quelque chose qui n'existe pas ?

Puis à la fin de l'URSS, les cas avérés d'ovnis sont vendus aux américains et les scientifiques détruisent les preuves. Cela ressemble au Projet Blue Book américain, où le gouvernement charge une commission d'enquête au sein de laquelle il faut des années et des millions de dollars pour dire au fait dès le début on n'y croyait pas, nous n'avons rien cherché, il n'y avait rien, mais nous avons empoché l'argent du gouvernement.

Parmi les militaires, certains devinrent de véritables spécialistes en ovnis à force de travailler sur le sujet, le colonel Alexandre. A. Plaksin officier de liaison entre l'armée et les programmes académiques de rechercher déclara que l'incident du 4 octobre 1982 (et non le 5) en Ukraine était une mise en service des codes de lancement des missiles balistiques nucléaires suite à l'apparition d'un gigantesque ovni dans le ciel.

Le colonel était l'expert des phénomènes paranormaux du département de la défense de Russie et avait suivi toutes les affaires du programme Setka dépendant du ministère de la défense chapeauté par le général Balashov. Selon Andrey Pavlov dans un article paru dans la Komsomol'skaya Pravda, le 31 mai 2002, les américains ont été aidés directement ou indirectement par la technologie extraterrestre pour fabriquer des super armes, Alexandre Plaksin y est cité. A. Plaksin déclare qu'il n'y a pas eu de crashs d'ovni au Kazakhstan en 1978 et qu'il n'y a pas de dépôt de stockage secret de débris d'ovnis à Mitische, région de Moscou, pas plus que de hangar secret à Nouvelle Terre, Novaya Zemlya. Selon lui le laboratoire de recherche militaire ufologique se poursuivit après 1978 dans l'institut de recherche militaire TSNII-22 (ТСНИИ-22), où il débuta lui-même sa carrière, devint un chercheur scientifique en 1979, puis graduellement en devint le superviseur en 1991. Il disposa de toutes les documentations et fut le responsable des officiers de l'équipe d'enquête de l'armée : Gherman Kolchin, Lev Ovsischer, Gershtein, Subbotin, Chernobrov et d'autres[104].

L'association de recherches ufologiques russe Rufors conserve dans ses archives plus de 1000 pages de documents sur les projets Setka, Galaxy, Horizon, Pandora, et d'autres. Ils étaient joignables au n° de téléphones mobiles et 8-912-49-22640 8-919-70-67935 Nikolay Subbotin, de 7h00 à 21h00, heure de Moscou et par SMS à tout moment. ICQ 7227013. L'étude approfondie de tous les cas a permis d'expliquer 70% de tous les phénomènes enregistrés, selon le KGB jusqu'à 87 %, ils avaient des explications réelles et objectives liées à des tests de technologie dans l'aviation, de fusées et missiles militaires, de projets scientifiques dans le domaine spatial.

---

[104] http://ufosecret.ru/page_1.html

Mihail Gershteyn, livre : secrets UFO et étrangers Автор : Михаил Герштейн
Книга : Тайны НЛО и пришельцев (114 pages en téléchargement gratuit sur le sujet en ligne sur le net).

Environ 30% de plus avaient une explication qui pouvait avoir différentes origines, ingénierie de l'énergie, champs électromagnétiques, rayonnements naturels de la terre ou autres sans pour autant pouvoir être imputés à une civilisation extraterrestre.

Dans environ 10% à 15% des cas, il était impossible de fournir une quelconque explication.

Le KGB abondait également en opinion envers ces 10%.

Certaines personnes sans scrupules ont utilisé la situation et en raison de l'anarchie et de l'incertitude qui régnait dans le pays ont essayé de se servir eux-mêmes et ont vendu les dossiers concernant les ovnis qui moyennant finances et les dossiers ont quitté le pays en direction des USA.

Les chercheurs occidentaux ont spéculé depuis des années sur le fait que les soviétiques utilisaient des histoires d'ovnis pour masquer leurs tests d'armes et de nombreux cas d'essais de tirs ainsi que de ratages avec des retombées de débris, ce qui n'est pas faux. Bien entendu dans les 70% des cas expliqués, ce fut le cas.

Beaucoup de conclusions ont été données pour chaque événement observé. Lancements d'engins spacieux, parties d'engins orbitaux retombant dans l'atmosphère, morceaux de réservoirs, de lanceurs, restes de fusées, de missiles, débris techniques de satellites, accidents d'avions expérimentaux voire des cataclysmes naturels, des preuves et explications ont été trouvées.

Dans les autres cela ne veut pas dire que quelque chose a eu lieu, mais que les faits qui pourraient confirmer l'origine factuelle des incidents ne suffisent pas en raison d'un manque d'information ou en l'absence de preuves matérielles.

# AU LIEU DE RASSEMBLER
## L'ACADEMIE DES SCIENCES DIVISE

Le 18 octobre 1978 l'Académie des Sciences de l'URSS fait cavalier seul au lieu de coordonner et rassembler les organisations militaires et civiles pour développer conjointement un plan d'action. Lors de la réunion elle enregistre les idées les plus importantes du point de vue scientifique, mains un an plus tard après avoir fait cavalier seul, le divorce des instances sera consommé, en 1980 chacun travaille pour soi- même, malgré le fait que parfois quelques dossiers soient échangés.

En 1979, Zigel est l'invité de nombreuses réunions Setka AN, il avait formulé la demande d'intégrer le groupe mais on lui refusa l'entrée, il est toutefois interrogé sans doute afin de lui demander des informations sur les nombreux dossiers personnels dont il dispose. Finalement le Setka est devenu aussi opaque que le sujet ovni lui-même. Le 12 février 1979, lors d'une réunion consacrée au phénomène de Petrozavodsk, Felix a également donné son opinion :

« Le jour en question il y avait environ cinquante ovnis dans le ciel de Russie », fin de citation.

Il ne savait pas que le phénomène peut n'être qu'un, mais il est si énorme et très haut positionné qu'il peut être vu dans toute la partie européenne de l'URSS. Et la source de son origine est faussement trouvée très rapidement :

« A 4h01 le 20 Septembre heures du matin, 1977 du cosmodrome de Plesetsk a été lancé par satellite espion Cosmos-955, fin de citation de la version du gouvernement.

Mais le satellite s'était élevé dans le ciel en ligne droite et en direction opposée de l'ovni qui était stationnaire avant de disparaître à l'opposé du vol de la fusée du satellite, même un enfant de dix ans comprendrait la différence.

Le 23 mai 1979 Felix Y. présenté à V. V. Migulin des propositions pour la poursuite du développement de la R & D, et ses suggestions sont refusées par le Setka AN, Zigel dira plus tard au sujet de Miguilin le responsable du Setka dans son dernier manuscrit :

« Peu à peu, il est devenu évident que V. V. Migulin ne va pas étudier calmement et objectivement les ovnis », fin de citation.

Il dira aussi de Miguilin :

« Tout ce qui ne rentre pas dans la catégorie des intempéries doit être à son avis considéré comme des fabrications malicieuses d'amateurs de sensations fortes », fin de citation.

C'est précisément cette position fut formulée dans son interview publiée par le journal du Comité de Moscou du PCUS « La Bannière de Lénine », le 11 Novembre, 1979.

Dans diverses phrases d'introduction à son livre sur les ovnis et le dossier bleu du KGB, Vladimir Ajaja, Président de l'Académie information Chercheur en ufologie appliquée, docteur philosophie, Diplômé de l'Académie RAEN, (Владимир АЖАЖА, Президент Академии информациологической и прикладной уфологии, доктор философских наук, академик РАЕН), dévoile son opinion à ce sujet :

« Au cours des dernières années, certains médias étrangers et nationaux ont commencé à être soumis à une sorte de dossier bleu contenant les prétendument quelques secrets ufologiques du KGB », fin de citation.

Nous sommes loin de prétendues suppositions comme le formule Ajaja, le journaliste suédois Claes Swahn achète en 1993 pour 500 marks des documents du Dossier Nleu (Синей папки) du KGB relatif aux ovnis, plus quelques mémos et notes issus des services du Setka. Le dossier existe bien et pourtant le jusqu'au boutiste du déni Ajaja, est prêt à renier les sources officielles du gouvernement pour qui il travaille, cela n'empêcha pas Miguilin et Ajaja de comprendre l'intérêt des occidentaux pour cette thématique et de devenir dix ans plus tard les conférenciers les plus ardents défenseurs de l'existance des extra-terrestres.

# TEMOIGNAGES

Suite au décret du présidium de l'URSS № 0172 du premier Août 1978, CCCP (№ 0172 от 1 августа 1978, la première liste des instituts destinés à travailler étroitement avec le programme de recherche Setka AN comprenait plus d'une douzaine d'instituts, outre l'Académie des Sciences, y compris l'Institut d'Astronomie d'Etat Sternberg (Государственный астрономический институт имени Штернберга) où a travaillé L.M. Gindilis (Л. М. Гиндилис), l'Institut d'Aviation de Moscou (Московский авиационный институт) où enseignait Zigel, l'Institut de Recherche Spatiale (Институт космических исследований), l'Institut de Physique de la Terre (Институт физики Земли), l'Institut d'Océanologie (Институт Океанологии), le Comité Astrosoviet (Астросовет) sur les météorites et de poussières cosmiques (Комитет по метеоритам и космической пыли).

L'organisation dirigeant le tout ce collectif du Setka AN, fut l'institut Izmiran (ИЗМИРАН), Institut du magnétisme terrestre et propagation des ondes radio (Институт земного магнетизмас и распространения радиоволн), représenté par son membre correspondant pour Setka AN V. V. Migulin (член-корр. АН В. В. Мигулин).

Pour l'organisation militaire du Setka MO, ce fut le NII-22 Ministère de la Défense de l'URSS (НИИ-22 МО СССР), sous commandement du lieutenant-général Viktor Pavlovich Balashov (возглавлял генерал-лейтенант Виктор Павлович Балашов).

Un groupe de travail de quatre membres a été mis en place, dirigé par le colonel Ahat Abdullovich Abdullin (Ахат Абдуллович Абдуллин). Toutes les interactions entre les zones militaires et universitaires pour coordonner sciences et techniques, le colonel Boris Aleksandrovich Sokolov (Борис Александрович Соколов), et Aleksandr Aleksandrovich Plaksin (Александр Александрович Плаксин) du groupe Akhat Abdullin (Ахата Абдуллина). Près de la moitié des fonds ont été consacrés à des activités d'organisation et de fonctionnement, 20 millions de roubles de 1978.

L'été 1978 sur le territoire de la Lituanie, l'Ukraine et la Biélorussie ont été observées à plusieurs reprises des objets cylindriques étranges. Les évènements concernant les phénomènes inexpliqués poussaient les instances gouvernementales à accélérer le travail des instituts scientifiques pour expliquer ce qui se passait.

Ce n'est seulement qu'en Août, après la parution du décret du présidium de l'URSS que l'académie des sciences, entame une réunion conjointe avec des représentants de l'académie des sciences, du ministère de la défense, du ministère de l'aviation civile et de l'autorité locale de l'aviation civile. La première réunion a eu lieu en Lituanie en Août du 9 au 11, le ministère de la défense était représenté par M. Stortchak du NII-22 et B. A. Feshin du NII-4. Au cours de la réunion, il a constaté que, dans la période du 13 Juillet au 31 Juillet 1978, une compagnie d'aviation lithuanienne observa des anomalies sous la forme d'objets lumineux de formes différentes.

Sans impact de ces phénomènes sur l'équipement électronique. Des réunions similaires ont eu lieu les 11 et 14 Août, en République Socialiste Soviétique de Biélorussie les 16 et 17 Août, dans la RSS d'Ukraine.

Les pilotes biélorusses ont signalé que les équipages d'avions en service de 20h00 à 22h00 le 13 juillet 1978 dans la région de Ptish (Печь) et dans un rayon de 50-60 km, à une altitude d'environ 11 à 30 km, ont observé des objets volants non identifiés de forme cylindrique, couleur argent brillant, avec des contours latéraux clairement définis.

Des équipages ukrainiens d'avions du 26 Juin à la fin de Juillet 1978 ont également observé des objets lumineux non identifiés rectangulaires ou de forme cylindrique. Un avion 46615 (vol 7831) provenant de Kiev rencontre l'objet le 13 juillet 1978 à 19h50 dans la zone Khoiniki, qui est une ville de la région de Gomel, en Biélorussie.

Selon les dossiers dans le même livre, un cas de détection d'objet en mouvement inconnu a eu lieu en date du 21/03/78 à 23h10 à proximité de Ptish (Печь), une région à la frontière entre l'Ukraine, La Pologne et la Biélorussie.

Au cours des travaux du comité interministériel près de 60 témoignages ont été recueillis, ainsi que les rapports d'observation en vol des pilotes.

Voici quelques-uns d'entre eux :

Le soir, sur 21 Juillet 1978 le vol 8052 de l'aviation civile passant par Saratov, Voronej, Gomel Vilnius, avec le pilote commandant de bord V.A. Shikunov, et A. V. Ohlopkov comme copilote, et pour mécanicien P.M. Dorofeev, dans l'habitacle se trouvait également le pilote G. I. Panischev. L'avion est sur un segment de vol Voronezh Gomel, dans les 80 à 100 km de Zheleznogorsk vers une altitude de 3000 m.

A 20h30 à gauche à un angle de 110 à 120 degrés par rapport au parcours, ils ont remarqué dans le ciel la longueur d'un cylindre brillant sur une largeur d'environ 1/6 ou de 1/7, comme taille angulaire de 10 à 13 mm par rapport à la longueur du bras. Le soleil était visible à l'ouest, près de l'horizon, l'objet cylindrique est descendu peu à peu derrière la queue de l'avion lorsque les pilotes ont approché Gomel. Près de l'extrémité inférieure du cylindre, il était perceptible comme un rétrécissement. L'objet a été observé pendant environ 20 minutes.

Le 12 juillet 1978, l'équipage d'un Antonov AN-24 sur la route de Lida, alors à une altitude de 3.400 m, a vu haut dans le ciel un objet arrondi blanc jaunâtre d'une taille équivalente à celle de l'avion lui-même, à une distance de 10 à 12 km. Il a suivi sa position dans le ciel environ 5 minutes, sa forme n'a pas changé, après que l'avion tourne selon son plan de vol, il perd de vue l'objet. Le lendemain, des témoins ont vu à Mozyr (Мазыр) dans la région de Gomel en Biélorussie, un objet cylindrique immobile argenté blanc dans le ciel et qui devint invisible à la nuit tombée. Certains pensaient qu'il s'était déplacé.

Ces observations de l'été 1978 sur les lignes d'Aeroflot sont analysées, la commission interministérielle pour enquêter sur les observations des phénomènes anormaux a selon Leo Myronovych précise aux médias :

« Il a été fait l'observation d'un certain objet anormal comme un cylindre vertical lumineux qui a dérivé une longue période à des hauteurs supérieures à 10 km dans l'oblast de Gomel », fin de citation

L'annonce publique est venue de Vilnius par le célèbre astronome lituanien V.L Strayzhisa, sur la base des descriptions des témoins, les pilotes de l'aviation civile. La taille du cylindre estimée par Strayzhis est d'environ 200 m, un objet inconnu issu de la nature est exclu, il demeure inconnu. Cependant, il pourrait constituer un danger pour les avions. Strayzhisa entre en contact avec la section Setka auprès de B. A. Kiyasov pour communiquer ses informations. La commission interministérielle, qui comprend des représentants de l'académie des sciences du ministère soviétique de l'enseignement supérieur, ministère de la défense et le ministère de l'aviation civile a visité Vilnius, Minsk et Kiev, a écouté des enregistrements de bord, des magazines et d'autres documents :

« En fin de compte, il s'est avéré qu'il y avait un grand bouquet de ballons lancés à partir du site d'essais près Rylsk. Mais tout le monde pense que nous parlons d'un objet non identifié », fin de citation.

Instructif dans ce cas de deux observations, tout d'abord. Il est avéré que les témoins, sans savoir quoi que ce soit au sujet de la nature de l'objet, donnent une description assez fiable, sur la base de laquelle il était possible de déterminer correctement les principaux paramètres de l'objet, grandeur, position, direction, altitude. Deuxièmement les pilotes sont stupides et ne distinguent pas la différence entre un ballon et des ballons, qui seraient montés à plus de 3000 m d'altitude quand même. A Kiev il a été dit au Setka qu'ils n'avaient rien vu, et ils ont refusé de fournir les informations nécessaires. Et quand un représentant du Ministère de l'aviation civile N. I. Petrychenko qui était à un rang assez élevé, a ordonné de donner de l'information, il est devenu clair que l'objet a non seulement été observé, mais qu'un chasseur MIG s'est envolé à son approche pour son identification, il y eut écho radar sur des appareils militaires cela ennuya un peu le Setka qui maintient la version des sphères volantes.

Au cours de la période de 1978 à 1991, sur le territoire de la région de Tambov, sont activement menées des recherches par les membres du projet Setka AN de l'Académie des sciences de l'URSS, sur l'étude de la nature physique et des mécanismes de phénomènes anormaux dans l'atmosphère et de l'espace, l'étude et l'analyse des messages collectés dans les institutions de recherche, les données du service géo-hydrométrique, les parutions dans les journaux et magazines etc.[105].

Период : 1978 – 1991 годы. На территории Тамбовской области активно проводились исследования по проекту « Сетка-АН » (Академия Наук СССР) - исследование физической природы и механизмов развития аномальных атмосферных и космических явлений, изучение и анализ сообщений собранных в научных организациях, службе Госкомгидромета, в редакциях газет и журналов и др.

Dans une interview avec le journal de Moscou, Recherche (Poisk), Julius V. dit :

« Dans les années 1979-1980 les terrains d'essais militaires étaient littéralement assiégés, par des représentants du SETKA-AH / MO, qui a à plusieurs reprises voyagèrent sur les sites où l'on observait des phénomènes étranges », fin de citation.

---

[105] https://sites.google.com/site/tambovanomali/home/fakty-iz-istorii

L'institut 22 ne dérogea pas à la règle, le colonel Alexandre Plaksin, de l'Institut de recherche n° 22, mentionne dans une interview des évènements survenus à Dzerjinski, district de la région de Gorky, près du village de Smolino, quand il était sous le commandement du général Viktor Ivanovich Todorakiev. Le premier rapport sur l'apparition de quelque chose de mystérieux sur le site est daté du 27 Janvier 1979, à 21h50 dans le Nord-Ouest à une distance de 1000-1500 m et une hauteur de 80-100 mètres, apparut une boule rouge entourée d'une lueur rose (halo), se déplaçant lentement de l'Ouest vers l'Est, perpendiculaire au vent, elle disparut dans la forêt à 22h10, le phénomène a été répété, il a duré environ 15-20 minutes.

Le 29 mars à 22h30, un ovni est apparu, au cours d'un essai d'avion en vol, l'enregistrement de la conversation entre les pilotes et la tour de contrôle stipule que :

« Le premier objet était comme une comète, elle est apparue dans le Nord-Ouest, comme une boule congelée blanche, lumineuse d'un diamètre de 6 à 8 m, formant des vagues blanches. Après 8 à 10 minutes, elle disparut rapidement, puis réapparue à une distance de 50 à 70 m et à une hauteur de 600 à 700 m, elle fut observée dans la limite inférieure des nuages », fin de citation.

Le de 24 Décembre 1979 à 5h20, une boule rouge avec un diamètre de 4-6 m, avec un halo rouge est apparue à une distance de 700 à 1000 m et une hauteur de 100 à 150 m dans la partie Nord du ciel, elle a plané pendant environ cinq minutes, puis a pris la direction du vent au Nord.

On se souvient des déclarations du général de l'armée de l'air ayant travaillé sur les enquêtes ovnis pour le compte du KGB, le général en retraite des renseignements fédéraux Vasiliy Alekseevich Yeremenko il témoigne de ceci :

« Je sais que certains sites d'essais, je ne les nommerai pas, mais aujourd'hui, ce n'est plus un mystère, ont eu des contacts particuliers avec des sphères », fin de citation.

Il était basé fin 79 début 1980 à Vladimirovka la base au sud de Kapustin Yar.

Les 23 et 24 Décembre 1979 vers 23h50, la durée du phénomène fut d'environ deux heures et demi, une lumière rougeoyante alternativement en rouge et bleu avec un halo vert s'est déplacée dans la partie Sud du ciel dans la direction Est-Ouest. Elle s'est arrêtée pour planer au-dessus du village à une altitude de 3 ou 4 km. A 0h40, elle a commencé à se déplacer en direction ouest, puis à progressivement diminué avant de disparaitre au loin.

Le 7 Avril 1980 à 23h24, avec une durée du phénomène de six minutes, une boule rougeâtre qui aurait stoppé lors de signes avec les mains de la part des membres de l'unité du KGB conduite par Yeremenko à Vladimirovka.

Dans la nuit du 23 au 24 Juin 1980, un ovni aurait réalisé une véritable démonstration, vers 23h20, à une distance de 500 m, avec une hauteur de 100 m, il y avait un nuage jaune pâle lumineux. Puis il a commencé à ressembler à un bol transparent, et vers 23h25, l'objet est apparu à nouveau avec des bords qui palpitaient. A 23h30, il a approché l'observateur à plusieurs reprises avant de s'élever vers 01h25 :

« Comme un objet évasé à la lumière aux reflets rouge vif, il a commencé en arc de cercle à décliner vers une hauteur de 150 m avant de voler au-dessus des installations techniques, puis fait un zigzag, et tourné à 45 degrés, il se retira au Nord, laissant une trace qui disparut rapidement. Son diamètre était d'environ 10 m. Vers 01h35 est apparu alors un objet rouge lumineux qui réagissait aux mouvements des bras du personnel au sol, allant de haut en bas ou de droite à gauche sur un plan horizontal. Lorsque vous soulevez ou faisiez tomber les bras et vice versa », fin de citation.

Au total pour 1979 et le premier semestre 1980, une variété de 65 objets volants non identifiés, des hémisphères brillants, sphères, disques, haltères et des ellipses apparurent, certains ovnis, ont même réalisé un atterrissage sur le territoire de l'unité militaire puis ont redécollé.

Le 15 Décembre 1979 à 23h40 le mouvement simultané des trois objets sphériques rouges incandescents qui sont apparus dans la partie nord du ciel à une distance de 800 à 1000 mètres, à une hauteur de 100 à 150 m, ils ont descendu et plané au-dessus du sol dans un triangle à une hauteur de 5 à7 mètres et une distance de 500 à 600 mètres de distance entre eux. Il y eut une pause à 10-15 m pendant 5-6 secondes, puis deux boules montèrent jusqu'à une hauteur de 50 à 60 m, et une est tombée au sol.

Les autres sphères disparurent, au bout d'environ une minute, deux sphères sont revenues à nouveau, et avec la troisième elles ont atteint une hauteur de 5 à 7 m. Les trois sphères ont plané pendant environ cinq minutes, puis suivi une montée rapide vers une altitude de 100à150 m et sont parties. Selon une évaluation visuelle, leurs diamètres étaient environ 2 à 3 m. L'intégralité du phénomène dura au total entre 10 et 15 minutes.

Quatre jours plus tard, le 19 Décembre 1979, et pendant quarante-cinq minutes, il y eut un mouvement près du sol perpétré par deux boules rouges, l'une d'entre elles est tombée au sol deux fois, l'observation a été faite visuellement dans des conditions de vision nocturne. Le plus souvent, les sphères volaient dans le ciel sans se poser.

Le 8 Octobre 1979 à minuit, une sphère rouge éclatante avec une traînée blanche apparait avec une lumière qui clignote par intermittences. De façon inattendue elle surgit dans la partie Nord-Est du ciel à une hauteur de 50 à100 m. En premier lieu, elle demeure immobile, puis elle a commencé à se déplacer vers l'est. Parfois, de nouveau la lumière s'éteignait avant chaque disparition et s'éclairait à son retour, pour continuer son chemin en alternance éteinte ou allumée à dix reprises, avant de disparaitre derrière la forêt.

Le 10 octobre 1979 à 18h30 surgit d'une boule rouge éclatante se déplaçant horizontalement au-dessus au bord d'une forêt pendant vingt à trente secondes, puis disparaît. Dans sa direction a été entendu un feu d'artillerie, puis la sphère est réapparue après ce qui pourrait être apparenté à l'identique d'un coup de feu.

Parfois, les ovnis restent littéralement accrochés dans le ciel pendant des heures, le 8 décembre 1979 à 21h35, il y avait une sorte d'hémisphère d'un diamètre de 10 m avec des rayons bleus éclatants vers le bas, planant au-dessus de la forêt dans la partie Nord-Est du ciel, à une altitude de 50-60 mètres et une distance environ 400 à 500 m. Après 22 heures elle commence à se déplacer lentement vers l'Est.

Au bout de 8 jours, le 16 Décembre, une ellipse rougeoyante s'est agitée devant les unités des forces armées pendant 1 heure 45 minutes. Elle brillait d'une lumière rouge foncé et bleue effectuant des trajectoires différentes dans une zone limitée du ciel mais comme bloquée sur le plan vertical, en moins de 10 minutes, elle dégageait une lumière rouge vif et à 3h15 elle s'est déplacée vers l'est.

Un rapport récapitulatif comportant différentes observations d'ovnis à distincts endroits entre 1978 et 1979 est rapporté par Nikolay Subbotin :

Pour 1978 :

    (Janvier 1978 de 23h00 à 24h00),
(24 Mai 1978 à 17h00),
(27 Mai 1978 de 12h00 à 12h40),
    (Juin 1978 vers 22h00),
(06 Juillet 1978 après 0h00),
(24 Août 1978 à 2h00),
(11 Décembre 1978 à 14h00),
Les lieux et circonstances diffèrent bien entendu.

Pour 1979 :

(28 Janvier1979 à 18h00),
(16 Février 1979 à 18h00),
(15 Février 1979 de 19h00 à 20h00),
(01 Mars 1979 à 22h00),
(24 Mars 1979 à 12h00),
(13 Avril 1979 de 1h30à 2h00),
(14 Avril 1979 à 3h00),
(18 Mai 1979 à 22h30),
    (Les 3 et 4 Juin 1979 à 14h00 puis 16h20, puis 21h50, puis 22h40),
(11 Juin 1979 de 21h40 à 22h20),
(12 Juin 1979),
(13 Juin 1979),
    (Du 13.06 au 18 Juin 1979 à 17h00),
(14 Juin 1979 à 20h40),
(19 Juin 1979 à 00h20),
(20 Juin 1979 à 0h10),
(18 Juillet 1979 de 21h30 à 22h15),
(10 Août 1979 à 21h00),
(12 Août 1979 à 22h30),
(13 Août 1979 à 21h10),
(27 Août 1979 de 19h20 à 19h30),
(01 Septembre 1979 à 0h40),
(13 Septembre 1979 de 16h44 à 16h56),
(16 Septembre 1979 de 16h45 à 17h00),
(07 Octobre 1979 à 3h00),
(21 Octobre 1979 à 19h20),
(18 Novembre 1979 à 22h30).

Le deuxième document, publié en 1997 ayant pour origine les recherches des Setkas et exhumé de l'oubli par Nikolay Subbotin, a une relation directe avec les forces armées de l'URSS. Cette lettre est imprimée sur l'en-tête de l'état-major de la flotte de la marine de l'URSS du 20 Janvier, 1978 N° 739-105 :

« Le vice-président de la commission océanographique de l'URSS de l'état-major principal de la marine a élaboré sous la direction du docteur V.G. Ajaja des instructions pour les observations d'ovnis, projet sous votre réf. 13037-b de N-SPI de 15/07/77 g. Ce projet est utilisé dans l'organisation de la surveillance par les navires de Guerre d'ovnis, compte tenu de l'urgence et l'importance des solutions scientifiques et technologiques à ce problème, je tiens à exprimer ma gratitude pour l'aide et l'espoir d'une coopération accrue dans ce domaine. Le chef adjoint d'état-major de la marine vice-amiral Y. Ivanov », fin de citation.

Aborder la question des ovnis a ensuite été confiée au chef adjoint d'état-major de la flotte navale de l'URSS, K.V. Ivanov, qui est à la fois le chef de l'intelligence de la flotte et le chef adjoint de l'état-major de la marine militaire nationale soviétique. Afin de comprendre ce qui est le projet Setka, vous devez vous asseoir pendant quelques semaines dans les archives de recherche disponibles et lire des milliers de documents.

Nikolay Subbotin raconte :

« Je dois dire que même les rares éléments étudiés par le Setka restant après la vente et la destruction de la partie principale des archives, plongent même ufologue préparé dans un état de choc », fin de citation.

En voyant les noms de célèbres scientifiques qui ont mis leurs signatures sous les documents retraçant les liens financiers et économiques complexes entre les établissements universitaires et les unités militaires, se pose par inadvertance la question suivante, si les universitaires planchaient sur le sujet ufologique depuis 1976 avec un taux de probabilité de 100% de la non existence des ovnis selon leurs propres dires, alors pourquoi ces mêmes personnes sont toujours là, jusqu'en 1991 et travaillent sur le programme se poursuit sur ce même thème des ovnis.

Dans un rapport du Setka AN de l'Académie des Sciences d'URSS daté du 14 au 15 juin 1980, la commission chargée d'étudier les phénomènes atmosphériques anormaux à l'attention de l'Institut de recherche spatiale de l'Académie URSS, I.G. Peter, place un accent particulier sur la nécessité de leur adresser :

« Les cas les plus étranges et ceux aux caractéristiques anormales les plus prononcées », fin de citation.

Des ufologues comme Nikolay Subbotin sont arrivés à extraire des dossiers déjà assez étranges et qui ont survécu à la destruction, alors qu'y avait-il dans les fameux 400 cas les plus mystérieux qui furent vendus aux américains ?

# L'INSTITUT 22

Un cas atterrissage d'ovni avec presque contact avec des humanoïdes, en Juin 1979, quelques machines aériennes d'origine inconnue et a atterri à proximité de Derzhavinsk dans la région Turgay de la République Socialiste Soviétique Kazakhe. Ainsi commence l'un des rapports les plus insolites du projet Setka.

Cette histoire a été pour la première fois entendue par Nikolay Subbotin au printemps 1995 venant du lieutenant-colonel Yuriy Osipov, des forces de missiles stratégiques. Nikolay Subbotin l'avait interviewé pour un article sur l'étude du problème ovni dans l'armée. Puis Yuriy Osipov lui remet l'original d'un document : « Méthodes d'Observation des Phénomènes Atmosphériques Anormaux », au sujet duquel les enquêteurs civils ne soupçonnaient même pas l'existence à l'époque.

En cours de route, dans l'interview sur une vidéo présente sur YouTube, qui dure quarante minutes, il a souligné le sensationnel au moment des faits :

« L'échec du lancement des missiles balistiques par perte de l'équipement de contrôle au moment ou un ovni planait au-dessus du missile », fin de citation, créant un cas précédent.

Yuri Osipov fut lui-même responsable de l'enregistrement de ces événements et du transfert des rapports à la NII-22 (в / ч 67947), FGUP, Institut Expérimental de Recherche Scientifique Central du Ministère Russe de la Défense n° 22 situé dans la ville de Mytishchi.

Ou 22° Institut central de recherche scientifique, (ФГУП « 22-й Центральный научно-исследовательский испытательный институт Министерства обороны РФ Мытищи), numéro d'identification d'unité militaire 67947, (22-й ЦНИИ  в/ч 67947), Tél. (495) 586-94-40, adresse : 1er Rupasovsky Pereulka numéro 2a (Адрес : 1-й Рупасовский пер, 2а).

L'unité technique est engagée dans des travaux sur les composants de puces, et surtout toutes les questions sur leurs problèmes concernant la fiabilité et la durabilité des composants électroniques soumis aux effets des champs physiques, y compris en étroite relation avec une explosion nucléaire, impulsion magnétique, rayonnement gamma etc.., à cet égard il travaille en collaboration avec le 12° Tsefti MO basé à Zagorsk, (12 ЦФТИ МО в Загорске) coordonnées 56° 15'24 » N 38° 7'6 » E à 45 km au Nord-Est de Moscou.

À l'heure actuelle on trouve sur ce site, l'Institut de recherche de l'assainissement du Ministère russe de la Défense, dans le secteur de la virologie dépendant de l'Institut de microbiologie de l'Institut de recherche Fédération de Russie et le Centre virologique de microbiologie de la Fédération de Russie, crée en 1954 pour créer des armes bactériologiques à bases de virus, à l'époque soviétique Zagorsk  avait un stock de variole de 20 tonnes destiné à des armements militaires, il est aujourd'hui en charge de lutter contre les attaques virales, chimiques et bactériologiques d'origine terrestre ou inconnue.

# LE PHENOMENE DE PETROZAVODSK 1978

Aux premières lueurs de l'aube les habitants de Petrozavodsk, une ville de 185 000 habitants à l'époque, ont vu apparaître une lumière brillante au milieu des nuages vers 4h05. La lumière semblable à une étoile ou grosse boule de feu rayonnante s'est approchée descendant avec lenteur dans une trajectoire en spirale. Cela ressemblait à un hémisphère rouge-orange entouré d'une zone lumineuse. Puis en quelques secondes, des centaines de minces rayons de lumière, descendirent en direction de la terre. La chose ressemblait maintenant à une grande méduse avec des tentacules. Il a ensuite réduit sa vitesse et a finalement survolé pendant environ six minutes un seul endroit avec un bruit terrible comme le hurlement d'une sirène. Le hurlement s'est arrêté et l'objet a commencé à se déplacer silencieusement vers la ville. Bientôt, Il ressemblait à un hémisphère rouge-orange entouré d'une zone lumineuse, dans laquelle il y avait beaucoup de points de lumière comme des étoiles qui scintillaient et disparaissaient. La lumière a commencé à palpiter. Un faisceau de lumière sortit comme un télescope du fond de l'objet, verticalement vers le bas, suivi d'un second faisceau moins lumineux. Après un certain temps, les deux faisceaux ont disparu. Le public qui avait observé le phénomène a été pris de panique lorsque les rayons lumineux ont descendu jusqu'au sol, la population court dans les rues, pensant à une attaque nucléaire américaine et pensant leur fin proche. Le correspondant de l'agence Tass, Nikolai Milov, interviewé des centaines de personnes peu de temps après l'incident et déclare :

« Les gens avaient l'air d'être devenus malades. Ils ont donné l'impression d'être mentalement perturbés. Les gens qui avaient dormi ont dit que, qu'à ce moment, ils avaient été brusquement éveillés et avaient eu un sentiment désagréable. Certains souffraient de cauchemars et de dépressions. La plupart d'entre eux ont déclaré qu'ils avaient ressenti des courants électriques à l'intérieur d'eux-mêmes », fin de citation.

Le cercle, que certaines personnes estimaient d'une grosseur d'environ cent mètres de diamètre était stationnaire au-dessus du port et ressemblait maintenant à une grande méduse avec des tentacules d'or, brillant avec un éventail, selon un terme imagé avec de belles couleurs. La lueur blanche autour de l'hémisphère avait maintenant rétréci sur une espèce de gros anneau si brillant qu'il faisait mal aux yeux des observateurs, outre cela, les faisceaux lumineux qui étaient projetés au sol avaient foré des milliers de petits trous dans l'asphalte et des plus gros dans des vitres[106].

106    https://salik.biz/articles/27729-petrozavodskii-fenomen-chast-2-dokumenty-oficialnogo-rassledovanija.html

L'ensemble du spectacle avait duré environ 12 minutes, il n'y avait pas d'avion ou d'hélicoptère dans l'espace aérien au-dessus de Petrozavodsk et s'il s'était agi, de la chute d'un satellite sa vitesse n'aurait pas diminué et il aurait continué sa course jusqu'au sol.

Il existe des preuves d'effets physiques qui peuvent être associés aux symptômes du 20 Septembre 1977 à Petrozavodsk, notamment dans l'appartement de l'écrivain et archéologue A. Linevskogo, mais pas seulement chez lui, il est toutefois la seule célébrité touchée par ce phénomène, l'archéologue a trouvé un trou dans les panneaux extérieurs et intérieurs du cadre de la fenêtre. Le verre extérieur était presque circulaire avec un diamètre quasi parait de 5 cm mais tirant vers elliptique sur un axe horizontal de 9 cm, et vertical de 7 cm).

L'appartement est situé au cinquième étage d'un immeuble, les fenêtres sont situées sur le côté du lac Onega sans vis-à-vis en face. Aucun objet ou corps étranger n'a été trouvé dans l'appartement, ni débris, ni météorite, ni caillou et il n'y avait pas de dommages mécaniques non plus dans l'appartement. Il n'y avait pas de traces d'empreintes digitales ou de doigts sur le verre, et aucun éclat de verre sur le sol, pas d'impacts sur l'intérieur du cadre qui est entièrement conservé.

Les centres des deux orifices sont situés sur une ligne inclinée à un angle de 30 ° sur l'horizon, qui compte tenu de l'état de l'objet lumineux sur Petrozavodsk permet de rattacher les orifices à leur source, le fameux objet volant en forme de méduse.

En plus des orifices, le verre était recouvert d'une pellicule, dont le résultat d'analyses ne fut pas communiqué. Selon A.P. Belov des trous similaires furent découverts dans quatre maisons à Petrozavodsk, il y avait aussi des rainures dans les murs de briques. Selon l'emplacement des trous, il détermine la position de la source, jugée à 13-14 km au-dessus de la surface de la Terre.

Ces données techniques étaient connues des chercheurs du Setka AN dès le premier jour de l'enquête. Ensuite, un objet plus petit et plus brillant sous la forme d'une ampoule électrique s'est détaché de la méduse et a volé sur les toits et entre les maisons le long de la rue. Certaines personnes ont affirmé avoir vu cette ampoule revenir à l'intérieur du cercle en forme de méduse et disparaitre à l'intérieur.

Yuri Gromov, directeur de la station météorologique de Petrozavodsk déclare :

« Le corps a progressivement pris la forme d'un anneau elliptique. Il s'est finalement déplacé vers la rive depuis les nuages au-dessus du lac Onezskoe, a brûlé un trou rouge dans les nuages et il a disparu », fin de citation.

L'ensemble du spectacle avait duré environ douze minutes, il n'y avait pas d'avion ou d'hélicoptère dans l'espace aérien au-dessus de Petrozavodsk et s'il s'était agi de la chute d'un satellite sa vitesse n'aurait pas diminué et il aurait continué sa course jusqu'au sol.

Tout corps garde sa trajectoire tant qu'il n'y a pas une force extérieure qui agit sur lui, selon l'énoncé originel :

« Tout corps persévère dans l'état de repos ou de mouvement uniforme en ligne droite dans lequel il se trouve, à moins que quelque force n'agisse sur lui, et ne le contraigne à changer d'état. Si aucune force extérieure n'agit sur un objet qui se déplace, il ne peut absolument pas changer sa trajectoire », fin de citation.

C'est la première loi fondamentale de la mécanique énoncée par Newton ». Youri Gromov a déclaré :

« À mon avis, c'était un ovni, le messager d'une intelligence supérieure avec l'équipage et les passagers, ou un champ d'énergie issu d'un ovni », fin de citation ».

Au cours des semaines qui suivirent, plus de 1 500 lettres furent envoyées aux autorités et à l'agence de presse Tass, exprimant leurs inquiétudes, dans un effet de peur collectif, étais-ce une arme radioactive, allaient-ils tomber malades et mourir ?

Toutes ces lettres ainsi que les rapports des témoins dans les archives de l'agence de presse Tass ont été confisqués par des représentants du gouvernement. Toutes les autres références à ce sujet étaient dans un premier temps interdites. Parmi les scientifiques qui ont enquêté en secret sur le cas Vasil Sakharchenko, l'éditeur du magazine : Technique et Jeunesse, qui a eu de bonnes relations avec des sources gouvernementales, a déclaré :

« La Commission d'Académie des Sciences a constaté que les trous dans les pierres et les vitres donnent l'impression que le verre avait été Fondu, les trous ont la taille d'une pièce », fin de citation.

La fenêtre d'une usine à Petrozavodsk, perforée de telle manière, fut envoyée à Moscou pour analyse. Les résultats de l'analyse n'ont été donnés qu'à la fin de 1981, par l'ufologue Dr VG Ajaja lors d'une conférence. Sous le microscope électronique, on a découvert une structure cristalline à la surface du verre non cristallin.

Ils ont dit que c'était normalement impossible, mais c'était là. Il restait un mystère et cela avait touché d'innombrables maisons de la ville, des centaines et des milliers de vitres. La seule possibilité était que des rayons lumineux mystérieux aient été actifs.

Des années plus tard, des échantillons de ces pièces de verre ont également été montrés à des experts occidentaux.

En 1978, l'astronome Dr. Dale Cruikshank et le sociologue David W. Swift de l'Université d'Hawaï à qui on avait permis de voir les pièces en verre à l'Académie des sciences à Moscou ont confirmé l'existence d'une structure cristalline au bord des trous, de même que le professeur chimiste Manfred Kage de l'Institut de photographie scientifique chez Schloss Weissenstein près de Stuttgart, qui a ensuite examiné un volet avec plusieurs trous. Une météorite ou un débris venant de la stratosphère aurait brisé les vitres, il est impossible de faire des ronds parfaits dans le verre fondu à 1 400 degrés sans impact.

Pour tenter de faire fondre du verre, il faut utiliser une température d'au moins 1 400°C mais le verre une fois qu'il est affaibli peut commencer par se briser sous la chaleur avant même d'être fondu. Le docteur Migulin a confessé sa propre insatisfaction personnelle à propos de la question, dans un entretien avec le journal soviétique Nedelya (La Semaine) :

« J'avoue que l'enquête insuffisante de ce cas est notre faute. De nombreux scientifiques sérieux tentent de contourner les problèmes spéculatifs. L'histoire de la science montre qu'il existe peu ou pas de connaissances sur de tels problèmes, simplement parce que leur enquête entraîne le danger de perdre beaucoup de temps, et même plus que cela, sa réputation :

« Moi, et mes collègues, sommes particulièrement fiers de la tâche d'examiner cette affaire lorsque le président de l'académie l'a ordonné », fin de citation.

L'enquête a été menée par des chercheurs de l'Institut de l'Arctique et de l'Antarctique de Leningrad, l'Institut Géophysique d'Obrinsk, et un certain nombre de géologues, météorologues et experts de l'Armée de l'Air et de la Marine.

Indépendamment de ce que c'était, ils étaient au moins capables de tracer l'itinéraire de l'objet mystérieux presque sans écart. Entre 3h06 et 3h10, les policiers de la capitale finlandaise Helsinki, ont signalé avoir observé :

« Au Sud de la capitale carélienne, à Polovina, à 15 milles à l'Est de Petrozavodsk, les gens ont vu un nuage changer de couleur à 4h40, comme s'il avait été éclairé par une source de lumière de l'intérieur », fin de citation.

La sensation causée par l'incident de Petrozavodsk a contraint l'établissement scientifique à agir. Le président de l'Académie des sciences a formé une commission spéciale dirigée par le membre de l'académie W. Migulin. La commission a entrepris d'enquêter sur l'affaire, bien qu'avec peu d'enthousiasme, pour mémoire l'organisme chargé par le gouvernement Setka AN n'est pas encore crée, mais déjà, on retrouve les mêmes noms dans la première commission d'enquêté spontanée émanant de l'Académie des Sciences de l'URSS.

Après une étude superficielle, ils ont conclu que les trous étaient le résultat d'un phénomène atmosphérique naturel encore inconnu, éventuellement en rapport avec la technologie humaine, par exemple un lancement de fusée.

A l'heure actuelle un phénomène similaire n'a jamais eu lieu, malgré le retour sur terre de millions de débris spatiaux, météorites et résidus satellitaires.

TENTATIVE DE DESINFORMATION

Durant des années les scientifiques russes ont imputé le phénomène de Petrozavodsk aux conséquences du lancement du satellite Kosmos 955 à tort, et ils l'ont fait intentionnellement. En fait, pendant le temps en question, exactement à 4h03, une roquette avait été lancée en transportant le satellite espion Cosmos 955 à Plesetsk, à l'est de Petrosavodsk, mais il est évident que cette fusée n'aurait pas pu être la cause du phénomène de méduse brillante, d'une part le lancement orbital fut réussi, deuxièmement, la pulvérisation de la charge nucléaire à son bord aurait irradié la ville et la population avec des effets connus et mesurables relatifs à la radioactivité. De plus la méduse était en suspension dans les aires se déplaçant horizontalement au ralenti et demeurant parfois immobile. La nuit du 14 au 15 mai a quelque chose d'étrange dans le ciel :

« La nuit, même le vol de l'aéronef peut être vu à une distance de plusieurs dizaines de kilomètre », fin de citation de l'agence TASS.

Le lendemain dans les journaux Pravda et TASS on lit :

« Le15 mai 1981 a été lancé le sol à côté satellite météorologique en Union soviétique Meteor-2 », fin de citation[107].

Depuis Baïkonour des mises en orbite furent effectuées à cette période, le 13 septembre 1977, les lancements en orbites basses du satellite de reconnaissance Zenit-2M, du satellite de navigation militaire PARUS, puis le 16 septembre 1977, toujours en orbite basse, du satellite de reconnaissance radar US-A, et du satellite de reconnaissance Zenit 4 MKM, suivent le 20 septembre 1977, le satellite d'écoute électronique Tselina D (Целина qui veut dire en russe Terre vierge, et un Satellite de télécommunications en orbite stationnaire le 1er vol de la version Proton-M US-A qui est l'acronyme du russe Oupravliaemi Spoutnik Aktivni, Управляемый Спутник Активный[108]) c'est-à-dire satellite de reconnaissance actif, plus connu sous son appellation occidentale Rorsat, pour Radar Ocean Reconnaissance Satellit, reconnaissance de l'espace maritime et système de désignation d'objectif, il permettait de repérer les cibles en mer et de guider les missiles soviétiques lancés depuis les navires ou les sous-marins.

---

[107] ttp://www.nnre.ru/yezoterika/tainy_nlo_i_prishelcev/p21.php

[108] https://ru.wikipedia.org/wiki/ УС-A

Un réacteur nucléaire alimentait le satellite en électricité qui n'avait pas de panneaux solaires. Le satellite US-A est un engin cylindrique de 10 mètres de long pour 1,3 mètre de diamètre, avec une masse de 3,8 tonnes. Le réacteur avec son système de propulsion est long de 5,8 mètres pour une masse de 1 250 kg. Le satellite dispose d'un radar actif à balayage électronique, et d'une charge nucléaire d'uranium est de 30 kg. L'énergie électrique du satellite US-A est fournie par un réacteur nucléaire à neutrons rapides de 50 cm de haut dont le combustible est constitué par 37 barres d'uranium 235 enrichi à 90 %.

Tselina (Целина) est la dénomination des satellites de renseignement utilisé pour obtenir des renseignements à partir des émissions électromagnétiques d'appareillages électroniques, ce type de satellite ne sera remplacé qu'en 1999 par les Satellites Lotos[109].


De 1967 à 1982 Les Tselina O étaient lancés du Polygone de Plessetsk à une altitude 525 km x 525 km et une inclinaison de 74°, avec un poids de 228-434 kg, une durée de vie de six mois, il y eut quarante et une mises sur orbite et deux ratages officiels. De 1970 à 1994 Les Tselina D étaient lancés du Polygone de Plessetsk à altitude 544 km x 566 km avec une inclinaison de 82°, avec un poids de 1 750 kg, une durée de vie de six mois, il y eut soixante-neuf mises sur orbite réussies et deux ratages officiels[110].

Le cosmodrome de Plessetsk est une base de lancement russe situé à 200 km au sud d'Arkhangelsk et à 800 km au nord de Moscou et à 344 Km à l'Est de Petrozavodsk.

Le 20 septembre 1977 à 04h01 :00 un satellite de type Tselina D nommé KOSMOS 955 fut lancé cosmodrome de Plessetsk numéro d'identification international de l'US Space Research NSSDC ID 1977-091A par une fusée type Vostok-2M.

En Septembre 1977 dans le Nord-Ouest de la Russie un certain nombre d'événements anormaux, connus sous le nom phénomène Petrozavodsk furent attribués selon certains auteurs au lancement de Kosmos 955 qui descendit de son orbite le 8 septembre 2000.

---

[109] http://www.e-cis.info/news.php?id=8003

[110] https://ru.wikipedia.org/wiki/ Целина_(космический_аппарат)

Космос-955- советский спутник серии Космос. Запущен 20 сентября 1977 года с космодрома Плесецк ракетой Восток-2М. Спутник был предназначен для радиоэлектронной разведки. Сошел с орбиты 8 сентября 2000 года.

A titre de comparaison un des deux cas connus de chute de ce type de satellite à réacteur nucléaire et il n'y eut aucun phénomène équivalent mais des effets radioactifs au sol bien réels et mesurables.

Durant la même période de 1977, un peu avant, fut lancé Cosmos-954, c'était un satellite espion de l'Union soviétique de type Radar Ocean Reconnaissance Satellite (RORSAT) destiné à espionner les forces navales en surface et les sous-marins, et rendu célèbre pour avoir été en 1978 la cause du premier incident spatial nucléaire. Son code d'identification était 1977-090A pour une masse de 3800 kg, le satellite est lancé le 18 septembre 1977 à 13h55 UTC depuis le cosmodrome de Baïkonour par un lanceur Tsyklon-2.

Le 6 janvier 1978, son système de stabilisation d'altitude tombe en panne, et le satellite retombe sur Terre. Le 12 janvier 1978, les autorités soviétiques sont contactées par les américains sur l'état du satellite, deux jours plus tard, elles confirment que ce dernier est équipé d'un générateur thermoélectrique à radio-isotope, sa rentrée dans l'atmosphère est prévue pour le 24 janvier 1978.

Il devait se désintégrer lors de sa rentrée dans l'atmosphère mais il explosera au sol dans une région isolée des Territoires du Nord-Ouest canadiens et le combustible radioactif se dispersa sur une zone allant du Grand Lac des Esclaves à Baker Lake.

Côté soviétique, le 18 octobre 1978 un colloque réunit à l'Académie des Sciences Vladimir Vasilyevich Migulin, Georgiy Stepanovich Narimanov, Rem Gennadiyevich Varlamov, Victor Petrovich Balashov, Vladimir Ivanovich Volga, A. N. Makarov, Inna Evgraphovna Petrenko, Evgeniy Pavlovich Chigin, Dmitry Aleksandrovich Menkov, le colonel des forces anti-aériennes Zaytsev Lev Mironovich Gindilis, Inna Gennadyevna Petrovskaya, et Yury Victorovich Platov.

Le groupe Setka était composé de 10 à 15 chercheurs pour l'ensemble de l'Union Soviétique et quel que soit le volume de travail à réaliser avec un budget de 40 millions de roubles, dont la moitié en frais de fonctionnement.

# PETROZAVODSK ENQUETE OFFICIELLE D'ETAT

La description du phénomène du 20 septembre 1977 et l'analyse préliminaire des données est suivie par l'Académie des Sciences d'URSS, Mrs L.M. Gindilis, D.A. Menkov, Petrovskii, donnent une description du phénomène ainsi qu'une analyse préliminaire des données le 20 octobre 1977, soit un mois après l'incident :

« Avant-propos, ce rapport donne un aperçu des données sur l'observation des phénomènes naturels inhabituels 20 Septembre, 1977, prenant en compte à la fois tous les messages, quel que soit leur degré de fiabilité, l'enquête et la vérification des données n'ont pas été effectués, afin de clarifier certains détails. Bien sûr, les données doivent être examinées, cette vérification ne peut être effectuée qu'au sein notre organisation », fin de citation.

Données de référence :

Messages du correspondant de l'agence TASS en Carélie, le camarade Milov N.P. relevant des témoignages écrits, à Petrozavodsk et ses environs.

Témoignage de l'équipe du train, Podporozhye des Chemins de Fer « Octobre ».

Témoignage du technicien météorologique du centre hydrométéorologique aérologique de Sortavala, en Carélie.

Publication L.O. Izmiran, en Carélie.

Témoignage du superviseur au poste de changement et de contrôle du port commercial de Leningrad (message transféré à l'observatoire de Pulkovo).

Témoignage du chef de poste de nuit à l'aéroport de Leningrad Pulkovo (transféré de l'observatoire de Pulkovo).

Les témoignages écrits, de Leningrad et de ses environs.

A 3 h30 min. l'équipage d'un navire de pêche PTS Primorsk au départ du quai Primorsko, remarque le mouvement rapide d'un corps lumineux, comme on peut le comprendre à partir de la description, une source ponctuelle de lumière, entourée d'une enveloppe lumineuse.

Le corps s'est déplacé à l'Est, près de Primorsk, très fortement, presque à angle droit il se retourna et se dirigea vers le nord, passa tranquillement avec une odeur d'ozone (incertain) avec un vent du Nord. Ensuite le corps qui est passé incandescent s'est dissipé progressivement. En plus du premier corps, il y avait un deuxième corps décroissant, il s'agissait d'un élément de forme sphérique illuminé périodiquement (ou brillant) au fond. Le sujet a été observé avec des jumelles et a été perdu de vue quelque part sur la forêt.

Helsinki :

Il y a eu le vol d'un objet de forme sphérique avec un corps rougeoyant vers 4h00 pendant six minutes jusqu'à 4h10 min. L'objet semblait être très lumineux et son mouvement a laissé une traînée de fumée. Selon l'agence UPI, l'objet a été enregistré par le localisateur de l'aérodrome de l'aéroport d'Helsinki, avec une direction de mouvement vers l'Est. Selon d'autres sources, l'objet est parti au le Nord vers Leningrad. Il y avait un objet sphérique avec des dimensions angulaires d'environ 5 à 8 minutes, entouré d'une membrane translucide. La forme de la coque est difficile à évaluer, parce que différents observateurs perçoivent distinctement un même objet, selon leur point de vue et leur vision personnelle des choses. On pourrait penser que la forme de la coque était proche d'un ballon ovale. Il y eut des rayons de lumière provenant de l'objet, on les voyait clignoter, il se déplaçait vers l'Est et s'est arrêté pendant quelques minutes, puis est parti à gauche en direction du Nord. Selon le camarade. Lazarev V.G., du personnel naviguant de bord, le phénomène est le suivant, à 4 heures 06 min, dans la région de pont Volodarski, il a vu un point lumineux :

« L'objet lumineux se déplaçait vers Leningrad et la forêt du Park Nevsky. A une hauteur de 40 m l'objet s'est arrêté sur l'horizon et est resté immobile pendant quelques minutes. Autour de lui, a grandi un nuage en couches blanches, à partir desquelles pendait comme un flux blanc de feux d'artifice rougeoyants brillant au travers des cours d'eau comme des étoiles. A l'intérieur du nuage il y avait une tache sombre de forme irrégulière. Au bout de 1,5 min le nuage s'est arrêté et l'objet central a commencé à se déplacer vers le nord. De lui sortait comme un sentier lumineux, comme la trainée d'un avion. Le tableau d'ensemble est très similaire au phénomène observé à Petrozavodsk », fin de citation.

A Leningrad, cette phase fut observée par de nombreux habitants de la ville et a été enregistré lors d'un changement de service de quart à l'aéroport de Pulkovo.

Tout en observant le phénomène de l'aéroport, où les avions atterrissaient en provenance de Moscou et de Minsk, les deux équipages ont vu un objet lumineux en vol. La durée de cette phase à divers témoignages se déroula de 4 heures à 4h 10-15 min.

Primorsk :

Il y avait un objet sphérique lumineux, entouré d'une coque circulaire avec des rayons irradiant depuis celui-ci. L'objet fut visible à 4h07 en mouvement vers l'Est et après 4-5 minutes, il a fait un virage en douceur vers le Nord. Après avoir tourné, la luminosité de l'objet a diminué, dans son dos il y avait une longue queue jaune ou rouge pâle.

Sur Peterhof, à 4 heures 05 minutes, après de fortes pluies furent observés sur un ciel complètement noir, des points lumineux, comme la lune derrière les nuages, qui augmentaient rapidement en taille, formant un abat-jour géant ou un dôme qui était couvert avec de la lumière et des bandes sombres, des rayures blanches sur un fond sombre très contrastées. L'observation a été faite à travers un pare-brise de voiture. L'objet volait dans la partie occidentale du ciel au-dessus du golfe de Finlande. Au milieu de celui-ci il y avait une tache noire, qui a rapidement augmenté en taille, puis s'est arrêtée la croissance de la tache avec l'apparition d'un contour flou. Après cela, laissant derrière lui une traînée de couleur bleu pâle le dôme a disparu de vue. Au bout de quinze minutes tout s'est dissipé. Selon un témoin oculaire, le ciel était couvert de nuages.

Selon un témoin oculaire V.M. Rudogo, un objet lumineux a été observé pendant une demi-heure à l'approche de Moscou de l'avion vol SU-558 Singapour-Moscou, l'objet volait en dessous de la couche de nuages, son altitude serait de six km.

Selon l'emplacement des trous présents dans les quatre maisons de Petrozavodsk, A.N. Belov a déterminé la hauteur de la source de 13 à 14 km. La question de savoir si le trou associé au phénomène observé, nécessite une attention particulière. Le phénomène du 20 Septembre 1977 était inhabituel par le nombre de caractéristiques observables. Cependant, il demeure un phénomène tout à fait unique. En Août-Septembre 1977 des phénomènes similaires ont été observée dans un certain nombre d'autres points de l'Union soviétique.

Il y a un message sur l'observation des phénomènes similaires dans la ville de Kirov le 20 Août 1977, le 6 Septembre a été observé un phénomène intéressant dans la région d'Arkhangelsk, le 13 septembre à Tomsk et dans le nord de la région de Tioumen, KhantyMansiysk et Turgut. Ce phénomène a été répété dans Khanty Mansiysk le 16 Septembre. Il existe un grand nombre de rapports sur l'observation d'événements inhabituels le 14 Septembre dans la région d'Ivanovo, le 26 septembre il y avait un corps de feu lumineux inhabituel près de Lips Haymark et vers le lac Onega. Le 16 octobre un phénomène similaire a été observé dans Porozero (Carélie), et le 20 Octobre à Petrozavodsk, Sortavala et dans d'autres lieux de la Carélie. Il a également été enregistré par un radar météorologique de Petrozavodsk.

Ces données doivent également être prises en compte lors de l'analyse du phénomène du 20 Septembre 1977, signé :

L.M. Gindilis
D.A. Menkov
Petrovskii

La plupart des observations ont eu lieu de 1h00 à 01h20, quand au moins quarante-huit objets non identifiés auraient paru dans l'atmosphère. Plusieurs observations ont eu lieu avant 1h00, heure locale sur Medvejiegorsk, à 2h30 sur Loukhi et à 3 heures sur Kovdor et Palanga en Lituanie. A environ 3 heures à 03h25 un objet lumineux non identifié a été observé par le personnel de supervision du port de commerce maritime de Leningrad. A 3h30 un objet volant, entouré d'un manteau lumineux, aurait été vu par l'équipage du navire de pêche soviétique Primorsk, qui sortirait du port de Primorsk. L'objet a semblé se déplacer sans bruit vers l'est, et à proximité de Primorsk, il a brusquement changé sa direction vers le Nord. A Helsinki, en Finlande, les observations d'une boule lumineuse ont été signalées par les journaux Ilta-Sanomat le 20 Septembre 1978 et Kansan Uutiset le lendemain. La boule a été observée par de nombreux résidents, y compris les chauffeurs de taxi, les fonctionnaires de police et le personnel de l'aéroport d'Helsinki. Un objet non identifié a également été observé près de Turku par deux hommes. A une distance de 300 m ils ont repéré un objet semblable à une bouée de sauvetage de 10 m de diamètre. Cette observation a été contestée par Pekka Teerikorpi de l'observatoire de Tuorla, arguant que l'ensemble du phénomène a été causé par le satellite Kosmos-955, Teerikorpi croit que la distance réelle était de plusieurs centaines de kilomètres, et que ces rapports sont faussés probablement en raison du fait bien connu qu'il est difficile d'estimer les distances de phénomènes familiers.

Ilta-Sanomat a également signalé une observation d'un objet brillant au Danemark à Copenhague, par les pilotes d'un avion de la compagnie aérienne finlandaise venant de Rome. Les objets incandescents, qui ont émis des rayons lumineux, ont également été observés dans divers endroits de l'Union Soviétique, principalement dans le Nord-Ouest. L'apparition d'un objet non identifié sur Helsinki aurait causé un ralentissement du trafic radio sur le territoire soviétique bien que Helsinki nie avoir perçu d'écho sur son radar, pourquoi a-t-il ralenti à ce moment-là le rythme de passage des avions de ligne ?

Selon certains journalistes il y avait bien eu détection radar d'un ou des ovnis d'où la décision de ralentir le flux aérien sur la zone. Un autre compte rendu détaillé sur un objet non identifié a été donné par l'écrivain et philosophe soviétique Yuri Linnik. Il a observé l'objet depuis sa datcha près de Namoyevo à environ trois heures à travers un télescope d'amateur avec un grossissement de 80x :

« Cet objet semblable à une lentille, entouré par un anneau translucide faible, avait une couleur d'un d'améthyste sombre, intensément éclairé de l'intérieur », fin de citation.

Les bords de l'objet sont comme une grosse lentille qui avait 16 points (décrits par Linnik comme des buses qui ont émis des rayons rouges pulsants à un angle de 10 ° à 15 °. La taille angulaire de l'objet a été estimée à 20°. L'objet est passé près des étoiles Gamma Geminorum, Eta Geminorum, Capella, 172 Camelopardalis, 50 Cassiopeiae, Gamma Cephei, Psi Draconis, 16 Draconis, Psi Herculis, Kappa Coronae Borealis et Delta Coronae Borealis. L'objet s'est arrêté près de Gamma Cephei à un azimut de 220 °. Près de Kappa Coronae Borealis, selon un azimut de 340 ° à 350 ° l'objet a changé sa direction à 30 ° à 35 ° ouest.

Il a finalement disparu au Nord selon un azimut de 340 °. La durée du vol est de quinze minutes. Mis à part les observations au sol, il y avait aussi des rapports émanant de plusieurs avions. L'équipage d'un Tupolev 154, repéré un objet sphérique lumineux, à une altitude de douze kilomètres. Un objet lumineux a également été observé pendant une demi-heure par l'écrivain géorgien Guram Pandzhikidze et les autres passagers d'un avion de retour de Singapour en direction de Moscou à une altitude de onze kilomètres vers environ 4h30 ou 5 heures.

Pandzhikidze, a rapporté l'observation le 2 Octobre au directeur de l'Observatoire hydrométéorologique de Carélie, Yuri Gromov, qui a vérifié la copie du rapport.

L'objet, entouré par une couche translucide, a d'abord été repéré à environ 4 heures, dans la partie Nord-Est du ciel au-dessous d'Ursa Major à un azimut d'environ 40 °. La luminosité initiale de l'objet était apparemment comparable à celle de Vénus. L'objet s'est ensuite déplacé en ascension vers Ursa Major. L'angle de vol tel que déterminé par l'ancien pilote et témoin V. Barkhatov était de 240 °.

Au cours de la montée de l'objet sa forme a été en expansion pulsante, aucune diminution de la luminosité n'a pas été notée. L'objet se déplaçait lentement pendant environ trois minutes. Peu de temps avant que l'objet s'arrête, il s'en est dispersé un nuage lumineux. Le nuage était rond ou ovale, sa taille maximale angulaire était plus grande que celle de la Grande Ourse, à environ 30 ° de diamètre. L'altitude de l'objet au cours de la formation du nuage a été estimée à 7,5 ± 0,4 km, sur la base des observations de témoins oculaires, ou à 6,0 ± 0,5 km, sur la base de la parallaxe.

Le diamètre linéaire du noyau de l'objet a été estimé soit à 119 m ou à environ 60 mètres minimum. Le diamètre de l'objet a été estimé par Felix Zigel à environ 105 m, sur la base du dessin du témoin Andrei Akimov. L'objet lui-même était de couleur rouge et émit une lueur blanche bleuâtre. L'éclairage de la zone a été comparé à celui d'une nuit par pleine lune. Selon le témoin V. Trubachev, la terre fut éclairée comme dans la nuit blanche. Le nuage était incandescent puis s'est développée une tache sombre autour du noyau central. Le spot lumineux tout autour s'est développé rapidement tandis que la lueur était en train de disparaître. L'objet planait sur Petrozavodsk pendant cinq minutes et ensuite s'en est écarté. L'objet planait se déplaçant lentement à la vitesse angulaire d'un avion de passagers. Après le vol stationnaire sa vitesse avait augmenté.

Un témoin oculaire, monsieur Segner a noté que la face inférieure de l'objet ressemblait à une roue. L'ensemble du phénomène a duré 10-15 minutes. L'objet Petrozavodsk a également été vu dans des endroits adjacents, tels que Pryazha. En 1978 le journal Tekhnika i Nauka, a publié la reconstruction colorée de différentes étapes de l'objet.

En Novembre 1977 le psychologue clinicien Y. Andreyeva a évalué l'état mental de neuf témoins oculaires du phénomène Petrozavodsk, elle a conclu que :

« L'on peut être sûr de la santé mentale complète des témoins oculaires et de la véracité de leurs réponses et témoignages », fin de citation.

Officiellement l'objet non identifié ne fut pas détecté par les radars sur les aéroports d'Helsinki, Pulkovo et Peski, mais, l'objet a été détecté par le radar de l'aéroport d'Helsinki, alors que le contrôleur de la circulation de l'aéroport Ari Hämäläinen a affirmé qu'il ne l'était pas.

Les objets volants ne furent pas repérés par le système de défense aérienne soviétique, plus tard, cependant, des objets incandescents auraient été détectés par le radar météorologique de la région de Carélie l'Observatoire hydrométéorologique de Petrozavodsk le 30 Septembre à 17h40, le 20 Octobre à 23h30 et le 20 Novembre à 02h4 et 02h17.

Avec le décalage de temps, ce pourraient certainement être avec une quasi-certitude des débris de satellisation qui seraient passés inaperçus en dehors du contexte lié à l'affaire de Petrozavodsk. Ce qui voudrait dire des débris métalliques qui auraient été immanquablement détectés par les radars militaires ce qui prouve dans les deux cas que l'armée soviétique a menti sur le sujet.

Le 8 Octobre 1977, le journal Krasnoye Znamya, publie un rapport à partir d'une hydrometeo station locale, qui a encore confirmé que l'objet Petrozavodsk s'est déplacé du Nord-Est au Sud-Ouest. La suggestion à propos de Kosmos-955 a également été critiquée par Felix Zigel, qui a noté que les véhicules spatiaux sont lancés vers l'Est, dans le sens de rotation de la Terre.

En outre, en 1977, seulement pour un usage officiel, un rapport préliminaire sur le phénomène Petrozavodsk a été préparé par Gindilis et les ingénieurs-physiciens D. Menkov et I. Petrovskaya. Il a utilisé diverses données disponibles le 20 Octobre, mais les résultats ne sont pas concluants. En supposant que l'ampleur du phénomène est apparemment trop grosse pour être expliquée par des expériences techniques sur les orbites des satellites, le rapport conjecturé en :

« Une éventuelle influence de quelque agent cosmique », fin de citation.

Le rapport a été utilisé lors de la réunion spéciale sur le phénomène Petrozavodsk, organisée le premier Novembre 1977 à l'Institut d'Etudes Spatiales de l'Académie Soviétique des Sciences, aujourd'hui Institut Russe de Recherche Spatiale. Les résultats ont également été peu concluants.

Le 2 Janvier 1978, le vice-président de l'Académie des Sciences Soviétique, Vladimir Kotelnikov a signé une note au Département de Carélie de l'Académie, l'informant de l'envoi d'un groupe d'experts pour étudier le phénomène in situ. Là, en se fondant sur les témoignages des témoins oculaires, l'employé de l'Université de Petrozavodsk Y. Mezentsev effectué des mesures pour déterminer l'emplacement approximatif de l'objet non identifié sur Petrozavodsk.

Une copie du rapport a été reçu par le groupe de recherche français GEPAN, La copie a ensuite été transmis à CUFOS à Evanston, Illinois aux États-Unis. J. Allen Hynek a présenté une autre copie à la NASA où le scientifique Richard Haines, a ensuite traduit la copie en anglais. Le rapport soviétique a rencontré un accueil mitigé à l'étranger. Haines, Hynek et d'autres ont affirmé publiquement que le rapport était la preuve essentielle pour l'existence d'objets volants non identifiés. Oberg a critiqué l'enquête soviétique, en ce qui concerne une ruse, peut-être une autre tentative soviétique de détourner l'attention de la vérité sur les ovnis soviétiques.

Dans l'interview, publiée en 1977 par Kansan Uutiset et Uusi Suomi, l'employé de Nurmijärvi, l'observatoire géophysique, Matti Kivinen suppose qu'un objet non identifié tombé en Finlande pourrait être le vestige d'un véhicule de lancement ou satellite. James Oberg a attribué l'objet Petrozavodsk au lancement du satellite soviétique Kosmos-955 du Cosmodrome de Plesetsk, qui a eu lieu le 20 Septembre à environ 03h58 heure locale. Se référant à son expérience de service de dix-huit ans à Kapustin Yar, le chercheur ukrainien Oleh Pruss dit :

« Je sais de première main, que pendant les lancements de fusées se produisent des effets spectaculaires et c'est tout à fait une vue impressionnante Cependant, il y avait quelque chose de complètement différent sur Petrozavodsk », fin de citation.

En 1978 la revue Aviation et Cosmonautique (Aviatsiya i Kosmonavtika) publié un article :  Flashes dans l'atmosphère, rédigé par M. Dmitriev, où une hypothèse de chimioluminescence a été avancée. Selon Dmitriev, le phénomène était :

« Ni le résultat d'expériences techniques ni un mirage, mais une zone chimio luminescent dans l'atmosphère », fin de citation.

En ce qui concerne cette hypothèse Zigel a écrit que :

« La production d'énergie de chimioluminescence est négligeable, contrairement à celle de l'objet Petrozavodsk, et les nuages chimio luminescents ne peuvent pas monter en flèche contre le vent, ce que l'objet Petrozavodsk semblait faire », fin de citation.

À cette fin, la Commission scientifique soviétique a ordonné une enquête officielle sur l'incident. La zone a été analysée et il y avait une présence supérieure à la moyenne de l'isotope césium radioactif, le vice-recteur de l'Université de Voronezh a rapidement renoncé à l'idée que cela était important.

Au lendemain de l'événement supposé, seulement Sovietskaya Kultura et TASS ont tenté de passer l'histoire hors de la non-fiction, avec le journal communiste officiel défendant sa décision, en disant :

« La couverture a été motivée par la règle d'or journalisme, le lecteur doit savoir tout », fin de citation.

Le journal a été contacté à plusieurs reprises par les lecteurs pour savoir si l'article était une plaisanterie et l'organe de presse a assuré à plusieurs reprises qu'il n'était pas un canular.

La description de l'incident était très semblable à des histoires qui ont paru dans la revue américaine Saga, mais les journalistes de TASS ont déclaré que les témoins :

« Ne l'ont probablement pas lue », fin de citation.

En dehors de la presse écrite, les États-Unis s'y intéressent, ainsi la revue A Current Affair a également envoyé sur place une équipe pour faire un article sur l'événement.

Dans un ouvrage publié par l'industrie socialiste peu après l'incident présumé, un spécialiste ovni, autoproclamé a affirmé les marques laissées par l'atterrissage supposé étaient simplement les marques de balles de foin brûlées. En somme tout et n'importe quoi a été dit

# L'INTERET UFOLOGIQUE GRANDIT EN RUSSIE

Pendant les vingt-cinq ans qui ont suivi la chute de L'Union Soviétique, l'intérêt des occidentaux pour l'ufologie russe n'a cessé de croitre, mais seuls les nord-américains ont traduit en anglais des documents achetés aux russes, c'est passionnant mais peut aussi servir à certains pour affabuler, inventer et décrédibiliser les véritables affaires inexpliquées. Il y a une barrière à la compréhension humaine, il s'agit de la barrière de la langue, en l'occurrence russe bien sûr mais pas seulement, je m'en explique.

Selon Leon Festinger un psychosociologue nord-américain, né le 8 mai 1919 à New York et mort le 11 février 1989 dans la même ville, dans son ouvrage, La Dissonance Cognitive :

« En cas de contradiction entre la réalité et la croyance on s'adapte en déniant la réalité ».

Dans l'Encyclopédie libre WIKIPEDIA la définition de ce qui est nommé biais de confirmation :

« Le biais de confirmation, également dénommé biais de confirmation d'hypothèse, désigne le biais cognitif qui consiste à privilégier les informations confirmant ses idées préconçues ou ses hypothèses, sans considération pour la véracité de ces informations, et/ou à accorder moins de poids aux hypothèses jouant en défaveur de ses conceptions. En conséquence, les personnes sujettes à ce biais rassemblent des éléments où se rappellent les informations mémorisées, de manière sélective, et les interprètent d'une manière biaisée.

On dit aussi que les personnes tirent la réalité à elles.

Les biais de confirmation apparaissent notamment autour de questions de nature affective et concernant des croyances établies. Par exemple, pour s'informer d'un sujet controversé, les personnes victimes d'un biais de confirmation préfèrent généralement lire des sources qui confirment ou affirment leur position actuelle.

Elles ont aussi tendance à interpréter des preuves équivoques pour appuyer leur position actuelle.

Les biais dans la recherche, l'interprétation et le rappel de la mémoire ont été invoqués pour expliquer l'attitude de polarisation, quand un désaccord devient plus extrême, même si les différentes parties sont confrontées à la même preuve, de persévérance de conviction, quand la croyance persiste après que les preuves la soutenant sont démontrées fausses, l'effet de primauté irrationnelle, une plus forte importance pour les premières données rencontrées, et l'illusion de corrélation, par laquelle les personnes perçoivent à tort une association entre deux événements ou situations. Une série d'expériences dans les années 1960 suggère que les individus sont biaisés en faveur de la confirmation de leurs croyances actuelles. Des travaux ultérieurs ont expliqué ces résultats par une tendance à évaluer les idées d'une manière unilatérale, mettant l'accent sur une possibilité unique et ignorant les alternatives.

En combinaison avec d'autres effets, cette stratégie de pensée peut biaiser les conclusions qui sont atteintes.

Pour expliquer les biais observés, on invoque notamment le rôle du désir dans la pensée et les limitations de la capacité humaine au traitement de l'information. Une autre hypothèse est que les individus montrent un biais de confirmation, car d'une manière pragmatique ils évaluent le coût d'être dans l'erreur, plutôt que d'enquêter d'une manière neutre ou scientifique », fin de citation.

L'excès de confiance dans les croyances personnelles peut maintenir ou renforcer les croyances face à des preuves contraires et peuvent donc conduire à des décisions désastreuses, en particulier dans des contextes organisationnels, militaires, politiques ou sociaux. Ainsi plus les gouvernements s'évertuent à cacher des informations et tendent à prouver maladroitement  la non existence du phénomène inexpliqué des ovnis, plus la corrélation entre les faits devient une évidence, sortant de l'illusoire collectif, et la tendance actuelle avec la liberté de circulation de l'information notamment au travers d'internet se passe de la presse traditionnelle, la tendance à percevoir des corrélations existantes dans un ensemble de données ne cessera pas de croitre, ouvrira de l'accès à des dossiers qui demeureront peut être encore occultes quelques générations.

Des complots et manipulations n'existent pas me direz-vous ? Nous savons tous les mensonges qui ont été décennie après décennie colportés pour des faits politiques ou financiers et qui ont éclaté à la connaissance du grand public, combien de personnalités sont sorties souillées d'infamie de tribunaux civils après la découverte des affaires les concernant, et cela pour des faits qui comparés à l'histoire de l'humanité s'avèrent mineurs en sorte.

# LA POURSUITE DE L'ETRANGE DE NOS JOURS

Je ne chercherai pas à vous convaincre de quoi que ce soit, j'espère que les faits sérieux que j'ai traduits du russe au français pourront vous donner matière à réflexion et que vous passerez un bon moment à découvrir ces cas de phénomènes anormaux comme disent les autorités russes.

Document déclassifié CIA n° 0000112331 du 4 juillet 1997, traduit en français, pays d'origine l'URSS au sujet d'ovnis observés près de près de Moscou en provenance de l'agence Tass International à 10H55 GMT, le 15 avril 1990 :

« Moscou le 15 avril, le journal Rabochaya Tribuna rapporte aujourd'hui un phénomène inhabituel à 47 Km le long de l'autoroute Yaroslav à l'extérieur de Moscou.

Cela continue depuis la nuit du 12 mars, tout a commencé avec des sphères brillantes et des disques apparaissant dans le ciel. Puis ils furent remplacés par trois groupes d'objets distincts.

Certains ressemblaient à des ananas, mais d'environ six mètres de long. Les plaquettes caractéristiques des ananas couvraient la coque.

D'autres n'étaient pas différents des cartons de lait triangulaires, et le troisième groupe ressemblait à des bols retournés de 12 à 15 mètres d'un côté à l'autre.

Toutes les coques des objets flamboyaient, et quand le rougeoiement disparaissait elles miroitaient et vacillaient avec des flammes iridescentes. Elles volaient assez rapidement et étaient capables de s'arrêter soudainement puis de repartir d'un autre côté. Elles se déplaçaient dans un silence total. Il n'y avait aucun sifflement ou bourdonnement. Parfois un nuage brillant apparaissait au-dessus de la forêt voisine.

Munis de jumelles les habitants du lieu passent leurs nuits sur les toits, annonce le journal. Plusieurs centaines de gens ont vu les objets volants non identifiés et tous les décrivent approximativement de la même manière », fin de citation.

Autre affaire, pays, l'URSS, le sujet : des agents de police d'Alma-Ata rapportent l'observation d'un OVNI, source l'agence de presse Tass de Moscou, article en anglais à 16H03 GMT le 19 avril 1991 :

« Alma-Ata le 19 avril Agence TASS ; Des Miliciens ont aperçu un Objet Volant Non Identifié pendant une patrouille à Alma-Ata, capitale de la République Soviétique d'Asie Centrale du Kazakhstan, le journal Vechernya Alma-Ata le rapporte aujourd'hui.

Tard dans l'après-midi, tandis qu'ils s'approchaient de la montagne Kok-Tyube, un lieu de détente favori pour les habitants, les agents de police ont remarqué une sorte de feu au sommet de la montagne. Ils ont observé les flammes montantes et descendantes tandis qu'un ensemble de rayons rouges jaillissait du centre. D'autres miliciens ont aussi remarqué l'étrange objet. Le conducteur de la voiture de police a dit que lui et ses camarades ont roulé jusqu'à l'objet flamboyant et quand ils furent à moins de 200 mètres de distance de l'ovni qui planait, des rayons jaillirent au travers de la voiture qui s'est arrêtée net au moment où les miliciens s'approchèrent de l'ovni. Les projecteurs de la voiture s'éteignirent et celui-ci disparu.

En retournant au commissariat de police, ils ont remarqué que personne ne pouvait se rappeler le chemin qui menait à la montagne, toute trace de leur passage avait été complètement effacée.

Les déclarations de la radio concernant l'objet volant non identifié ont été enregistrées sur la bande audio de bord. Il y a des témoins impartiaux de l'événement. Le 7 juin 2013 à 09h00 un avion d'Air China B757-200 percute on objet non identifié à 8 000 mètres d'altitude ce qui a déformé le nez de l'avion. La collision est intervenue juste après le décollage du vol CA4307 de Chengdou à destination de Canton. L'avion était déjà à une altitude de 8000 mètres quand les pilotes ont entendu le bruit du choc mais n'ont pas aperçu l'objet qu'ils ont heurté. Ne voulant pas prendre de risque, ils ont fait demi-tour pour se reposer à l'aéroport Shuangliu de Chengdu. Au sol, pilotes et agents de maintenance ont constaté les dégâts, une grosse malformation dans le nez du B757-200 de la grosseur de presque la moitié du nez de l'avion sur le côté gauche.

En 1999, la publication, par la Civil Aviation Authority britannique, d'un rapport sur les cas de quasi-collision entre avions de ligne et l'ovni avait alarmé les médias et inquiété l'opinion publique. Le 17 novembre 1986, un Boeing 747 japonais est accompagné pendant une demi-heure, au-dessus de l'Alaska, par plusieurs ovnis, dont un gigantesque, cinq fois plus gros qu'un porte-avions, selon le capitaine Terauchi.

Détecté par les radars, celui-ci fait soudain face au 747, illumine le cockpit et brouille les communications. À son arrivée à l'aéroport d'Anchorage, l'équipage est immédiatement interrogé par des agents spéciaux de la Federal Aviation Administration (FAA). L'incident s'ébruite par l'intermédiaire du capitaine japonais, et oblige la FAA à s'exprimer publiquement[111].

Lors d'une réunion de crise, à laquelle participa John Callahan, chef de la Division of the Accidents and Investigations Branch of the FAA, celle-ci révèle qu'en 2000 la CIA, le FBI et l'équipe scientifique du président Reagan avaient assisté à un vol d'ovni, et que les données et enregistrements avaient été confisqués et que des consignes de silence avaient été imposées par la CIA[112].

Déjà par le passé, des rencontres entre avions et ovnis avaient été officiellement déclarées inquiétantes, ainsi les passagers du vol Boeing 1628 de Japan Airlines ont fait une rencontre avec des ovnis en 1986. Le vol 1628 de Japan Airlines était près de l'extrémité de la jambe d'Iceland-to-Anchorage en son vol de Paris vers Tokyo quand son équipage a vu et détecté trois objets non identifiés.

Cette nuit du 17 novembre 1986, l'observation de l'un au moins de ces ovnis a été officiellement confirmée par les radars militaires de la FAA et des États-Unis.

Le capitaine Terauchi, un vétéran avec vingt-neuf années d'expérience raconte :

« C'était très gros, une ou deux fois plus gros qu'un porte-avions », fin de citation.

Il a changé l'altitude et a fait des virages, avec la permission de FAA, dans le but d'identifier les objets qui ont continué à le suivre. Il a dit que les objets se déplaçaient rapidement et s'arrêtaient soudainement. En même temps, la lumière du grand objet était si intense qu'elle illuminait l'habitacle de l'avion et Terauchi a déclaré qu'il pouvait sentir la chaleur émanant de cette lumière sur son visage.

---

[111] http://new s.bbc.co.uk/1/hi/uk/448267.stm. (Western Daily Press, Jetliners'30 Near Misses with UFO's, Bristol, 15 juin 2000 ; BBC News, UK UFO Baffles Aviation Experts, 15 septembre 1999).

[112] FAA Report, 29 décembre 1986 ; cité par Hall, pp. 142-144.

Il a ajouté qu'il avait observé l'ovni pendant six minutes avant d'informer quiconque au sol, on en déduit que l'observation visuelle avait commencé à 18h13. Selon le capitaine Kenju Terauchi, le copilote Takanori Tamefuji et l'ingénieur de vol Yoshio Tsukuda, deux petites lumières et un objet lumineux énorme étaient visibles sur leur radar pendant plus d'une demi-heure. Ils l'ont aussi observé visuellement pendant qu'ils pilotaient sur 350 miles (550 kilomètres) vers le Sud à travers l'Alaska du Yukon vers Anchorage. Terauchi appelait les objets les deux petits navires et le vaisseau mère, et exprimait sa stupéfaction qu'ils disparaissaient et reparaissaient et se déplaçaient rapidement et s'arrêtaient soudainement. Il disait qu'il ne pouvait pas expliquer les événements, sauf en spéculant qu'il voyait quelque chose d'origine extraterrestre.

La FAA a d'abord confirmé les affirmations de plusieurs de ses contrôleurs du trafic par radar qui ont détecté le 747 et le grand objet, qui fut aussi confirmé par le radar de l'Armée de l'Air des États-Unis. Les rapports officiels qui suivirent ont essayé de s'en dédire, en attribuant les échos radars à des effets météorologiques.

Le mercredi 17 novembre 1986, Kenju Terauchi, pilote de ligne chevronné, est aux commandes d'un avion cargo sur le vol Japan Air Lines 1628 reliant Paris à Tokyo via Reykjavik en Islande et Anchorage en Alaska. Commandant de bord, il a à sa droite son copilote, Takanori Tamefuji, et l'officier mécanicien Yoshio Tsukuda est assis derrière eux. 17h11, heure locale. Le Boeing 747-246F Jumbo Jet vole à 10700 mètres au-dessus de l'Alaska, à environ 970 km/h. Terauchi localise subitement un ballet de curieuses lumières clignotantes au travers du large hublot juste à sa gauche. A environ 600 mètres plus bas, elles volent à la même vitesse et dans la même direction que le 747. Le contrôle d'Anchorage AARTCC (Anchorage Air Route Trafic Control Center), immédiatement contacté, ne détecte rien sur ses écrans radar. Les lumières se déplacent alors soudain, et après plusieurs manœuvres fulgurantes et aléatoires, semblant danser autour de l'avion, viennent se placer juste en face du cockpit, en l'illuminant, avec chaleur irradiée sur les visages. Ce sont deux paires de rectangles lumineux et clignotants, comme des guirlandes de Noël rouges, oranges et blanches, dira le copilote, tout d'abord l'un au-dessus de l'autre puis côte à côte. La radio VHF est maintenant brouillée et le restera jusqu'à ce que les objets s'éloignent par la gauche au bout de plusieurs minutes.17h19. L'AARTCC au sol repère une cible non identifiée juste devant l'avion.

Le contrôle demande une confirmation à l'avion, qu'il obtient du copilote par l'affirmative.

Quelques secondes plus tard, les objets lumineux s'éloignent progressivement vers l'ouest et ne sont plus visibles à présent que sous la forme d'une « pâle lumière blanche et plate » indique Terauchi. Au sol, le contact radar est perdu. 17h23. L'AARTCC contacte les contrôleurs du radar militaire de l'US Air Force d'Elmendorf ROCC (Regional Operational Control Center) pour leur demander assistance, alors qu'en vol l'équipage constate que deux lumières fluorescentes de couleur blanche les accompagnent continuellement. A 17h25. L'écho réapparaît sur les écrans de l'AARTCC, ce que le radar de bord du Boeing confirme. 17h26. Plusieurs cibles sont localisées par le ROCC et l'AARTCC à la même altitude que l'avion, 10660 mètres, à une quinzaine de kilomètres de lui. 17h27. Le vol JAL 1628 est en approche de Fairbanks et de la base américaine d'Eielson et l'équipage remarque encore de vives lumières qui se matérialisent au nord de l'avion.17h30. Tout l'équipage, pilote, copilote et mécanicien, aperçoit la silhouette d'un objet dans son entier. Ils sont stupéfaits : entre deux lumières blanches, droit devant, se dessine la forme ovoïde d'un objet gigantesque dont la longueur est de loin supérieure à celle de leur Jumbo Jet :

« J'aperçois la silhouette sombre d'une gigantesque soucoupe volante, grande comme deux porte-avions, qui nous accompagne au-dessus de Fairbanks », fin de citation.

Toujours par radio, difficilement car la liaison est brouillée, le copilote Tamefuji contacte l'AARTCC pour autorisation d'effectuer un virage de 45° vers la droite pour tester sa réaction.

L'objet non identifié est toujours là, l'accompagnant, il colle littéralement à l'avion. 17h32. Un changement d'altitude, de 10 660 à 9 450 mètres, donne le même résultat. 17h36. Suite à une demande de l'AARTCC, l'avion effectue un cercle complet de 360°. Au cours de la manœuvre, l'objet disparaît du visuel de l'équipage mais les opérateurs militaires du ROCC confirment la présence de la cible près de l'avion tandis qu'il accomplit sa large boucle. 17h40. La cible non identifiée évolue toujours sur les scopes de l'AARTCC jusqu'à 17h51, heure à laquelle le vaisseau inconnu disparaît définitivement.

Le Boeing 747-246F de la JAL atterrit sur l'aéroport d'Anchorage à 18h20.

La FAA (Federal Aviation Administration) enclenche une enquête sur l'incident. Les deux pilotes et le mécanicien se verront longuement questionnés par le représentant officiel de la FAA, Jack Wright, puis par les agents spéciaux Ronald Mickle et James Derry :

- Des lumières et un objet, gigantesque, ont été distinctement vus par les trois membres de l'équipage.

- Trois radars distincts (civil, militaire et avion) ont repéré des cibles non identifiées autour de l'avion.

- Des perturbations électromagnétiques (radio de bord) ont été constatées par l'équipage et les contrôleurs au sol.

- Des effets physiologiques (chaleur irradiée sur les visages) ont été ressentis par les trois membres de l'équipage.

Le commandant Terauchi sera amené à révéler l'événement à la presse, moyennant quoi, après quelques péripéties, il sera suspendu de vol par la Japan Air Lines. La FAA a d'abord confirmé les affirmations de plusieurs de ses contrôleurs du trafic par radar qui ont détecté le 747 et le grand objet, qui fut aussi confirmé par le radar de l'Armée de l'Air des États-Unis. Les rapports officiels qui suivirent ont essayé de s'en dédire, en attribuant les échos radars à des effets météorologiques. Finalement, cependant, un porte-parole de la FAA a fini par admettre : "nous acceptons les descriptions de l'équipage, mais ne pouvons pas accepter ce qu'ils ont vu.

Il semble au moins plausible qu'il a pu y avoir des nuages curieusement éclairés ou mal interprétés que l'équipage a dit avoir vu au-dessous de l'avion. Bien que les multiples détections des radars au sol sous le jet soient intrigantes, l'incapacité des radars à montrer une trajectoire vraiment continue de l'écho inconnu rend la confirmation de radar au mieux ambiguë. Par conséquent il semble que, pour le moins, la dernière partie de l'observation ne convainc pas tant que cela. Mais même si on ignore arbitrairement la dernière partie du vol fantastique JAL1628 on est tout de même intrigué par l'observation visuelle multiple des deux vaisseaux qui ont dépassé l'avion. Il semble donc que JAL1628 a été accompagné pendant une partie de son vol au moins par deux véritables ovnis[113].

Extrait de l'article de Dennis Stacy, pour Air & Space Magazine Décembre 1987 à Janvier 1988, un 747 de la Japan Airlines en 1986 a été suivi par un ovni pendant 31 minutes dans le ciel de l'Alaska.

---

[113] http://rr0.org/Documents/Articles/Maccabee/Flight1628_Maccabee_fr.html

Documents de références :

Federal Aviation Administration (FAA), rapport du 29 Décembre 1986.

Federal Aviation Administration (FAA), Chronological Summary of the Alleged Aircraft Sightings by Japan Airlines Flight 1628, 6 Janvier 1987.

Statement by FAA Regional Director, Paul Steucke, conférence de presse du 5 Mars 1987, Anchorage, Alaska. Voir Anchorage Daily News, 6 Mars 1987.

Maccabee, Bruce, The Fantastic Flight of JAL1628, International UFO Reporter, Vol. 12, No. 2, CUFOS, Mars/Avril 1987.

Ainsi qu'un article d'Air & Space Magazine de 1988 de Dennis Stacy, dans son édition de Décembre 1987 / Janvier 1988.


Pendant les 25 ans qui ont suivi la chute de L'Union Soviétique, l'intérêt des occidentaux pour l'ufologie russe n'a cessé de croitre.

Plus les gouvernements s'évertuent à cacher des informations et à tendre à prouver maladroitement la non existence du phénomène inexpliqué des ovnis, plus corrélation entre les faits devient une évidence, sortant de l'illusoire collectif, et la tendance actuelle avec la liberté de circulation de l'information notamment au travers d'internet se passe de la presse traditionnelle, la tendance à percevoir des corrélations existantes dans un ensemble de données ne cessera pas de croitre, ouvrira de l'accès à des dossiers qui demeureront peut être encore occultes quelques générations.

Nous donnons aux choses l'importance que nous voulons, et désirons croire en ce qui nous rassure car souvent vivre en marge de la vérité nous affaiblit moralement.

Je ne chercherai pas à vous convaincre de quoi que ce soit, j'espère que les faits sérieux que j'ai traduits du russe au français pourront vous donner matière à réflexion et que vous passerez un bon moment à découvrir ces cas de phénomènes anormaux comme disent les autorités russes.

## QUAND LES PILOTES OBSERVENT DES OVNIS

Certes, les documents déclassifiés ont permis de prouver l'implication des autorités dans la question des ovnis, mais cet acquis essentiel a eu une portée limitée, car les institutions ont su retourner le FOIA Ainsi, elles répondent aimablement aux demandes des utilisateurs du FOIA en leur adressant uniquement des coupures d'articles de presse sur les ovnis, preuve qu'il n'y a plus de document secret.

Pauvres agences qui en sont réduites à glaner des informations dans les journaux de monsieur tout le monde. En fait, les agences ont communiqué ce qu'elles ont bien voulu, c'est-à-dire, des documents d'un intérêt secondaire, alors qu'un mémo du FBI, adressé à son directeur, Hoover, établit que les ovnis sont un sujet top secret, seuls quelques documents déclassifiés correspondent à ce niveau de classification. Les autres sont probablement encore dans des armoires ou ont été détruits. Une proportion inconnue, mais sans doute extrêmement faible, de ce qui existe réellement. Le nombre de pages relatives aux ovnis déclassifiées et communiquées par les différentes administrations américaines, dans le cadre du FOIA, serait d'environ 30 000. Alors que la CIA affirme que plus de la moitié des observations d'ovnis réalisées aux États-Unis dans les années 50 et 60 sont dues aux vols secrets des avions U2 et SR 71, on ne trouve aucun document correspondant à ces avions parmi les 2 808 pages que l'agence a déclassifiées. Les documents très complexes à analyser, c'est un ensemble disparate dont la cohérence est difficile à dégager, car comportant trop d'éléments isolés ou d'apparences contradictoires.

Le FOIA a ainsi permis d'épuiser les ufologues dans d'interminables procédures administratives et juridiques, de les noyer sous des milliers de pages parfois illisibles ou censurées, livrées sans indications ni repères, et de décourager la plupart d'entre eux, seuls quelques-uns ont les compétences nécessaires pour comprendre et évaluer ces documents, les autres sont malheureusement incapables de voir autre chose que des cachets officiels sur des papiers au contenu mystérieux.

La déclassification de documents officiels peut même permettre d'intoxiquer ceux qui les prennent pour paroles d'évangile. La collecte du renseignement étant souvent aveugle et systématique, elle peut concerner des informations parfaitement fausses destinées à être évaluées plus tard par les services compétents. Le suivi des fausses informations est tout aussi important que celui des vraies pour contrôler la question, on parle alors d'informations toxiques.

L'association ufologique Kosmopoisk (Космопоиск) a développé un système scientifique public de suivi en temps réel des apparitions d'ovnis et a mis finalement une carte en ligne. Le nom de ce projet est Ufoseti, il est conçu non seulement comme un outil pour répondre aux nouveaux cas qui se produisent, mais aussi comme un référentiel mondial de l'information avec sa classification. Les utilisateurs les plus actifs, sont les habitants de la Russie et des pays de la CEI, mais les messages proviennent aussi d'autres pays, Allemagne, France, Israël et ainsi de suite. En Juillet 2013, après une longue période d'essai et de développement, la version de test de la carte mondiale d'observations est postée sur le net.

Les marqueurs d'emplacement cas désignés d'ovnis, est précise jusqu'à 25 kilomètres, une plus grande précision est disponible pour les utilisateurs enregistrés. S'il y a plusieurs ovnis en vol, on pourvoit à leur regroupement et la fusion en un seul repère, au sein duquel on indique le nombre de d'observations qu'il rassemble. Chaque élément est cliquable dans sa description contient des informations exhaustives, à l'exception du nom et des coordonnées du témoin oculaire des données personnelles.

Par ailleurs, vous pouvez filtrer tous les cas par catégorie, sélectionnez uniquement l'observation d'une certaine période, le degré de messages de validation dans la forme et que l'on appelle AR-Code. Ce code indique le degré d'anomalie ou de fiabilité des événements. Il est tiré d'une table spéciale, sur le site Web. Selon les auteurs du projet, ce tri n'est nullement définitif, et dans l'avenir le numéro du graphique pour augmenter de manière significative la recherche.

Le projet analysé les photos, qui sont souvent trouvées non seulement des objets réels, mais aussi blagues jetées dans les airs comme un camion jouet morceau de ciment. La plupart des photos obtiennent des commentaires d'experts connectés qui vérifient ainsi que des spécialistes du monde entier et des groupes régionaux sur le terrain selon l'auteur Ilya Butov (Илья Бутов) le26 juin 2013[114].

En Russie les formes les plus fréquentes d'ovnis sont triangulaires, et sous la forme de disques et ceux qui émettent des rayons, selon Vladimir Lagovskay (Владимир ЛАГОВСКИЙ) article de la Komsomolskaia Pravda du 31 Janvier 2013.

---

[114] Sur http://www.ufo-com.net/

L'association publique de recherche scientifique pour toute la Russie (ONIOO) Kosmopoisk résume les résultats des observations pour l'année 2012

Общероссийское научно-исследовательское общественное объединение (ОНИОО) Космопоиск подвело итоги наблюдений за 2012 год

Selon le coordinateur de Kosmopoisk (Космопоиск) Vadim Chernobrov (Вадим Чернобров) :

« Pour 2012 on a obtenu 265 messages opérationnels pour le programme UFOseti (УФОсети) nous avons signalé 70 cas d'observation ovnis en Russie, 23 dans la CEI, et 162 dans d'autres pays, il reste de 16 autres cas qui pourraient rapidement être expliqués par des causes naturelles », fin de citation.

За 2012 год было получено 265 оперативных сообщения по программе УФОсети. Нам сообщили о 70 случаях наблюдения НЛО в России, 23 - в СНГ и 162 в остальных странах. 16 сообщений удалось оперативно в тот же день опровергнуть и объяснить естественными причинами.

Parmi les régions d'où provenaient souvent les dernières nouvelles observations, il est nécessaire mentionner Moscou, Krasnodar et Altai Krai, Komi, ainsi que Leningrad, Volgograd, Samara, Chelyabinsk, Tyumen, la région d'Irkoutsk, l'Ukraine, en particulier Kiev, la région de Sumy, l'Estonie, la Grande Bretagne, la France, en particulier la région centrale, la Chine, le Japon, le Canada, les États-Unis, en particulier la Californie, le Texas, le Colorado, le Mexique, en particulier la région métropolitaine, la Colombie, le Brésil, l'Argentine et l'Australie, en particulier le Sud-Est.

Из регионов, откуда чаще всего приходили экстренные сообщения, надо выделить Подмосковье, Краснодарский и Алтайский края, Коми, а также Ленинградскую, Волгоградскую, Самарскую, Челябинскую, Тюменскую, Иркутскую области, Украину (особенно Киевскую, Сумскую области), Эстонию, Великобританию, Францию (особенно центральный район), Китай, Японию, Канаду, США (особенно Калифорнию, Техас, Колорадо), Мексику (особенно столичный район), Колумбию, Бразилию, Аргентину и Австралию (особенно юго-восток).

Dans le passé les ovnis ont été concentrés à certains endroits pour certaines raisons.

В прежние времена НЛО проявляли активность почему-то полосами.

Depuis les ovnis rayonnent pèle mêle dans ces axes, ainsi 36 salves d'apparitions d'ovnis (НЛО) à titre de comparaison pour la seule année 2012, alors que pour les années 2007 il y eut environ 6, pour 2008 seulement 7, en 2009 à peine 6, pour 2010 encore 6, et en 2011 le chiffre monte à 27, plus précisément, les jours :
1-2.01,
23.02,
26.02,
30.04,
8.05,
26.05,
28 à 29.05,
31.05,
4.06,
9.06,
19.06,
4-5-6-7.07,
22.07,
30.07,
1.08, 11.08,
14.08,
27.08,
29.08,
2.09, 8.09,
10 à 11.09,
13.09, 15 à 16.09,
19.09,
24.09,
27.09,
30.09,
4.10,
9.10,
19.10,
22 à 23.10,
5-6-7.11,
10 à 11.11,
14.12, et enfin le 18 Décembre 2012.

Une puissante activité ovni s'est déroulée en Janvier les 1-2, 8 ainsi que le 29 mai, le 22 Juillet, les 11 et 14 Août, les 15 et 19 Septembre, le 9 Octobre, les 5 et 7 Novembre.

A cette époque, les ovnis ont été enregistrés par des observateurs indépendants de différents points, y compris distants les uns des autres sur de longues distances. Les observations ont eu lieu dans le vaste territoire russe et sur des lieux éloignés les uns des autres par des dizaines de milliers de kilomètres. Dans certains cas, la direction du mouvement des objets coïncident, ce qui permet de supposer que les témoins ont observé l'apparition dans l'espace d'un corps unique à des moments et pays différents dans la continuité de son vol.

Un exemple typique en date du 6 Juillet, de 2012, ce jour - là, des boules incandescentes furent visibles sur plusieurs continents. Les objets sont apparus presque simultanément dans les états américains de l'Utah et de la Californie, en Pologne, la République Tchèque, la Slovaquie et l'Australie.

Dans plusieurs cas, les observations ou des ovnis ont été associés, il était clairement visible dans le ciel, les planètes Vénus et Jupiter. Cependant, les causes de la plupart des observations en rafales restent inexpliquées. En apparence les ovnis qui sont apparus en 2012 et qui ont été identifiées par rapport l'année précédente, n'ont pas changé en nombre de polymorphes (objets qui changent de forme), en forme de cône, au nez pointu, ou d'haltère. La part étaient en forme de disques ou triangulaires, ou sphériques, mais les apparitions ont diminué sous les formes de cigare, ovales, rectangulaires, cylindriques, elliptiques, diminué aussi le nombre d'objets en mouvement en Russie, le plus souvent en zigzag.

On notera en particulier l'augmentation du nombre d'objets triangulaires (de 1,2 fois par rapport à l'année précédente et 2,5 fois plus élevé que deux ans plus tôt).

En outre, l'augmentation du nombre d'ovnis triangulaires et la diminution du nombre d'ovnis sphériques est en stricte conformité avec la tendance cyclique observée précédemment, et l'augmentation estimée du nombre d'ovnis en forme de cigare n'est pas encore survenue, ils demeurent rares mais spectaculaires.

Les articles parus dans les journaux soviétiques ont porté leurs fruits, un total de plus de douze mille lettres ont été envoyées à la Commission Setka AN.

Parmi ces lettres eux se trouvaient des messages de l'armée, qui pour une raison ou une autre ne figurait pas dans le dossier Setka-Galaxy. La branche de Leningrad de la commission Setka AN, estime que sur environ un millier de lettres, furent envoyées de Moscou pour une analyse ultérieure, 89 pour cent des messages prouvent que leurs auteurs ont réellement vu quelque chose et 0,5 pour cent contiennent du reste contiennent des discours religieux.

Environ 2 pour cent sont des déclarations absurdes de malades mentaux et encore 5 pour cent contiennent des considérations générales sur l'univers les alliens et leurs vaisseaux spatiaux, pour 0,8 pour cent des personnes les extra-terrestres préparent activement une agression des impérialistes occidentaux, environ 0,5 pour cent sont des blagues grotesques sur les soucoupes volantes, encore un pour cent des personnes proposent leurs services pour effectuer des missions ufologiques.

Sur le volume total du courrier, 1,25 pour cent des rapports ont été rédigés en ukrainien, estonien, lituanien et letton.

Ils n'ont pas été transférés au moment des travaux de la commission, et ils ont été repris ultérieurement au moment de la préparation de la publication des : Annales des phénomènes Anormaux. Fait intéressant, seulement 1 pour cent des lettres étaient anonymes et environ 0,25 pour cent des courriers se rapportent aux poltergeist et autres phénomènes paranormaux d'origine maléfique.

Sur les 89 pour cent des lettres avec des descriptions des différentes observations dans la plupart des cas ils parlaient d'une variété de tirs de missiles entre 1983-1985. Seul l'événement célèbre « Exactement à 4h10 », a été expertisé comme se rapportant au lancement d'un missile d'origine maritime le 7 Septembre 1984 en Mer de Barents, et qui fut prise pour un ovni, il lui a été consacrée à 7 pour cent des lettres, tandis que l'observation du 27 Décembre 1984 est à l'origine d'environ 5 pour cent supplémentaires.

Dans les statistiques de la région de Moscou 3568 lettres contenaient une description de certains phénomènes, dont des cas observés en 1977 et d'autres manifestations d'activités humaines techniques dont 51 lettres se rapportaient à des phénomènes naturels connus, et seulement 1540 lettres portaient sur des objets volants non identifiés.

# CONCLUSIONS

Certes, les documents déclassifiés ont permis de prouver l'implication des autorités dans la question des ovnis, mais cet acquis essentiel a eu une portée limitée, mais elles ne fournissent que des notes, aucun rapport d'enquête de police et une somme de résumés collectés dans la presse publique.

En fait, les agences gouvernementales ont communiqué ce qu'elles ont bien voulu, c'est-à-dire rien, des mémos ou notes dont on ne sait pas si elles sont vraies ou des faux destinés à gruger le public. Ceci est valable en occident tout comme en Russie.

Le nombre de pages relatives aux ovnis déclassifiées et communiquées par les différentes administrations américaines, dans le cadre du FOIA, serait d'environ 30 000. Alors que la CIA affirme que plus de la moitié des observations d'ovnis réalisées aux États-Unis dans les années 50 et 60 sont dues aux vols secrets des avions U2 et SR 71, dont on ne trouve aucun document correspondant parmi les 2 808 pages que l'agence a déclassifiées.

La déclassification de documents officiels peut même permettre d'intoxiquer ceux qui les prennent pour factuelles, et la diffusion de fausses informations est tout aussi importante que celle des vraies pour contrôler l'opinion publique.

La Journaliste Natalie Wolchover, reproduit dans un article du 20 avril 2011 16h23, du journal Live Science, un document déclassifié de la CIA classé top secret du 12 Novembre 1963.

Dans ce mémorandum considéré comme le plus secret jamais signé par le président JFK, le président ordonne au directeur de la CIA d'organiser les dossiers de renseignement de l'agence concernant les ovnis, et de les lui transmettre, afin de le tenir informé de tous les phénomènes inconnus existants, la CIA devant lui remettre l'intégralité des documents, au plus tard en février 1964.

Dix jours plus tard, Kennedy a été assassiné.

William Lester, auteur du livre : Une célébration de la liberté, JFK et la Nouvelle Frontière (A Celebration of Freedom : JFK and the New Frontier) édité par Wasteland Press en 2010.

Lester affirme qu'il demanda en 2011 à la CIA, de pouvoir consulter des documents confidentiels. Parmi ces documents, on trouve une note de service du président Kennedy rédigée le 12 novembre 1963 et adressé au directeur de la CIA. Cette note vient prouver que dix jours avant sa mort Kennedy avait fait une demande de documents confidentiels sur un ou les ovnis. Lester précise :

« Le gouvernement déclassifie régulièrement les documents après un certain temps, et vous devez alors déposer une demande pour ces documents », fin de citation, déclaration faite par Lester à Life's Little Mysteries Magasine :

« Quand j'étais en train de formuler cette demande, ces lettres venaient juste d'être déclassifiées et rendues publiques, cela s'est passé en 2006 ou 2007, à l'époque, je pense que d'autres personnes les avaient aussi », fin de citation.

Un technicien de la bibliothèque JFK de Boston, qui a demandé à ne pas être nommé, n'a pas été en mesure d'en trouver une copie conforme dans les archives présidentielles, qui contiennent des duplicatas de toutes les lettres de JFK :

« Nous avons fait des recherches dans les journaux présidentiels, pour tenter de trouver des preuves de la lettre du 12 novembre 1963 au directeur de la CIA, John McCone », fin de citation, a déclaré le technicien à Life's Little Mysteries.

« Malgré le fait que JFK conservait des copies conformes de toutes ses lettres, même les plus classées, en fouillant dans les dossiers du bureau du président, les fichiers de la CIA, de la NASA et de la Sécurité nationale, nous n'avons trouvé aucune preuve de ce mémo », fin de citation.

L'intérêt du Président pouvait s'expliquer par le fait qu'il était préoccupé par les relations des USA avec l'URSS dans l'espace aérien de lequel un ovni avait été détecté, affirme William Lester.

« Il craignait que l'URSS puisse avoir une fausse interprétation de cette apparition, en prenant cet objet pour un aéronef militaire américain, il voulait convaincre les soviétiques que l'attitude des Etats-Unis n'était pas agressive », explique l'écrivain.

Les chasseurs d'ovnis se sont alors souvenus d'un mémo à demi-brûlé qui s'est retrouvé entre les mains de l'ufologue Timothy Cooper en 1999, dans cette note, un agent de la CIA qui a sauvé le papier du feu, mentionne Lancer qui est le nom de code de John Kennedy utilisé par les services secrets, le directeur de la CIA à l'époque (son nom est noirci) aurait écrit :

« Comme vous le savez, Lancer s'intéresse à nos activités. C'est ce que nous ne pouvons pas laisser faire. Veuillez exposer vos considérations avant le mois d'Octobre. Vos actions concernant ce sujet sont très importantes, si nous voulons préserver le groupe », fin de citation.

Il est difficile à dire si Kennedy était vraiment une personne indésirable pour les services secrets, étant donné que la plupart des historiens pensent que le mémo brûlé est un faux, le lien avec le complot secret de la CIA pour l'assassinat de JFK ne tiendrait pas. Ce document, appelé mémo brûlé, a été transmis aux médias en 1999 par une source anonyme prétendant être un ancien agent de la CIA. Le responsable présumé des fuites aurait déclaré avoir travaillé pour la CIA entre 1960 et 1974. Il avait extrait la note qui n'a jamais été vérifiée comme telle par les experts, d'un feu alors que l'agence brûlait certains de ses dossiers les plus sensibles[115].

Ce que disent les russes du côté soviétique ?

Est-ce que les « soucoupes volantes ont existé ?

Selon eux, oui, et dès 1945 en Allemagne, en Russie, au Canada, en Pologne, en République Tchèque et aux USA, avec différents modèles plus ou moins réussis, dans différents centres d'essais.

Les USA, la Russie et le Canada, ont-ils trompé le public et les faisant passer pour des ovnis, Oui, intentionnellement durant plus de 70 ans en ridiculisant les journalistes alors que des prototypes existaient. Ces soucoupes furent-elles pilotées ?

---

[115]https://www.livescience.com/33224-new-declassified-memos-jfk-kennedy-ufos-assassination.html

Oui et non, il y eut de prototypes de petite taille comme l'Avro avec des hélices mais il y eut aussi de engins téléguidés, en effet le premier avion bombardier téléguidé sans pilote fut réalisé par les américains dès août 1944 lors de la première mission de l'Opération Aphrodite au cours de laquelle quatre B-17 Boeing B-17 Flying Fortress de 30 tonnes chacun et télécommandés remplis d'explosifs furent dirigés contre Mimoyecques et d'autres sites dans le Pas-de-Calais en France mais aucun ne toucha sa cible.

Savait-on diriger des avions chargés pesant 30 tonnes par téléguidage sans pilote dès 1945 ?

Oui, mais étais-ce efficace ?

Non pas encore au point, les soucoupes volantes testées sur de l'ingénierie prise aux allemands n'étaient pas un mythe, les russes soutinrent longtemps que les corps de Roswell étaient des petits singes dans des costumes verts. Est-ce que par la suite des soucoupes auraient pu être testées avec des pilotes humains ?

Rien n'est impossible et cela expliquerait de nombreux cas d'observation de récupération de corps lors de crash de soucoupes en Russie.

Existe-t-il des soucoupes volantes extraterrestres ?

Je répondrai que depuis 1945 jusqu'à présent tout ce qui était techniquement impossible à concevoir par nos aînés, devint ordinaire pour nous, depuis le téléphone portable jusqu'au four à microondes, et il y aura toujours des personnes qui croiront aux extraterrestres comme d'autres en rejetteront même l'idée.

Le fait que les agences gouvernementales y croient suffit à se poser des questions existentielles sérieuses. Si le premier bombardier B 17 télécommandé sans pilote vola en 1945[116], dans les opérations Aphrodite et Anvil, comment nier la possibilité de soucoupes ou sphères radioguidés trois ans plus tard en 1947-1948, aujourd'hui en 2018, on les appellerait des drones, techniquement les américains étaient en mesure de le faire et les russes également.

Peut-on donner du crédit à toutes ces affaires ?

---

[116] https://fr.wikipedia.org/wiki/Op%C3%A9ration_Aphrodite

En fait les deux positions s'opposent l'une l'autre, d'un côté les irascibles de la science absolue, de l'autre les partisans de la théorie du complot et de l'existence des ovnis, chacun de son côté s'évertue à défendre sa position.

L'Union Soviétique suscitera encore longtemps l'intérêt des occidentaux pour l'ufologie en fait partie, mais seuls les nord-américains ont traduit en anglais des documents achetés aux russes ou des copies d'archives, puis ces achats ont cessé, et les russes ont développé toute une toile relative à l'ufologie sur l'internet, mais malheureusement exclusivement en langue russe.

Il y a une barrière à la compréhension humaine, il s'agit de la barrière de la langue, en l'occurrence russe bien-sûr, mais pas seulement, je m'en explique. Selon Leon Festinger un psychosociologue américain, né le 8 mai 1919 à New York et mort le 11 février 1989 dans la même ville, dans son ouvrage La Dissonance Cognitive, en cas de contradiction entre la réalité et la croyance on s'adapte en déniant la réalité.

Dans l'Encyclopédie libre Wkipedia, la définition de ce qui est nommé biais de confirmation :

« Le biais de confirmation, également dénommé biais de confirmation d'hypothèse, désigne le biais cognitif qui consiste à privilégier les informations confirmant ses idées préconçues ou ses hypothèses sans considération pour la véracité de ces informations, et/ou à accorder moins de poids aux hypothèses jouant en défaveur de ses conceptions. En conséquence, les personnes sujettes à ce biais rassemblent des éléments où se rappellent les informations mémorisées, de manière sélective, et les interprètent d'une manière biaisée. On dit aussi que les personnes tirent la réalité à elles.

Les biais de confirmation apparaissent notamment autour de questions de nature affective et concernant des croyances établies. Par exemple, pour s'informer d'un sujet controversé, les personnes victimes d'un biais de confirmation préfèrent généralement lire des sources qui confirment ou affirment leur position actuelle.

Elles ont aussi tendance à interpréter des preuves équivoques pour appuyer leur position actuelle.

Les biais dans la recherche, l'interprétation et le rappel de la mémoire ont été invoqués pour expliquer l'attitude de polarisation quand un désaccord devient plus extrême, même si les différentes parties sont confrontées à la même preuve, de persévérance de conviction, quand la croyance persiste après que les preuves la soutenant sont démontrées fausses, l'effet de primauté irrationnelle, une plus forte importance pour les premières données rencontrées et l'illusion de corrélation, par laquelle les personnes perçoivent à tort une association entre deux événements ou situations.

Une série d'expériences dans les années 1960 suggère que les individus sont biaisés en faveur de la confirmation de leurs croyances actuelles. Des travaux ultérieurs ont expliqué ces résultats par une tendance à évaluer les idées d'une manière unilatérale, mettant l'accent sur une possibilité unique et ignorant les alternatives.

En combinaison avec d'autres effets, cette stratégie de pensée peut biaiser les conclusions qui sont atteintes. Pour expliquer les biais observés, on invoque notamment le rôle du désir dans la pensée et les limitations de la capacité humaine au traitement de l'information. Une autre hypothèse est que les individus montrent un biais de confirmation, car d'une manière pragmatique ils évaluent le coût d'être dans l'erreur, plutôt que d'enquêter d'une manière neutre ou scientifique » fin de citation. Les biais de confirmation contribuent à l'excès de confiance dans les croyances personnelles et peuvent maintenir ou renforcer les croyances face à des preuves contraires.

Ils peuvent donc conduire à des décisions désastreuses, en particulier dans des contextes organisationnels, militaires, politiques ou sociaux. Ainsi plus les gouvernements s'évertuent à cacher des informations et à tendre à prouver maladroitement  la non existence du phénomène inexpliqué des ovnis, plus corrélation entre les faits devient une évidence, sortant de l'illusoire collectif, et la tendance actuelle avec la liberté de circulation de l'information notamment au travers d'internet se passe de la presse traditionnelle, la tendance à percevoir des corrélations existantes dans un ensemble de données ne cessera pas de croitre, ouvrira de l'accès à des dossiers qui demeureront peut être encore occultes quelques générations.

Aussi quelle que soit votre opinion au sujet de l'existence des extra-terrestres, le développement de technologies secrètes de la part des nations est indiscutable, avons-nous été dupes pendant longtemps de la désinformation officielle ?

Des complots et manipulations n'existent pas me direz-vous ?

Nous savons tous les mensonges qui ont été décennie après décennie colportés pour des faits politiques ou financiers et qui ont éclaté à la connaissance du grand public, combien de personnalités sont sorties souillées d'infamie de tribunaux civils après la découverte des affaires les concernant, et cela pour des faits qui comparés à l'histoire de l'humanité s'avèrent mineurs en sorte. Nous donnons aux choses l'importance que nous voulons, voulons croire en ce qui nous rassure car souvent vivre au côté de la vérité nous affaiblit moralement.

# REMERCIEMENTS

Je tiens à remercier ici François Garijo qui m'a aidée dans la recherche et la traduction de textes des archives en langue russe, et pour son aide précieuse, et son temps passé à consulter les documents de l'époque soviétique dans l'objectif de réaliser une traduction en français scrupuleusement conforme aux écrits originaux pendant notre temps passé ensemble à Moscou et en Russie, au cours de ces trois mois d'enquête.

TABLE DES MATIERES

СОДЕРЖАНИЕ

ISBN 979-10-97252-04-5